社会的葛藤の解決と
社会科学における場の理論

クルト・レヴィン

ゲルトルード・ヴァイス・レヴィン——編
末永俊郎——訳

社会的葛藤の解決

Kurt Lewin
Resolving Social Conflicts
Selected Papers on Group Dynamics

ちとせプレス

Copyright © 1997 by the American Psychological Association (APA)
This Work was originally published in English under the title of: *Resolving Social Conflicts and Field Theory in Social Science* as a publication of the American Psychological Association in the United States of America. Copyright © 1997 by the American Psychological Association (APA). The Work has been translated and republished in Japanese language by permission of the APA. This translation cannot be republished or reproduced by any third party in any form without express written permission of the APA. No part of this publication may be reproduced or distributed in any form or by any means, or stored in any database or retrieval system without prior premission of the APA.

Japanese translation rights arranged with the American Psychological Association through Japan UNI Agency, Inc., Tokyo

パブリッシャー注記

　クルト・レヴィン（Kurt Lewin: 1890-1947）は間違いなく，心理学の歴史上最も創造性にあふれ，論争を呼んだ人物の1人であった。レヴィンが残した学術的な業績は，学習，発達，退行，達成動機，社会化，認知的不協和，グループ・ダイナミックス，そして実験室，学校，産業におけるグループ・ダイナミックスの応用といった広範な研究に，はっきりと残されている。

　1948年に，クルト・レヴィンによる2巻本の論文集の1冊目『社会的葛藤の解決』（ゲルトルード・ヴァイス・レヴィン編）が，ハーパー・アンド・ローから刊行された。2冊目の『社会科学における場の理論』（ドゥウィン・カートライト編）は，1951年に刊行された。2巻ともレヴィンがアメリカに住んでいた15年間に著した論文を，読みやすいように編纂したものだった。その後，2巻とも品切となったが，1976年に『社会科学における場の理論』がシカゴ大学出版局からミッドウェイ再版シリーズの1冊として刊行された。その後，その再版も品切となってしまった。

　クルト・レヴィンが現代の社会心理学に対して，どのように知的に貢献したのかを広く知ってもらうために，アメリカ心理学会はクルト・レヴィンの娘であるミリアン・レヴィン博士の協力を得て，2つの書目を1冊にまとめた形で再刊することにした。1冊として再刊することにしたのは，ドゥウィン・カートライトが序で記しているように，この2つは統合的に関連したレヴィンの業績だからである。『社会的葛藤の解決』にまとめられているレヴィンの論文は，社会的葛藤の性質や原因への実践的な関心や，社会的葛藤の予防や解決法に関するレヴィンの調査など，応用心理学者としての業績が反映されている。一方，『社会科学における場の理論』においてレヴィンは，社会科学者として，個人や社会を理解するための概念的・方法論的ツールに関心を寄せている。

　レヴィンのアイデアは，当時支配的であった単純な行動主義とは異なっており，物議をかもしつつも，新鮮なものだった。個人に対するレヴィンの心理学的な理論は1940年代以降それほど進展しなかった。というのも，レヴィンの

i

関心が，場の理論の社会科学への応用，特に集団過程やアクション・リサーチに移ってしまったためである。これらの2巻を1冊にまとめることで，読者はレヴィンの思索を幅広く知ることができるだろう。現代の学生たちが，レヴィンの業績に新たに関心をもってくれることを，アメリカ心理学会は期待している。

ゲイリー・R. ファンデンボス, Ph. D.
パブリッシャー　アメリカ心理学会

目 次

パブリッシャー注記　i

1948年版へのまえがき　vii

1948年版への序　xv

第1部
文化の変更に関する諸問題

第1章
アメリカとドイツとの2，3の社会心理学的差異 …………… 3

第2章
文化の再建 …………………………………………………… 33

第3章
ドイツの特殊例 ……………………………………………… 43

第4章
行為，知識，および新しい価値の受容 …………………… 57

第2部
対面集団における葛藤

第5章
社会的空間における実験 …………………………………… 73

第6章
結婚における葛藤の背景 …………………………………… 87

第7章
時間的展望とモラール ……………………………………… 105

第8章
産業における慢性的葛藤の解決 …………………………… 127

第3部
集団間の葛藤と集団所属性

第9章
少数集団の心理社会学的諸問題 …………………………… 147

第10章
危機にのぞんで ……………………………………………… 161

第11章
ユダヤの児童の養育 ………………………………………… 173

第12章
ユダヤ人の自己嫌悪 ………………………………………… 191

第13章
アクション・リサーチと少数者の諸問題 ………………… 207

参考文献　223
訳者あとがき　226

索　引　231

II『社会科学における場の理論』目次

第 1 章　心理学における定式化と進歩
第 2 章　場の理論における構成概念
第 3 章　一定時における場の定義
第 4 章　場の理論と学習
第 5 章　退行，後もどりおよび発達
第 6 章　場の理論と社会心理学における実験
第 7 章　社会心理学における研究法の問題
第 8 章　心理学的生態学
第 9 章　集団力学の開拓線
第 10 章　全体事態の関数としての行動と発達
付録　全体，分化および統一性の概念分析

1948年版へのまえがき

　きわめて多産なその生涯の間，クルト・レヴィンは一度もテキスト・ブックを書かなかった。モノグラフや論文は彼が好んで用いた表現の手段であった。社会における人間の科学的研究において無視しえない革命を成し遂げたのも，それらのモノグラフや論文を通してであり，また学生や同僚への個人的な影響を通してであった。

　しかし学生にはテキスト・ブックがいる。論文やモノグラフは手に入りがたく，費用がかさみ，また相互に系統立った連絡がない。今日までレヴィンの思想体系を理解しようとする学生は，1935年に出版された論文集『パーソナリティの力学説』(A Dynamic Theory of Presonality) や『トポロギー心理学の原理』(Principles of Topological Psychology) に立ち向かっていった。後者は高等な水準において数々の中心概念 (key concepts) を提示したものであって，1936年に上梓された。これらの書物はいずれもレヴィンが社会科学の分野における有名な研究を本格的に始める前に発行された。ところで，このたびの論文集は，幸いにして，レヴィンの社会心理学の手頃なソース・ブックとして役立つものである。

　この書物の公刊にあたってここに配列された13の諸章は1935年から1946年までの間に折にふれて書かれたものであるが，それらは一貫した思想の論理的進展を示してくれる。非常に巧みに配列されているので，はじめから1冊の書物にするつもりで書かれたのかと思われるほどである。これらを統一しているテーマは見まがうべくもなく明らかである。すなわち，個人が所属している集団は彼の知覚，感情および行動の地 (ground) になっているということである。大概の心理学者は個人の精神生活の目立った特徴にあまり捉われすぎて，個人に図柄 (figure) としての性格を与えているものは社会集団という地であるということをともすれば忘れがちである。河床が流れの方向とテンポとを象るように，集団は個人の生活の流れを決定する。地と図柄である流れとのこのような相互依存の関係は不可避な，緊密な，力動的なものであるが，また捉えにくいものでもある。

　ある論者たちは，この捉えにくい関係と取り組んで，漠然と「個人に対する

集団の影響」とか「文化決定論」とか「集団心」について語った。またある者は「パーソナリティとは文化の主観的側面にすぎない」という誇張された宣言を発してこの関係を過度に単純化した。個人を数々の部分に切り離すことによって問題を解決するものもあった。すなわち，社会的諸要因によって決定されていると見られる部分は「基本的パーソナリティ構造」(basic personality structure) を構成するといわれ，このような構造は集団の成員すべてにあてはまるものと考えられる。また残りの部分は生物学的に決定されているもの，すなわち個々人に「特異」(idiosyncratic) なものと見なされるわけである。しかしこのような解決の試みはすべて失敗に終わっている。というのは，それらの試みは論点先取の誤りに陥っているか，さもなければ事実上裂け目のないところに人為的な裂け目を設けているからである。

　レヴィンの著しい貢献は，個人と集団との相互依存の関係が，ある新しい概念を用いるといっそうバランスのとれた仕方で研究されうるということを示した点にある。この書物は主として具体的な，事例に根ざすごとき性格をもつ論文を含んでいるのであるが，しかもなお，それぞれの論文は当面の現象を理解するにあたってこれらの新しい概念がいかに実り多いものであるかということをはっきりと示している。レヴィンの概念が人の心を捉えるのは，具体的状況を描き出すときにも，科学的一般化をなすという課題に向かうときにも，それらの概念が等しく役立つからである。レヴィン夫人が「序」の中で指摘しているように，彼女の夫君は具体的なものと抽象的なもの，社会行動と社会理論との間に堅固な橋をかけることに専念した。このシリーズに集められた論文はこの二重の観点から読むのが最もよい。それらはヴィヴィッドな，人の心に訴える性質をもっているが，その理由はそこで取り扱われている問題がわれらすべてにとって紛れもなく重要で興味深いものだからである。だがそれと同時に解説の仕方も適切で，データと理論，事例と概念との間をたえず往来しながら紡ぎ出されていく。

　レヴィンの説明概念はおおざっぱにいって3つの型に分かれるということに注意するのが学生にとって有用かもしれない。そのうちの多くのものは幾何学，もっと厳密にいうとトポロジー（位相幾何学）の応用である。なおトポロジーとは量的測定と関係なく空間関係を取り扱う幾何学の一部門である。その例を示すと，**自由運動空間**，**生活空間**，**領域**などである。第2類の概念は個人の力

学的心理学に根ざすものである（例えば，**要求**，**要求水準**，**飽和**）。この後者の諸概念は大部分人自身の内部にある**緊張体系**に関係する。個人の内部のこのような緊張体系と周囲の場から発する圧力とを同時に語る必要を感ずるとき，レヴィンはいつも第3の型の概念，例えば，**場の力**（明らかに集団の圧力に依存する動機），**障壁**（集団の抑制による個人の行動への障害），あるいは**移動**（集団に対する個人の位置の変化）を導入する。もちろん現実には彼の思想のこの3つの面は分離しえない。どのような起源からの比喩を用いているにしろ，彼の概念はすべて1つのよくまとまった体系を構成している。このような3つの部類の概念的道具のほかに，レヴィンはその性質が事実上自明な別の概念をも使用している。その中に含まれるのは，**集団雰囲気**，**実在性の水準**，**時間的展望**，**集団決定**，**われわれ感情**などである。読者はこれらの概念を彼の理論の枠組み全体の中へ容易に調和させるであろう。

　レヴィンの思想体系——これは便宜上**場の理論**（field theory）という名で呼ばれるのが普通である——は内面的な一貫性をもっているので，まとまりのある全体としての理論を構成している多くの特殊概念の扱い方を学習するのに読者はほとんど困難を覚えないはずである。同時にまたその輝かしい数々の洞察を利用し，犀利な分析の道具をうまく利用するために，彼の全体系を受け入れることは必ずしも必要でない。レヴィンのめざましい定式化のあるものには抵抗を覚える今日の一部の心理学者たちも，他の定式化はこれを心理学上の仕事をやっていく際の標準的な世帯道具として受け入れている。広く受け入れられている概念のうちには，障壁，まわり道，要求水準，パーソナリティの中心領域，硬さ，飽和，集団雰囲気，集団決定，アクション・リサーチ（action research）などがある。

　レヴィンの方法はその理論に劣らず先駆的な性格をもっている。他のどのような研究者よりも巧みに，彼は実験法——好ましき科学的探究の方法——を集団生活の複雑な問題に応用することに成功した。彼の才能はめざましい。とても実験の枠には収まらないと思われた数々の問題が彼の攻究の前に屈した。10年ほど前，彼は政治的雰囲気という捉えどころのない問題を実験計画の中へ取り入れることができるということを証明したが，社会科学者たちはこの証明によって励まされた。彼は大胆にも11歳の児童たちに対して専制と民主制の集団構造を発生させ，その結果を慎重に記録した。

別な問題との関連において，彼はパニックの条件下で体制化された集団と体制化されない集団とがどのような行動を示すかということを問題とし，実験的にその答えを見出した。彼は次のように問うた。工場での社会関係を改善し，同時に生産を高めるために，荷がかちすぎて不安に悩んでいる班長をどうすれば効果的に再訓練することができるか，と。社会科学者たちはその大胆不敵な実験に驚き，一再ならずこれを批判した。だが，彼は毫も彼の確信を揺がせなかった。この書物の第5章のはじめに彼はこういっている。「私は社会学において実験を企てることが可能であると信じている。それは物理学や化学の実験と同じように，科学的な実験と呼ばれるだけの権利をもつものである」と。

　集団の葛藤の問題を決定実験に還元しようと企てる前に，彼はそれをなまのままの状態でよく観察するために多くのときを費やした。この書物の多くの章は事実上実験に基づくものではなく，当の葛藤状況に含まれるところの数々の要因に関する鋭くまた辛抱強い観察に基づいている。時間と精力とが彼に許されたならば，ここに論じている諸現象のうちもっと数多くのものを彼はおそらく実験的研究に還元したことであろうと私は確信する。

　第1部第1章——この書物の中で最も素晴らしい章の1つ——において，彼は大胆にも比較国民心理学の問題に挑んでいる。ドイツとアメリカの社会的地盤がどのように異なって，これらの国々に養育される児童たちがかくも著しく異なったタイプのパーソナリティを発達させるのか。このエッセイはきわめてはっきりと場の理論の中心概念，特に体制の表層と深層とに区分された分化する領域としての人に関係する概念を導入している。

　これに続く3つの章は，特に民主的再教育の問題に関係づけながらこのテーマを拡張している。国民的性格の中に世界の平和に敵対するような特徴があるとき，そのような状況に対する救済策は敵対的性格を発達させる政治的ならびに文化的風土を変えることにある。ドイツ人を，もっと民主的にするためには，例えば，リーダーシップと諸々の価値とを改変することが必要である。個人を包含する集団の構造が変わらなければ，個人を根本的に変化させることはできないからである。

　レヴィンにとって集団の雰囲気の中核をなす決定因子はリーダーシップにある。社会的葛藤を成功裏に解決するには，ほとんどすべての場合に，訓練された民主的なリーダーの活動が必要である。そのようなリーダーシップは人々を

いい気持ちにさせる気のきいたトリックを用いるということに尽きるものではない。民主的指導者は単に頭のいい説得家にとどまらない。民主的過程は複雑であって，リーダーと集団成員との双方がその過程の中でそれぞれの役割を演ずるように訓練を受けることが必要である。元来民主主義とはなじみの深いアメリカの国民でさえ，彼らの集団活動をたえず実践し改良していくことが必要なのである。

　クルト・レヴィンの仕事とジョン・デューイの仕事との間には明らかな類似性がある。2人とも民主主義は世代ごとに新しく学習されねばならぬこと，またそれは専制主義よりもはるかに獲得しがたく維持しがたい社会構造の一形式であるということを一致して承認する。また2人とも民主主義が社会科学に対して親密な依存関係にあることを認めている。集団の道具だての中における人間性の法則について知悉し，それに従うのでなければ，民主主義は成功しえない。また研究と理論の自由は民主的な環境の中でだけ与えられるものであるが，それがなければ社会科学はきっと失敗に終わるであろう。デューイは民主主義のすぐれた哲学的代弁者であり，レヴィンはすぐれた心理学的代弁者であるともいえよう。民主的リーダーであるとか民主的集団構造を造るということがなにを意味するのかということを，彼は具体的操作の用語で誰よりもはっきりとわれわれに示した。

　第2部はさらに進んでこの事柄を取り扱っている。民主的関係の意味は少年たちのクラブの問題に関連し，結婚ということに関連し（この分析は特に素晴らしい），また，国民集団や産業の状況におけるモラール（morale）に関連して論ぜられている。すべての対面的葛藤（face-to-face conflict）においては，個人が社会的状況をどのように知覚しどのように解釈しているかということが決定的な重要性をもつのだということをわれわれは学ぶ。個人の知覚は，客観的に見ると，社会的現実に対応していないかもしれない（またしばしば実際に対応していない）。しかし認知構造は常に研究されねばならないし，個人の時間的展望（time perspective）もまた然りである。未来に関して希望をもっているか絶望しているか，しっかりした態度を持っているかふらふらしているか，はっきりしているかぼんやりしているかの違いは現在の心理学的状況に本質的な性質を付与するものであり，救済策を講ずるにあたっても充分考慮されねばならない。第8章における興味深い産業上の事例研究はこの点に焦点を合わせ，科学的考

察の応用が工場における対人関係の鋭い葛藤をいかに成功裏に解決したかということを示している。

　第3部はさらに狭い範囲の問題——集団的偏見と緊張——を取り扱っているが，事実上2つの相異なる水準の解説を含んでいる。第9章は1935年に書かれ，この書物に集録された論文中最も初期のものである。それは少数集団の当面する心理学的諸問題について述べている。彼らの自由運動の空間は，差別待遇やカーストや偏見という障壁によって制限されている。多数集団の大概の成員はいくつかの集団に対する幾重もの成員性を享受し，それらの間を自由に，葛藤を覚えずに動くことができるが，黒人，ユダヤ人，東洋人，時にはカトリック教徒，その他の「よそもの」は自由運動の空間をもっているのかいないのかが自分にわからない。このあやふやさは数々の心理学的結果を伴う。すなわち，しばしば彼は落ち着きがない，特に彼の攻撃の努力が成功するかもしれないという気持ちでいるときには，彼に向かって立てられた障壁をしばしば攻撃する。少数集団の成員の心理学的状況は青年のそれと似ていないとはいえぬ。青年は自分が児童の世界に住んでいるのか成人の世界に住んでいるのかということについて必ずしも確信がもてない。少数集団の成員が示す反応のあるものが青年の反応と非常によく似ているのは不思議ではない。この章はこの著者がアメリカに渡ってほんのしばらく後，彼がナチ・ドイツでの迫害に深く心を奪われていた時期に書かれたものであるが，この章には古典的な超脱の趣きが漂っている。深い透察をもって，それはあらゆる国，また，歴史のあらゆる時代におけるあらゆる型の少数集団の心理学的ディレンマを描き出している。

　これに比して気づかれることは，11年後に書かれた第13章が「アクション・リサーチ」の渦中に捉われて，ほとんどはっきりした輪郭をもつ結論を得ていないということである。このシリーズ中の最後の論文がおそらく最も決定的でないということは意味のあることだと思う。というのは，レヴィンがこの世を去ったとき，彼はまだその研究のプログラムを拡張しつつあったし，また彼の豊かな仮説を実験計画に還元する過程にあったのである。彼が偏見に関する最初の論文をものして以来，アメリカは戦争に巻き込まれ，国内における危険な人種暴動に悩まされ，集団的敵意によって生み出される数々の問題を深く意識することになった。基礎研究に資金が与えられるようになった。レヴィンがこの新しい枢要な研究領域に引き込まれることは避けられなかった。最も強く

彼の興味を唆った型の問題は「変化実験」(change experiment) であった。みずからの社会行動の結果を研究しようと準備しているコミュニティの中へ救済の努力を導入せねばならぬと彼は主張した。彼のプログラムは例によって大胆に構想された。態度の再訓練の過程においては，参加している集団がその目標と先入見とを検討するように指導されること，実験実施期間中成員たちが他の人々の役割を引き受けてみるように指導されること，また，彼らが自分たちの偏った見方の基礎にあるものを検討するにあたって行きがかりにとらわれず客観的に物事を見るように学習することが必要であるということを彼は知っていた。第13章は彼の変化実験の輪郭を描いているが，けっして最終報告という意味のものではない。この肝要な仕事が完成の段階に達するまえにレヴィンはこの世を去った。1947年2月のことである。他の人々が彼のプログラムを推進することに成功し，やがて社会科学が社会の良心に効果的な奉仕を捧げることを学ぶように希望したいものである。

　残りの諸章，すなわち第10章ないし第12章は幾分特殊な次元の三位一体を形成する。生活空間，境界的成員性および社会的地盤というような概念をさらに進んで応用しているのであるが，それらは主としてユダヤ人の少数集団に向けて書かれたものである。その目的はこの集団の成員たちに対して，圧迫の時代にみずからの行為を導く数々の原理を与えるということである。読者はレヴィンの判断の中に入り込んでいる厳しいリアリズムと共感の語調とをともに感じ取る。ユダヤ人の児童はその集団成員性によって生み出される状況から庇護されるべきではないと彼は信ずる。彼らが後の生涯において遭遇する差別待遇を，時が来れば順応しうる数多くの激しい打撃のうちの1つにすぎないと仮定することは必ずしも当を得ていない。個人生活の社会的地盤はきわめて重要なものであって，これを偶然の発達に委ねることはできない。里子と同じように，ユダヤ人の児童は彼の安定性の条件がある点で普通の児童の場合と同じでないということを年少の頃から知っている必要がある。みずからの成員性についてはっきりと意識しているということは，児童にとっても成人にとっても，不安，自己嫌悪，身を焦がす無念さというような精神的荒廃を避ける唯一の道である。レヴィンはこれらの諸章において直接例をあげてシオニズムを弁護してはいないが，ユダヤ人の故国は1つの心理学的必要であるということをはっきりと指摘している。それ以外のいかなる方法においても，全世界のユダヤ人のどっち

つかずの位置がはっきりした構造をもつ解決の方途を見出すことはできない。
　この書物の内容はきわめて巧みに選ばれ，また手際よく配列されているので，レヴィンの思想体系への秀れた入門書となっている。たしかにその選び方は社会的強調を帯びており，彼の体系の中心概念のあるものはここでは完全に展開されてはいない。場の理論を完全に理解するために，読者はレヴィンの他の書きものをも参照したいと思うであろう。しかし，いやしくも理論という名に値する理論はその働きにおいてテストされねばならないという彼の信念，また，精神生活の社会的地盤が事実上すべての心理学的作用において考慮されねばならないという彼の信念を伝えることにおいてこの書物は成功している。クルト・レヴィンの畢生の仕事を，社会における人間の科学的研究の重要な一里塚たらしめたあの社会的リアリズム，あの独創性と力とを，この書物は余すところなく包括している。

　　　　　　　　　　　　　　　　　　　　ゴードン・W. オールポート

1948年版への序

　この書物はクルト・レヴィンの2巻の論文集の第1巻である。彼は合衆国で15年をすごしたが，その間に彼が発表した数々の論文を読みよいように2巻に集めた。彼の科学上の関心はこの時期の間にますます社会心理学とグループ・ダイナミックスの諸問題に集中していった。これらの2巻は彼の完全な論文集を提供するということよりも，社会研究における彼の仕事，関心および狙いについて偏らない概観を与えることを目指している。

　第2集[訳注1]には比較的理論的な論文を集録しようと思っているが，この第1集には，文化の差異と再教育の可能性，家族や工場の労働者のような小さい対面集団（face-to-face group）における葛藤，あるいは少数集団の特殊問題に含まれている数々の実践問題についての所論が収められている。社会的葛藤の性質とその原因の分析，それを阻止し解決することができるような数々のテクニックの探索がこれらの論文を通じて繰り返し現れてくる。

　広い意味でこの書物のトピックを「応用心理学」という名で呼ぶことができるであろう。クルト・レヴィンはたえずまたとりわけ社会心理学的な世界の概念的表現を進展させるという課題に専念してきたのであるが，一方彼の心の中には理論的洞察をよりよい世界の建設のために使おうという熾烈な願望が満ち溢れていたので，これらモチベーションの2つの源泉のうち，どちらがより大きなエネルギーと活発さをもって流れ出ているのかということを決定するのは困難である。ここには発表されていないが，ドイツにおいて彼の指導のもとに行われた数々の実験的研究に理論的枠組みを与えた初期のある論文[1]の中で，彼は理論と現実とをどのように結びつけるべきかということについてその考えを述べている。彼はこの課題を，「個別事例」の全き現実と理論との間を隔てている峡谷に橋をかけることに喩えている。研究者は「たえざる強い緊張」によって理論と現実との双方を余すところなく彼の視野の中に収めておくことができるときに，はじめてこの課題を達成することができるのである。

　20年以上も経った今日，彼の生涯の仕事に対するこのプログラムを読み，

架せらるべき橋がその中に繰り返し描き出されているのを見ると，ありし日のこと，夫が車を駆って大きなアメリカの橋々を渡り，ハドソン河を越え，またサンフランシスコ湾を越えてドライヴしたときに，いつもほとんど恍惚に近い強烈な歓喜の状態に浸っていたことを私は思い出す。彼は技術の粋を集めて完成されたこのような業績を賛美して倦くことを知らなかった。疑いもなく彼はみずからの特殊な研究領域についてもこれと同じように，一見著しくかけ隔った領野と思われるものを1つに結び合わすことができると考えていた。深く心をかき乱すわれわれの現実の社会問題と理論とを結合するということは，とりわけ彼にこの強い持続的な「緊張」を経験させることになった。

　科学的な仕事に手を染めたそもそものはじめから，彼はその数々の理論的発見を数多の実践分野，例えば，教授法，問題児の取り扱い，紡績工の「心理学的状況」などに応用しようと努力した。その後，ヒトラーの出現，全体主義的権力の場のもとに生じた社会全体の急激な変化の経験，合衆国での生活と仕事に関連する数々の印象，等価的な社会構造の中における対応的状況を比較するという可能性，そして最後に重要なことは，1人の自由人としての，また1人のユダヤ人としての彼の深い個人的関与——これらすべての事柄は，社会的場における彼の理論的見通しを広げるとともに，1人の社会心理学者として彼の発見を応用してみたいという衝動と緊張を必然的に増大させたのである。マサチューセッツ工科大学に彼が創設したグループ・ダイナミックス研究センター (Research Center for Group Dynamics) は，まさにそのような，研究と行動との結合関係を発展させるための実験室として構想され計画された。

　ここに収められた数々の論文を統一している糸は，だから，明確な理論的観点に立って人間行動の法則と力学とを終始一貫して探究するということである。元来異なる聴衆や読者群のために準備されたこれらの諸論文を編集するにあたって，われわれは若干の反復箇所をどのように処理したらよいかという問題に遭遇した。いくつかのテキストの中で同じ誘導の仕方や同じ例が使用されているのであるが，これらの重複を完全に除去するという努力はいずれも思考の筋道を中断し，まとまった全体をきれぎれの断片に引き裂いてしまう結果になったであろう。それでは破壊があまり大きすぎると感ぜられたし，また他の点でよく引き締まっている彼の文体から見て少々の反復は差し支えなかろうと思われた。読者はこれらの箇所を，異なる文脈の中に常に新しいヴァリエーション

を伴って再現する1曲の音楽のテーマを聞いているつもりで受け入れていただきたい。これらの論文中に触れている出来事のあるものは，今日ではすでに過去の事柄となってしまったが，その基底に横たわる基本的な問題はその間に解決されてはいない。まことに最近の数々の出来事は彼の以前からの診断と予言の正しさを確証したようなものであった。ここに分析されている力学的諸力についてよく理解するということは，かってと同じく今日においても本質的な不可欠の事柄である。

われわれはここに原論文の複刻を許可されたことに対して出版者各位にお礼を申し上げる。それぞれの論文が書かれたときに起こっていた社会事象を読者によりよく理解してもらうために，各章の標題のあとに論文発表の年度を入れておく。原論文の公刊の日付と場所とをもっと詳しくあげると次の通りである。

「少数集団の心理社会学的諸問題」

Psycho-sociological problems of a minority group. *Character and Presonality*, 1935, 3, 175-187.

「アメリカとドイツとの2, 3の社会心理学的差異」

Some social-psychological differences between the United States and Germany. *Character and Presonality*, 1936, 4, 265-293.

「時間的展望とモラール」

Time perspective and morale. *Civilian Morale*, Second Yearbook of the Society for the Psychological Study of Social Issues, ed. Goodwin Watson, Chapter IV. (Boston: Houghton Mifflin, 1942, 現在の発行所 ── Henry Holt and Company).

「ユダヤ人の自己嫌悪」

Self-hatred among Jews. *Contemporary Jewish Record*, 1941, 4, 219-232.

「社会的空間における実験」

Experiments in social space. *Harvard Educational Review*, 1939, 9, 21-32.

「危機にのぞんで」

When facing danger. *Jewish Frontier*, September, 1939.

「文化の再建」

Cultural reconstruction. *Journal of Abnormal and Social Psychology*, 1943, 38, 166-173.

「行為，知識，および新しい価値の受容」

Conduct, knowledge, and acceptance of new value. *Journal of Social Issues*, 1945, 1, 53-63.（Paul Grabbe との共著）

「アクション・リサーチと少数者の諸問題」

Action research and minority problems. *Journal of Social Issues*, 1946, 2, 34-46.

「ユダヤの児童の養育」

Bringing up the Jewish child. *Menorah Journal*, 1940, 28, 29-45.

「結婚における葛藤の背景」

The background of conflict in marriage. *Modern Marriage*, ed. Moses Jung, Chapter IV. (New York: F. S. Crofts, 1940).

「産業における慢性的葛藤の解決」

The solution of a chronic conflict in industry. *Proceedings of Second Brief Psychotherapy Council*, Chicago: Institute for Psychoanalysis, 1944, 36-46.

「ドイツの特殊例」

The special case of Germany. *Public Opinion Quarterly*, Winter, 1943, 555-566.

　この論文集を計画し編集することに関して有能な助言と助力とを惜しまれなかったドゥウィン・カートライト博士に厚くお礼を申し上げる。シモン・N・ヘルマン，ベンジャミン・ウィラーマンの両氏は有益な助言と批評とを与えてくださった。また草稿の準備というこまごました仕事の全般にわたって，きわめて価値ある良心的な補佐役を務めてくれたドロシー・サウスメイド嬢にも感謝の意を表したいと思う。

ゲルトルード・ヴァイス・レヴィン
ニュートンヴィル，マサチュセッツ
1948 年 1 月 2 日

注

[1]　Lewin, K.: *Vorsatz, Wille und Bedürfnis* (Berlin: Julius Springer, 1926).

訳注

[1]　第 2 集はカートライト（Cartwright, D.）の編集のもとに出版されている。Lewin, K.: *Field Theory in Social Science* (New York: Harper. 1951).（猪股佐登留訳，1956『社会科学における場の理論』誠信書房〔1979，増補版〕／2017，ちとせプレス）。

第1部

文化の変更に関する諸問題

第1章

アメリカとドイツとの2, 3の
社会心理学的差異（1936年）

　教育はそれ自体1つの社会的過程であって，ときには母と子のような小集団を，またときには学級やサマー・キャンプでの共同生活のような比較的大きな集団を含んでいる。教育はそれを受ける児童その他の人々に，あるタイプの行動やある種の態度を発展させる傾向がある。教育が発展させようとする行動や態度の種類およびそれが使用する手段は，抽象哲学や，科学によって発展させられた方法に規定されるのみならず，本質的にはその教育が行われている集団の**社会学的**特性の結果である。教育体系に及ぼす社会集団の効果を考察する際，一般にはその集団の内部における共通の理想，原理および態度が頭に浮かぶ。なるほど，理想や原理は教育において重要な役割を演じている。しかし，「公式に」承認されている理想や原理と，その社会集団における諸事象を現実に支配している規則とは，はっきりと区別されねばならないであろう。教育はそれが行われている社会集団の現実の状態と性格とに依存しているのである。

　教育過程は，家族のような小さい教育単位の内部でさえ，人々の住むもっと大きい社会体制の精神に高度に依存している。このようなより大きい集団，例えば国の，政治的，経済的，あるいは社会的な構造の変化は教育体制のみならず，その精神や技術の全体に対しても深い影響を与える。

　もちろん国の教育体系といっても異なる家庭や学校の中では非常に異なっている。しかしそれにもかかわらず，すべての特殊状況の「背景」となっている**一般的な文化的雰囲気**というものがある。社会学では，心理学と同様，ある領域の状態や事象は，その領域を部分として含んでいる状況全体に依存している。一般的雰囲気というものは，したがって，どんな社会学的単位の中での教育にも直接の関係をもっている。この影響の程度はその教育単位（特定の家庭や学

校）がどの程度周囲のより大きい領域から力学的に分離されているかということに主として依存している。

　最近の数十年の間にわれわれは政治権力の分布の変化が教育の目的と実践とを高度に変化させた著しい例を見てきた。（例えば 1917 年から 1933 年の間，特に 1931 年から 1933 年までのドイツにおいて）学校教師の行動を充分詳細に観察する機会をもった人ならば，一般的な政治的状況のわずかな変化でさえ，ほとんど毎日教師の教える理想や彼らの用いる教育方法（例えば罰のタイプとそれを与える頻度，訓練の量，および学習における自由と独立性の程度）に影響を及ぼしていることを容易に看取しえたであろう。政変の時代は教育がほとんどすべての面において集団の社会構造に高度に依存していることをきわめて印象的に示してくれる。**社会が教育を変ずることは，教育が社会を変ずることよりもたやすいように思われる。**

方法論的考察

　社会学的状況が教育に対してこのような影響を与えるということは明白であり，また教育が社会の微小な変化に対してさえ敏感に反応するということも事実であるが，これらの変化を明確に規定し，それを適切に表現するような概念を見出すということは困難な事柄である。社会状況の変化が教育に及ぼすところの影響はプログラムや組織の変化を記述してみても適切に特徴づけることはできない。というのはこれらの事実は教育状況の力学的諸要因，すなわち成長しつつある児童の行動，パーソナリティ，および理想に対する教育の影響を構成するような諸々の要因を充分に規定するものではないからである。児童がどの程度大きな圧力の下にさらされているかということは，特殊の教育的尺度や個々の教育的行為よりもずっと重要である。

　「自由」，「権威」，「社会的雰囲気」というような一般的特徴はあまりに漠然としており，またあまりにデリケートであるから，真に厳密な概念によってそれを捉えることはできないという人があるかもしれない。しかしこのような一般的用語は特定の教育を特徴づけるにあたってごく普通に使用されているばかりでなく，事実上社会心理学的状況の最も重要な力学的特徴であるということを認識すべきであろう。いわゆる「西欧文化」の中にあるすべての資本主義国

家においては,「人間性」というものもある程度まで同様であり,社会的特徴は互いに類似している。

観察上の差異

自由運動の空間

　力学的観点（すなわち究極において予言を許すべき観点）から状況の記述に近づいていくとき,状況は起こりうべき事象または行動の全体として理解されねばならない。その社会的位置のすべての変化,例えば,ある学年から次の学年への進級,あるグループの子どもたちと友達になること,家族の財産の変化などは,特定の物,人,あるいは活動が,利用しうるようになったり利用しえなくなったりすることを意味する。ここで**自由運動の空間**（space of free movement）とその境界というような言葉を使ってもよいであろう。運動といっても身体的な移動ばかりでなく,とりわけ社会的心理的な「移動」を考えることが必要である。これら3種類の移動は幾分異なっているが,3つとも心理学および社会学においては実在的な事象として認められねばならない。

　人または社会集団の自由運動の空間は到達不能な諸領域に取り囲まれた1つのトポロジー的領域として表現される。主として2つの要因が領域への到達可能性を妨げる。その1つは**能力の欠如**で,技能や知能の欠如がその例である。他は**社会的禁止**または一種のタブーともいうべきものであって,それは力学的な「障壁」（barrier）として人とその目標との間に立ちはだかる。例えば子どもは林檎を取ろうと思えば取れるだけの能力をもってはいるのだが,母親がそうすることを禁止しているというような場合もあろう。

　教育の状況にとって自由運動の範囲は最も基本的な特徴の1つである。例えば学校では家庭よりも一般にその範囲が制限されている。教育における過去25年間の進歩主義の運動は自由の理念を強調してきたのであるが,それは主として次の2つのことを意味していた。すなわち,児童自身の要求と意欲とを認めること,および,あまり多くの制限を課さないようにすることがそれである。このような傾向は児童の自由運動の空間をたしかに増大したであろう。

　アメリカおよびヒトラー以前のドイツにおける平均児童が現実に享受していた自由運動の空間を比較するということは容易なことではない。例えば教師に

与えられる一般教授要綱を比較してみてもあまり役には立たない。同じ言葉が使ってあっても異なる国ではその意味が違うからである。また，教育上の手続きがそれに従っていると称する理想と，現実に行われている手続きとのギャップはしばしば著しいものがある。比較的信頼できる徴候は教師の使用するテクニカルな手続きであろうと思われる。例えば教師が口出しをする頻度，口出しをする場合の条件，話しかけるときに普通大きな声で怒鳴るか小さい声で話すか等々。

　比較を行うときの第2の困難は，いずれの国においても子どもにはなはだわずかな自由しか許さない家庭や学校が見出されるのに，他の家庭や学校では子どもたちがきわめて自由に振る舞っているという事実である。さらにまたアメリカの各部とドイツ国内とでは教育制度に異なるところがあり，また社会階級の間にもいろいろな差異が認められる。2つの国を比較する場合にはしたがってできるだけ類似の階級の子どもを取り上げ，両国において等価的な地位と機能とをもつ学校を比較せねばならぬ。アメリカにおける私の経験は大部分中流階級の人々に関するものであるから，私は主としてこの集団について述べたい。とまれ多少とも類似の差異が両国の他の社会層の間にも見出されるであろう。

　ドイツからやってきたものにとっては，アメリカの児童や青年たちの自由と独立性の程度は非常に印象的である。特に幼少の児童が成人に対して，また学生が教授に対してちっとも卑屈な態度をとらないということは特に著しい。成人たちの方でも児童をはるかに対等の立場に立って取り扱っている。ところがドイツでは，まるで支配することが成人の当然の権利であり，服従することは児童の義務ででもあるように思われる。成人と児童との自然な関係はアメリカでは優者（Herr）と劣者（Untergebener）との関係ではなく，原理的には同権を有する2人の個人の関係であると考えられる。親たちは子どもたちをずっと尊敬をもって扱っているように思われる。普通彼らが子どもに何かを持ってきてくれるようにと頼むときには気をつけて丁寧な言葉で頼む。ドイツ人の親たちならきっとぶっきらぼうに命令を下すような状況において，アメリカの親たちは子どもが彼らのためにつくしているのだという気持ちを抱くように仕向けるであろう。アメリカでは子どもにそうした行いをさせた後に親たちが子どもに向かって礼を言っているのを耳にすることはごく普通の事柄である。子どもが言うことをきくようにかなりの圧力をかけねばならなかったときでさえ，親た

ちは後で礼を言うであろう。ところがドイツだとそんな場合にはおそらく「この次からは素直に言うことをきくんだよ」と叱言(こごと)を食うのが落ちであろう。ドイツでは大人はいつまでも子どもを服従の状態にとどめておきたがるが，アメリカ人はできるだけ早く子どもをもとの対等な立場に立ち戻らせてやろうとするようである。

　ドイツ人が「いますぐにそうするんだよ」と言うところを，アメリカ人ならよく「私ならこうこうするがねえ」と子どもに言うであろう。もちろんこのような違いは言語のスタイルの違いにすぎないかもしれない。全般的にアメリカ人は丁寧な言葉を使うことが多い。しかしこのようなスタイルの差異それ自体が意味深いものなのである（後の所論を見よ）。ともかく一個の人格として子どもの権利や意志を尊重する程度には明らかな差があるように思われる。アメリカでは小さい子どもを連れて旅行するとき，ドイツの場合ほどたびたび見知らぬ人にあやされたり，キスされたりするのを特に庇ってやる必要はない。

　これと同じく児童とその教育にあたる成人との根本的な差異は学校やナースリー・スクール[訳注1]（nursery school）においても見られる。ドイツから来ると，ナースリー・スクールの教師が2人の腕白小僧のつかみ合いの場面に出わしたとき，はなはだ気が進まぬといった様子でのろのろと近づいていくのが目につく。はじめのうちこんなやり方を見ると，教師の側の関心が足りない証拠のように思われる。しかし本当はナースリー・スクールの教師はこんなふうにするようにと教育されてきたのである。教師が子どもの活劇に干渉しようと思うときにはゆるゆるとおもむろに子どもに近づいていかねばならない。教師が間に入らなくても問題が片づくようであれば干渉は避けねばならない。ヒトラー前の時代の進歩的なドイツのナースリー・スクール，特にモンテソーリ（Montessori）式のナースリー・スクールではやはり子どもの独立性ということが強調された。しかし実際に用いられたやり方を見るとその差異の程度はどんなに強調しても誇張にすぎることはないほど著しく，ドイツの最も代表的なナースリー・スクール教師の訓練学校の中ですら容易にその違いに気がつくほどである。アメリカのナースリー・スクール教師のための第二則，すなわち，児童がどんな反応を示しても友誼的な態度を失わずおだやかな声で話しかけよ，という規則を見ても同じようにはっきりした違いが認められる。ドイツでは大人の干渉はその頻度が多いだけでなく，普通もっと大きい声で唐突に行われる。

それは服従を要求する命令の精神をもって行われることの方がずっと多い。私が教わったところでは，ナチ体制下のドイツの指導的なナースリー・スクール教師の訓練学校はその学生に向かって次のような助言をせねばならないそうである。すなわち，児童に命令するときにはたとえ児童にその理由がわかるときでもとやかく説明をすべきではない，と。このようにして子どもたちは納得づくでなく信仰や愛から盲目的絶対的な服従の習慣を獲得せねばならないことになる。このような原理は全体主義国家の基本原則に合致するものであって，特にこの体制が発足した最初の年には，下には命令を上には服従を，という宣言が繰り返し行われたものである。たしかにナースリー・スクール教師に対するこのような助言はヒトラー以前のドイツに比べてずっと極端である。しかしこのようなやり方はアメリカと比較していつもドイツの側に認められてきた成人と児童との特異な関係を極端な形で表現したものにほかならないと考えられよう。

　　　全体主義国家が理性や知的な討議を「自由主義」とよんでこれに挑みかかるのはまったく筋が通っている。というのは理由を考えることはそれに参与する人々を平等の基礎の上におくからである。教育において理由を知らせるということはしたがって「民主的なやり方」の1つなのである。

　子どもの権利を尊重するということに密接に関連しているのは子どもができるだけ早く実際上独り立ちができるようにあらゆる方面から援助してやるというアメリカ教育の傾向である。子どもが自分で服を着たり，自分で食事や給仕をしたり，その他の日常課程を人手を借りないでやっていけるようにいろいろと必要な手段やテクニックを発達させることに多大の配慮がなされている。これとよく似た傾向はどの国の進歩主義教育にも共通して認められる。しかし大人によって計画され，子どもによって達成されている現実の選択の自由や現実の独立性の程度は，アメリカの方がドイツの同じような環境の中よりもかなり高いものであると思われる。

　これらすべての事実はアメリカの教育における児童の自由運動の空間が，ヒトラー以前のドイツよりも大きいことを示しているように思われる。しかしこのような結論を疑わせるような事実もある。アメリカの教育が児童の権利を高

度に認めているのは事実であろうが，アメリカの教育者がドイツの教育者よりも妥協的であるというのはたしかにあたらない。上記の規則を注意深く守っているナースリー・スクールがある手続きを強行する場合の厳格さを見て，私は時々強い印象を受けた。アメリカの大学生，いな多くの点では大学院学生でさえ，ドイツの学生に比べるとより大きい独立性をもっているにもかかわらず，ずっと強い学校風の統制のもとにおかれていた。この両国の教育状況の差異はしたがって自由運動空間の大きさの差にとどまらず，構造上の違いでもあるように思われる。

自由度と境界の鋭さ

　生活空間の中には人が完全に自由に振る舞える領域や完全に出入りを禁止されている領域のほかに中間型の領域が区別されねばならない。ある種の活動はまったく禁止されてはいないのであるが，この領域の中に入ると幾分窮屈で，思うように自由に振る舞えないと感ずることがある。子どもの所属するいろいろな社会集団，いろいろな教師が教える学級の雰囲気，子どもが関与しているいろいろな社会活動は，しばしば**自由度**（degrees of freedom）が異なる領域である。

　隣接する領域の間の推移は漸進的な場合もあるし，急激な場合もある。全体としての生活空間はいろいろな程度の等質性を示している。ほとんどすべての領域がいわば中程度の自由度をもっているような教育環境がある。例えばボーディング・スクール[訳注2]（boarding school）にいる子どもはそれほど窮屈に締められてはいないにしても，なにかしらいつも統制下にあるという気持ちが抜けない。ある場合には同じ生活空間の中に非常に高い自由度をもつ領域と非常に低い自由度をもつ領域とが含まれていることもある。例えば学校というところは規律が厳格で自由が少ない領域であるが，家庭生活の雰囲気は穏やかで自由に満ちているであろう。父親が暴君で母親が弱々しいとその結果子どもの家庭生活の内部にこれとよく似たコントラストが生ずる場合もある。児童の生活空間の**等質性の程度**は彼の行動にとっても発達にとっても力学上明らかに重要な意味をもっている。

　さらにまた，隣接諸領域間の漸進的な推移と急激な推移とのいずれが生活空間の中で支配的であるかということも重要な事柄である。2人の子どもの自由

運動の空間がその広がりと構造において類似していても，ある子どもにとっては許された領域と禁ぜられた領域との境界がはっきりと決められていてほとんど柔軟性がなく，否応なしにその存在を認めさせられる場合がある。ところがもう1人の子どもにとってはその境界が毎日毎日比較的大幅に変化し（ただしその位置は平均的に見るとはじめの子どもと同じところにあるかもしれない），それほどはっきりと決められていないこともあろう。彼の日々の時間割は正確に守られることがない。寝床に入る時間だと思われても，1枚だけもう1枚だけとねだれば容易にレコードをかける許しが出る。それからしばらくぐすぐすしたのちお休みなさいと言い，寝てしまうまでに冗談の2つや3つも飛ばしてみるということになる。子どもに許される例外の頻度と種類はすこぶるまちまちである。ある子どもの要求に対して親たちははっきりとイエスとかノーとか答えることもあろうし，またある子どもたちはその間のあらゆる程度の明瞭さをもつ答えを得るであろう。いいかえれば，隣接諸領域間の支配的な境界の鈍さはずいぶんまちまちである。

　ドイツに比較して，アメリカの教育状況は**その諸領域の自由度に著しい差があること，および，これらの領域の境界が鋭く決定されていること**，によって特徴づけられているように思われる（図1aおよび図1b）。例えばドイツのフレーベル（Froebel）式のナースリー・スクールでは同等の位置にあるアメリカのナースリー・スクールよりも，子どもは遊びや戸外活動において，普通いっそう多くの指導を受け統制を受ける。一方，アメリカのナースリー・スクールは日常生活の課程，例えば食事どきの厳格な規律の必要をいっそう強調する傾向がある。全体としてドイツの学校における教育的雰囲気はドイツの家庭と同様に等質性が大きく，アメリカの同様な学校や家庭に見られるように高い自由度をもつ領域がなく，また厳格に規定された境界も少ない。新しい全体主義ドイツは，いうまでもなく，教育においても他のあらゆる分野においても，等質性を増大させるための決定的な歩みを続け，きわめて包括的な，高度に統制された状況を造り上げた。

　異質性が大きいということと並んで，アメリカの教育状況に対応する生活空間では異なる領域間に比較的**鋭い境界**が存在するように思われる。すでに述べたように，アメリカの教育は幼児の日常課程においてできるだけ時間励行の習慣をつけることを大切な問題と考えている。このことは児童の生活空間の中

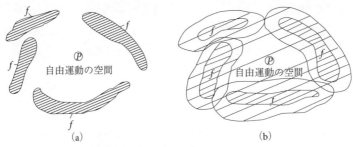

図1 教育的雰囲気の典型的な状況 (a) アメリカ (b) ドイツ
(a) 隣接領域間の境界は鋭く，質的差異が大きい生活空間。
(b) 隣接領域間の境界は鋭くなく，その差異が比較的小さい生活空間。
斜線の密度は制限の程度を表す。
P = 人，f = 禁止された領域。

で重要な位置を占める一群の日常活動が鋭い境界をもっていることを意味する。これとよく似た時間的構造はアメリカの学生についても特徴的な事柄である。アメリカの大学生はドイツの学生よりもずっと長期にわたって，またずっと細かいところまで取り決めた時間割をあらかじめ作成してもっているようである。彼は今後6カ月間研究のために費やす1週間あたりの時間数を計画していることもある。ドイツにおいて同じような社会的学問的位置にある学生と比較すると，アメリカの学生はずっと仕事に対する厳格な時間的制限を設けていることが多い。アメリカに比べると，ドイツでは学生がとかく時間の制限を忘れて仕事に没頭する傾向がある（この事実はアメリカの学生に対して，より高度の経済的圧力がかかっていることによるものではない）。ドイツの大学では行われていないことだが，アメリカの大学では普通半年ごとに試験が行われるので，仕事をはっきり区切られた領域に分割するのに好都合である。

アメリカ的生活様式の表現としてのアメリカ教育の構造

はじめに述べたように，教育状況と教育のやり方は国全体の社会的状況によって高度に規定されている。教職に志す人々は，いうまでもなく，彼が将来適用しようとする諸々のテクニックについてその教育的理由を学んでいる。それらは児童の発達に好都合なものでなければならぬといわれる。事実，アメリカのよいナースリー・スクールは私の考えではどの国のものよりも教育的にすぐ

れている。しかしアメリカのナースリー・スクールのやり方は少なくとも高い程度まで，科学的心理学の結果ではなくて，むしろアメリカ的生活様式の表現であり，アメリカ人が人間を取り扱うテクニックをテストする際のいっそう経験的なやり方の表現であるということを認識せねばならない。教育の状況における主要な特徴はおそらくある程度までアメリカ生活のあらゆる分野に見出されるであろう。

　ヨーロッパにおいて最も普通にアメリカに与えられる形容句は「コントラストの激しい国」，「無限の可能性をもつ国」という言葉である。移動するフロンティアは嫌な土地を立ち去っていく自由と可能性とを与えた。今日ですらアメリカの市民は同様の社会集団に属するドイツ人よりもずっと気軽に新しい地方へと居を移していく。このように気軽に転居するということは，例えば，土地が狭くて人口過剰なドイツの農民とアメリカの農夫との非常に違う点である。

　普通のアメリカ人が非常に自由に振る舞える活動の領域は大きい。しかしもしも彼が比較的鋭く一線を画されたある境界を一歩踏み越えると，彼は強制的な取り扱いを受けることになるであろう。アメリカの教育において認められるのと同じような急激な推移が社会生活の他の分野においても観察される。例えば警官が状況に応じて極端な丁重さをもって振る舞ったり，極端な荒っぽさをもって振る舞ったりするのが目立つ（例えば，「犯罪者に対する警察の厳しい取り扱い」を見よ）。アメリカの風土と同様，アメリカの経済生活や社会生活は両極端を含んでいる（犯罪においてすら最も大規模な，最も巧妙なものが見られる）。アメリカ人は両極端が背中あわせに存在していてもいっこう気にかけないばかりかそれを好もしくさえ思っている。商業生活においてはアメリカ人はどちらかというと危険を冒してでもおおがかりな売り買いをやる傾向があるように思われる。一朝にして長者になったり貧者になったりすることに人々は慣れっこになっている。

　アメリカの社会生活の内部では，ドイツに比較して，いろいろな活動領域がずっと局限され，はっきりと区別され，鋭く分離されているように思われる。アメリカでは2人の科学者や政治家が，激しい論争や政争を戦わしたあとでも，お互いに心から打ち解けてつき合っていることがある。ドイツでは大概の人にとって，政治的な意見の相違はもとより，科学上の見解の相違ですら，道徳上の否認と区別がつかないように思われる。大統領選挙に敗れた候補が激戦の後

に当選者に送る祝辞は，ドイツではむしろ奇異に響くであろう。ある社会集団がお互いに政治や商売の上では対等と見ながら社会生活ではほとんど交渉をもたないことがあるが，これもやはり諸々の活動領域が相互に分離していることの別な側面である。

　時間ということに関してもアメリカ人はその分野を鋭く区切られた別々の領域に分割する強い傾向を示す。アメリカの人々はヨーロッパ人よりもずっと時間を守り，時間励行ということをずっと真剣に考えている。7時に非公式の晩餐会に招待された10人あまりのお客が正7時から7時8分の間に全部揃ったというようなことは，アメリカでは普通の事柄であるが，ドイツなら大変なことである。講演を聞き談話を交わしながらしたためる午餐の集いは，アメリカではごくありふれたことであるがドイツでは事実上行われていない。アメリカの公衆が明確な時間の区切りに慣れていなければそうしたことは不可能であろう。アメリカでは普通「この仕事には何々分かかるだろう」というような言い方をするか，ドイツではそんな言い方はほとんど聞けない。ドイツ人は仕事や遊びに没頭すると時間のことなどまったく忘れてしまうことが多い。アメリカの通俗雑誌の中にはそれぞれの記事を読むのに要する時間が記事のはじめに印刷してあるものさえある。

　全体として教育状況が，鋭い境界をもつような比較的コントラストの強い諸領域に分化しているということは，社会生活の大きい諸分野にも特徴的な事柄であると思われる。子どもに対してかなり大きい敬意を払うということもやはりアメリカの一般社会生活の中にその平行現象を見出すことができるように思われる。普通のアメリカ人は，他人が関係している状況に口出しをする場合，ずっと控え目である。ドイツの商店では，お客で店が混み合うと，店員が出てきてお客を1人ひとりせかしてまわるであろう。また，店員が1人のお客に応待しているときでも，しばしば別なお客が彼に話しかけるであろう。アメリカの店員はそうした場合でも1人ひとりのお客がゆっくり品定めする充分の時間を与え，ほかのお客はその間辛抱強く待っているのが普通である。他人に対するこのような「公平さ」(fairness) はラッシュ時の銀行や郵便局でも見かけられる。これとよく似た態度は道を横切る歩行者や前方につかえている徐行車に対する一般の運転手の行動にも表れている。すべてこのような場合にドイツ人はずっといらだちやすく，喧嘩腰になり，感情的になりやすい。アメリカでは

歩行者が道を横切ろうとするとき車を停めて待ってやらないのは，向こうみずな，少なくとも失敬なことだと考えられるのが普通であるが，そんなことはドイツではざらに起こる。車に乗っているものはドイツでは「当然」歩行者に優先していると感じ，歩行者の方が待ってくれることを期待している。歩行者の方でもやはりそう感ずるのを「当然」として待っている。この点はアメリカの歩行者と非常に違う。

　このような事例はアメリカ人が他の個人に対してずっと大きい「敬意」を払っているということの些少ではあるが意味深い徴標である。これらの例を見ると，先に教育の分野について述べたような，子どもたちに対してとやかく口出しをしたがらない気持ちは，アメリカとドイツとにおいて個人の間の基本的な関係が相異なることの1つの表現にすぎないのだということがわかる。このような相違は明らかにアメリカ人の抱く民主主義の理想，すなわち，富めると貧しきとを問わず，大統領たると一介の市井人たるとを問わず，基本的には万人が同等の権利を有するのだ，という理念と密接な関係をもっている。先に子どもが大人に対する関係において，少しも卑屈な態度を認めることができないといったが，これと同じ特徴はアメリカの雇人が雇主に対する行動，学生が教授に対する行動にもはっきりと表れている。その例証としてアメリカのあるドイツ領事館の下っぱの位置で働いている1人のドイツ人の例をあげよう。戦後彼はドイツに帰り，さる行政官庁に入って前と同じくらいの位置について働いていた。彼の同僚たちはよく彼に向かって上役に対する「振る舞い方がよくない」と注意した。自分ではできるだけ誠意をもって振る舞ったつもりであるのに，彼はそのような「不作法」の過ちを何度も犯す結果になった。それで彼はアメリカでのもとの位置へさっさと帰ってしまった。彼が言うには「アメリカでも命令に服従しなければならないことはドイツと同じであるが，自分の義務以外のことではあれほど卑屈な気持ちを味わなくてもすむ」と（これはヒトラーの時代以前の出来事である）。

　電車の中ではドイツの子どもたちは大人に席を譲るべきものと考えられているが，そうしたことは現代のアメリカの子どもたちにはもはや要求されない行動である。それは両国における諸個人間の基本的な関係の相違から生じてくる数多くの表れの1つにすぎない。君主制からファシズムへと移っていく間の短かい期間ですら，ドイツ人はアメリカ人よりもたえず上下の関係によって影響

されていた。アメリカでは平等の権利という民主的理念がよく行き渡っているので，時には万人が同等の能力をもつことをさえ認めているように思われ，成功しないということは道徳的劣位の証拠であると考えられているように思われるほどである。万人自足の理想もまた同じ方向を指し示す。そのためにドイツに比べると青年たちはできるだけ早く自活するということにずっと熱心である。アメリカの富裕な父親たちが公共の施設に快く巨万の財を投ずる理由の1つはこのあたりにもあるように思われる。これほどの気前のよさはドイツには見られない。ドイツでは父親たちはむしろできるだけ多くの財産を子どもたちのために残して遺してやるということに熱心である。

外見上の矛盾

　先に述べた教育と一般社会生活の諸特徴は互いに一致した方向を辿っているように思われる。少なくとも相互の間に矛盾は存在していない。しかしいくらか対立的な方向を示すように思われるいくつかの傾向が教育の分野にも社会生活の分野にも見られるので，それらについて述べておかなければ誤解を招くおそれがあるであろう。アメリカの憲法では万人の平等という民主的理念がその基本原理の1つとして宣言されているが，それにもかかわらずアメリカ人ほど，スポーツ，映画その他における**個人の業績**に興味をもち，あらゆる仕方でそのような個人を表彰したがる国民はおそらくないであろう。個人差に対する関心はドイツよりもアメリカの教育において著しく高い。個人差に関するテストはどの国よりもはるかに発達しており，またずっと大規模に応用されている。この事実は主として教育の組織や一般の公衆が「パーソナリティ」に対して心から関心をもっている結果である。どの新聞も社交界のニュース，新人や花嫁の写真，リーダーたちの写真，大学や高校の優等生の写真などでいっぱいである。小都会の新聞は学童たちのよい成績，例えば，満点の書き取りや算数などを掲載する。このようなことはいずれも事実上ドイツでは見られないことである。個人の業績に対する関心はアメリカ心理学の発達を決定的なものにした。それは（ヒトラー以前の時代でさえ）ドイツよりもアメリカにおいて心理学の「社会的地位」がずっと高い理由の1つである。ドイツでは哲学の方が心理学よりもずっと重要なものと考えられている。

　先に述べた諸事実とうまく折り合わないと思われる第2の点は，アメリカ社

会生活の等質性ということである。先にわれわれは教育および一般社会の状況が鋭い境界をもつ対照的な諸領域に分化していることを述べた。しかしある点ではアメリカの社会生活はドイツよりもずっと等質的であるように思われる。町や村の建築物や性格はアメリカよりもドイツの方がはるかに変化に富んでいる。ドイツの国土は狭小であり，一方アメリカへは数多くの新しい移民の群が入り込んでいるにもかかわらず，国の各部の住民相互間の言語や習慣の差異はドイツの方が大きいように思われる。なおすでに述べたことであるが，社会階級その他の歴史的に成立した社会集団間の差異も，普通ドイツの方が大きいと考えられる。一方アメリカでは同じチェーン・ストアがアメリカの中のあらゆる村々に見かけられる。またアメリカのホテルはドイツのものよりもずっと差異が少ない。標準化ということがはるかに発達している。アメリカでは社会生活全体がある種の画一性を示している。

理論的解釈

歴史的説明と体系的説明

　アメリカとドイツの社会生活の相異なる諸特徴は歴史的に説明することもできる。社会をしてそのような特徴をもつにいたらしめた歴史的発展の各段階を跡づけるということは価値ある重要な課題である。しかし，例えば，特定の文化が成長しつつある児童にどんな影響を与えるかというような問題に答えるためには，先の問題と並んで，いなむしろそれに先立って，いま1つの問題に答えなければならない。**1つの具体的な力学的全体**として，すべての社会的文化的含蓄をその中に含んでいるところの教育的状況に当面せねばならない。児童がその中で生き，その部分として生きているところの状況の，いろいろな部分や特性の間の力学的相互関係が理解されねばならないであろう。いいかえれば，「歴史的」説明と並んで体系的説明がなされねばならない。体系的説明というのはこれらの諸々の部分や特性が1つの具体的な社会的全体の内部でどのようにして存在しうるのかということの説明である。心理学と同じく社会学でも歴史的な問題ならびに体系的な問題としての「なぜ」ということがともに重要であり，一方の問題は所詮他方を抜きにして解決することができない。しかし論理的な観点から見ると両者は著しく異なっている。しかもまず第1にはしばし

ば体系的説明が考慮されねばならないのである。

　状況の諸々の部分や特性の間の相互関係，それらの共在の可能性，および状況のいろいろな部分（例えばある児童の発達）に対して起こりうべきその効果を理解しようと欲するならば，状況を分析することが必要である。しかしこの分析は「ゲシュタルト理論的」な分析でなければならない。なぜならば社会的状況は心理学的状況と同じく力学的な全体だからである。このことは状況の諸部分のうちの1つが変化すると他の部分もそれに伴って変化するという意味である。

　社会的存在としてのアメリカ人およびドイツ人の人格の相違についてある仮定を設け，これを誘導の出発点または中心として用いることによって，アメリカおよびドイツの社会生活のいくつかの特性を相互に関係づけることができるように思われる。この場合，集団に関する差異は論理的には成員の間の差異から誘導されるであろう。

　このようなやり方にまつわる誤解は極力防止したいものだと思う。個人に関する供述を誘導の**論理的**中心として用いるということは，諸個人の間の差異が集団およびその社会生活の**原因**であるという意味ではない。その反対にドイツとアメリカにおける個人の構造の相違は，それ自身異なる歴史によって築かれた相異なる社会的布置の中で生活してきた結果であると私は信じている。このような供述を裏づける証拠は豊富に存在すると思う。

アメリカとドイツにおける諸個人間の社会的距離

　社会的存在としての個人の構造を考察するとき，典型的なアメリカ人と典型的なドイツ人との間には次のような差異があるように思われる。**パーソナリティの表層領域**，あるいはむしろ，その「**周辺領域**」に関する限り，諸個人間の平均的な「**社会的距離**」（社会学などにおいて用いられる語）は**アメリカの方が小さいように思われる**。このことはアメリカ人の方がドイツ人に比べると他の個人に進んで胸襟を開き，他の個人とある種の状況を共に分かち合う気持ちが強いという意味である。

　街頭で他人同士がお互いに微笑をもって挨拶を交わすことはアメリカならごくありふれた事柄であるが，ドイツでは見られない行動である。バスを待っている人々はすぐに天候のことを話し始め，汽車や電車の中では他人同士の会話

がドイツに比べてずっと気軽に始められる（アメリカでもドイツでも大都会と小都会の住民の間にはたしかに差がある。イギリス人は，少なくとも英本国の外では，そのような状況においてドイツ人よりもさらに控え目なことさえある）。アメリカ人は他人に対してずっと友好的であり，また喜んで助けの手を差し伸べるように思われる。アメリカでは親しい友人でもない訪問者を食事に招いたり家庭に招待することが，ドイツの同様な事情の場合に比べてずっと普通に行われている。アメリカへやってきたほとんどすべてのドイツ人は，アメリカ人が新来者の当面せねばならぬこまごました困難にぬかりなく気を配ってくれる巧まない気安さと有能さを異口同音に賞賛する。

　下宿では誰でも入っていけるように下宿人が扉を大きく開けて部屋にすわっているのが見受けられる。生活のある領域ではアメリカ人はほとんどプライヴァシー（privacy）への要求をもっていないように思われる。大学の学長室の扉でさえ1日中開け放してあるのを見かけることがある。だから彼が誰と話しをし，どんなふうに振る舞っているかということが誰にでも見える。このような行動はドイツではたいして要職についていない官吏の場合でさえ考えられないことである。彼らが尊敬を得たり自分の重要さを誇示したりするためのテクニックの1つは，閉め切った扉の前で長い間人々を待たせることである。アメリカでは当事者同士の社会的地位がどんなに違っていても，他の人々を待たせるということは悪趣味であろう。アメリカとドイツとのこのような相違は非常に著しい。それはアメリカ人の万人平等の権利に対する民主的態度の表現でもあり，また一般にとっつきやすいことの表現でもある。

　　　普通のアメリカ人は私的な会話でも公的な会話でもドイツ人ほどがみがみ話をしない。これはU型（アメリカ型）の周辺領域がいっそうとっつきやすいという事実によるといえよう。一方G型（ドイツ型）の方は後に見るようにとかく感情的攻撃的な行動に走りやすい（p. 22, 図3を見よ）。

しかしながら，アメリカにおける人々の間の平均的な「社会的距離」はあらゆる点で小さいのではなく，人の周辺的な層に関してだけ小さいのであると思われる。パーソナリティにおけるもっと内密度の高い「中心的」な領域は少なくともドイツ人と同じほど相互に隔っており，その領域に立ち入ることは少な

くとも同じほど困難なことであると思われる。例えば青年男女の関係はアメリカではある点までは比較的容易に進行するが，親密な関係に入る一歩はドイツの場合よりもずっと明瞭な一線を画しているように思われる。ドイツでは非常に周辺的な関係から非常に親密な関係までの社会関係の推移はずっと漸進的である。アメリカへやってきたドイツ人は，新来者として数週間のうちに得られる友好的な近しい関係の程度が，ドイツの同じような事情の場合に比較してずっと著しいということに普通気がつく。ドイツ人と比較すると，アメリカ人ははじめのうちずっと急テンポに，またずっと多くの人々と友好的な関係を進めていくように思われる。しかしこの発展はある点までくるとしばしば停止する。そして急速に得られた友達同士は，数年の間比較的近しい関係を続けた後でも，まるで旬日の知己と別れていくように簡単にさよならを言う。

社会的距離の操作的定義

これらの事実をトポロジー概念および力学的概念によって表現しようとすれば，人々の間の「社会的距離」が操作的見地から見てどういうことを意味するのかということを問わねばならない。

2つの事実群が社会的距離の操作的定義について考えうるように思われる。

1. 人のより「周辺的」な層とより「中心的」な層との差異から出発し，これらの異なる層と活動との関係がきわめて重要な意味をもつことを証明した多くの種類の実験（心理学的飽和，情緒，準要求の実験）から操作的定義を取り出すことができる。より中心的な層はより内密な個人的な領域として定義される。個人のこのような領域は普通周辺的な領域よりもいっそう敏感である。

2. 第2の定義としては社会学で一般に社会的距離を証明する場合のやり方を使用することができるであろう。人Aが別な人Bとある状況（同じ自動車に乗って旅行するとか，一緒にゲームをするとか，ダンスをするとか，結婚するというような状況）をともにすることを欲するかどうかを尋ねられる。社会的距離の相違はある人が他の人と喜んでともにしようとする状況の内密度（degree of intimacy）の差異として定義される。

特定の距離とは，したがって，力学的にいうと，人Aから見て人Bがある状況や活動には立ち入ることを許され，それ以上内密な状況には立ち入ることを許されないという意味にほかならない。このように特定の状況や活動に立ち

(a)　U型　　　　　　　　　　　　　　(b)　G型

図2　パーソナリティの構造

パーソナリティの諸層の間の境界線の太さは立ち入りやすさの差を表現している。斜線の部分は人の「私的」な領域を示す。

入ることができるということは，BがAの特定の層とはコミュニケーションを行うことができ，それ以上中心的な層とはコミュニケーションを行うことができないということと同じである（あるいはそれと非常に近い関係をもっている）。

人Aの状態についていうと，CよりもBへの社会的距離が小さいということは，CよりもBに対してAのより中心的な領域が開かれているということである。先に典型的なドイツ人と比較して典型的なアメリカ人のことを述べたが，その供述は，もしも他の条件が等しければ，アメリカ人の周辺層が他人からのコミュニケーションに対してより少ない抵抗を示すという意味にほかならないであろう。

外部からのコミュニケーションの働きかけに対する抵抗がより小さいということを周辺層それ自身またはその境界の性質に対応させ，それによって「開放性」（openness）がより大きいということを表現することもできる。図2は典型的なアメリカ人の状態（図2aのU型）をドイツ人のそれ（図2bのG型）と比較して表現したものである。

図中外部からのコミュニケーションに対する抵抗の程度はその層を取り巻く強い境界（太線）によって表現されている。ここでは人の内部をかりに同数の層に分けた。

このような表現の手段を用いると，U型は例えば容易に通過しうる境界をもった4つの周辺領域によって象徴化することができよう。非常に中心的な（第

5の）領域だけがコミュニケーションの影響から高度に孤立している。G型では最も周辺的な（第1の）領域にだけは容易に立ち入れる。それ以上中心的な領域に近づくことは比較的困難である。主要な境界はすでに領域1と2との間に横たわっている（図2b）。

事実が充分でないから，いちいちの領域についてその可透性（permeability）の大小をとやかくいうことは許されない。しかし外部からの**侵入**（invasion）に対する最初の主な抵抗がどの辺の位置に存在しているかということについて述べることは許されるように思われる。

もしある状況において，G型の領域1とコミュニケーションを行うのに必要なだけの努力を払えばU型なら領域4までは充分に到達できるとすれば，次のような方程式が成り立つわけである。$W(1 + 2 + 3)_U = W(1)_G$（Wはゾーンの抵抗，Uはアメリカ人，Gはドイツ人を表す）。さらに次のようにいうこともできる。$W(1 + 2)_U < W(1 + 2)_G$。これは，これは所定数の周辺層によって与えられる抵抗がG型よりもU型において小さいという意味である。

いくつかの事実の示すところによると，G型よりもU型の方が一般に**最も内密な**（第5の）領域へは立ち入りにくいように思われる。この場合には次のような式が成り立つであろう。$W(1 + 2 + 3 + 4)_U > W(1 + 2 + 3 + 4)_G$。この事実は今後の誘導には仮定しないでおく。とまれ，最も内密な（第5の）領域への立ち入りやすさの程度がほぼ等しい〔$W(1 + 2 + 3 + 4)_U = W(1 + 2 + 3 + 4)_G$〕としても，領域$4_U$と$5_U$との間の力学的境界は$1_G$と$2_G$との間よりもおそらく強いはずである。

全体として，周辺の領域から中心の領域へと推移するにつれて生ずる立ち入りやすさの減少は，ドイツの場合は曲線G（図3）に，アメリカの場合は曲線Uにいっそうよく対応しているように思われる。

個人の私的な領域と私的でない領域

さまざまな領域への立ち入りやすさを2人の個人の観点からでなく，集団の観点から考察するならば，個人の開放的な，共通な，「公的」な生活の分野はより周辺的な領域に，また，個人の私的な生活の分野はより中心的な領域に配すべきであろう。このことを認めるならば，われわれの基本テーゼからドイツよりもアメリカの方が人のより多くの領域を公的な関心の対象と考えているの

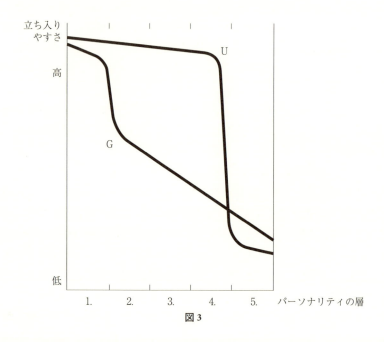
図3

だと結論することができる。

　私はこのような供述を数々の事実によって例証することができると思う。アメリカの新聞には誰それがかくかくの機会にどんな服装をしていたとか，誰が誰の晩餐会に招待されたとか，食卓のデコレーションがどのようであったとかいうような記事が一面に掲載されている。先に述べたようにドイツにおける同様の新聞ではむしろ私的な事柄であると考えられ，公的な関心の対象にはならないと思われるような諸事実に対しても，いろいろな点からずっと大きな公共性が与えられている。非公式の集まりでさえ，ドイツの同様な機会に比べるとしばしば内密な，私的な集まりという性格が稀薄である。アメリカの新聞には化粧のテクニックが目立つほど頻繁に，またずっと詳細にわたって論ぜられている。

情緒，友情，および摩擦

　同じような構造上の差異にいくらか関係している第2の事実を述べることができるであろう。アメリカ人が，怒り，あるいは少なくとも手放しの怒りをも

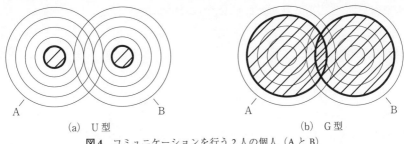

(a) U型　　　　　　　　　(b) G型
図4　コミュニケーションを行う2人の個人（AとB）

って日常生活の幾多のささいな不幸に反応するような場合ははなはだ少ない。いくつかの事実を見ても結局そう結論せざるをえないように思われる。アメリカ人は一般にそうした不時の出来事に対して行動的な観点から反応する（彼は状況を建て直すために次に何をすればよいかということを考える），ドイツ人はむしろ道徳的な観点から反応する（彼はそれが誰の罪であるかということを考える）。さらにそうした出来事はアメリカ人の場合，どちらかというとあまり人格の中心領域に触れてこない。換言すれば周辺の，私的でない領域に対応する事象の範囲は，アメリカ人の場合，比較的大きいように思われる。このことはわれわれの基本的供述とまったくよく一致している。G型にとっては私的な分野がより多くの層を包括しているので，感情的な振る舞いが起こりやすい。

　この事実は幾人かの人々の相互関係を考えるとき特に重要な意味をもつ。例えば，2人の個人（図4のAとB）のどれだけ多くの層が「私的」な領域を刺激しないで相互に接触しうるのかと問うことができる。領域間のコミュニケーションは，その重なり合いによって表現することができるし，また当の諸領域が共通な境界をもつというような表し方もできよう。われわれの基本的仮定からすれば，G型よりもU型の方が私的な領域に接触するまでに多くの領域が重なり合うことができるわけである。例えば，外側の3つの層の重なり合いはU型では私的な領域の間のコミュニケーションを意味しない（図4a）が，そのような重なり合いはG型なら私的な領域を包含するであろう（図4b）。

　このことは次のような2つの結果が伴うはすである。まず，**深い個人的な友情がない場合でもU型の諸個人の間には比較的近しい関係**が発生しうるであろう。他方，このような人たちは**個人的な摩擦を生ずる危険が少ない**はずである。こうした摩擦は個人的な領域が刺激される場合に生じやすい。上に述べた

第1章　アメリカとドイツとの2，3の社会心理学的差異　　23

諸事実はこの2つの結論とよく合っているように思われる。

行動と理想

アメリカ人には「私的」なものと考えられない領域の方が多いといっても，これらの周辺領域が彼には重要性の少ないものと考えられているという意味ではない。むしろ反対に全体としての人の構造を考察するならば，われわれの基本仮定はG型よりU型の人の方が私的でない領域のもつ相対的な重みが大きいことを意味している。上記の諸事実はすでにこのような方向を指し示している。

ここでさらに第2の事実を述べることができる。パーソナリティの周辺層は人の「運動」領域，または「実行」領域とも呼ぶべきものを含んでいる。この領域は人格の外部的な層，環境に最も近い層である。それは人の外見や行動に対応するものである。外見のもつ相対的な重みがU型にとって比較的大きいということは上に述べた。行動ということがU型では相対的により大きな強調を受ける。ドイツ人に比してアメリカ人はイデオロギーや地位よりも業績をいっそう強調する。科学では理論よりも実際を強調する。U型は広範囲にわたる事実の「経験的」蒐集を好む。ドイツ人にとっては中心的領域，したがって理想やその他の「非現実的」な事実のもつ相対的な重みが大きいが，このことは，アメリカ・プラグマティズムに対するものとしていわゆるドイツ・イデアリスムスを考えるとき，基本的な重要性をもつ。ドイツ人とアメリカ人との態度における同様な差異は，政治や宗教の分野でも著しい。

集団内部の等質性の程度

中心領域がより私的な生活に対応し，比較的周辺的な領域が開放的な「公的」な生活に対応するものとすれば，同じ社会集団に属する諸個人の間では後者の方か前者よりもいっそう類似性が大きいはずである。というのは集団の大部分の成員にとって相互に立ち入ることのできる諸領域が充分の類似性を備えていなければ，共通の交際や共同の社会生活を行うことはできないであろうから（もっともこのことはある程度まで妥当するにすぎない）。

最も内密な領域は多分に一般的人間性を含んでいるからそれらもまた人々の間で比較的類似性が大きいといえるかもしれない。そうだとするとある集団の

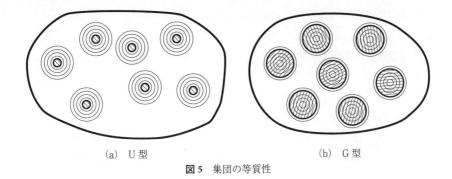

(a) U型　　　　　　　　　　　(b) G型
図5　集団の等質性

諸個人間の最大の非類似性は中位の私的性格をもつ諸領域の間に存在することになるであろう。

　このような類似度を示す領域の合計は，1000人のアメリカ人と1000人のドイツ人とを標本としてとると，後者よりも前者の方が集団全体としては大きいであろう。これは次のようにして誘導される。すなわちU集団（図5a）の成員間の，領域（1 + 2 + 3）についての平均的類似度（DS = degree of similarity）をDS_U^3のように表すことにする。G集団ではこれに対応する領域（1 + 2 + 3）の平均的類似度DS_G^3はより小さいであろう（$DS_U^3 > DS_G^3$）。というのはこの領域はG型ではすでに一部分私的なゾーンの中に食い込んでいる（図5b）が，U型ではそうでないからである。換言すれば，特定の類似度（DS）をとれば，G型よりもU型の方が多数の領域がその範囲内に入ってくる。集団全体についてこの類似度の範囲内に入ってくる領域数（r^{DS}）の合計（Σ）をとると，その数はG標本よりもU標本の方が大きい。すなわち，$\Sigma r_U^{DS} > \Sigma r_G^{DS}$。**これはU集団がG集団よりもより多数の類似的なパーソナリティ領域を含んでいる点でいっそう等質性が大きいことを意味する。**

　集団の成員の等質性についていわれることがただちに集団体制全体についても断言できるとは限らないということに注意しておこう。

　幾何学的表現（図5aと5b）に言及して詳細な誘導を行うという煩わしい手続きを経ないでも，パーソナリティ構造の相違についてのわれわれの基本的供述から同じ結論を導くこともできる。一定数の異なる諸個人a，b，c，d，……について集団全体の内部に含まれる私的領域の量はU集団よりもG集団の方が大きい。先に前者がより大きな等質性をもつことについて述べたが，こ

の結論はそのような直接観察の諸事実とよく一致する。

異なる集団の成員間の類似度

同じ国に2つの集団があって，両者ともそれ自身としては等質的でありながら相互には異なっているとする。いま他の条件が等しいとしてかような集団の成員間の類似度はアメリカとドイツではどうなるか。

それぞれの集団の内部が完全な等質性をもつという極端な場合を考察することによって最もよくこの問いに答えることができる。このような場合，集団Aの成員 a^1, a^2, a^3…… はすべて同様の性質をもつであろう。すなわち，$a^1 = a^2 = a^3$……。同じことは第2の集団Bの成員 b^1, b^2, b^3…… にもあてはまる。すなわち，$b^1 = b^2 = b^3$……。図6aと6bはアメリカおよびドイツにおける2つのかような理想的集団を表現している。それらはまた2つの集団の成員間の差異がドイツにおいていっそう大であるということをも示している。というのは両集団に含まれているパーソナリティの類似領域の量はアメリカの方が大きいからである。換言すれば2つの等質的集団の間に差があるとすれば，それはアメリカよりもドイツの方が大きいであろう。

観察の結果，この結論はかなり頻繁に裏づけられるように思われる。しばしばいわれてきたことであるが，一般に認められた，固定的な社会的地位をもつ，はっきりした「階級」は，アメリカよりもむしろドイツの方にずっと顕著な形で存在している。

集団の大きさ

このような演繹と密接に関係しているのは成員のパーソナリティ構造からする集団特性の第2の誘導である。

社会集団の成員間の最適類似度について一般的な供述をすることはおそらく不可能であろう。そのような類似度は，根本において加入しようとする成員の意志に基づきそれに支えられているクラブのような場合と，上官の命令によって支えられている軍隊のような場合とでは異なっている。けれども第1のような型の集団の中には，成員の間の充分な類似性ということを前提するものも多い。そうした集団では個人差があまり大きくなりすぎると，集団は分裂するであろう。新しい加入志望者と一般の成員との差異があまり大きすぎるときには，

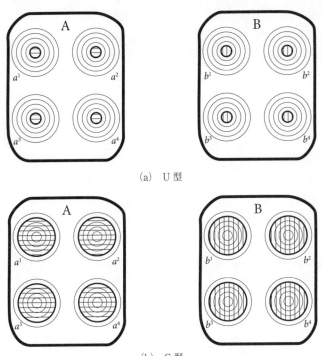

(a) U型

(b) G型

図6 異なる二集団A，Bの成員間の類似度

そのような人は集団の成員として受け入れられず，したがって集団の外部にとどまらざるをえないであろう。

われわれの基本仮定からすれば，このような集団に入ることができる人々の数はドイツよりもアメリカの方が比較的大きいことになる。クラブや政党に入るということはその成員が他の成員とある行動をともにする意志があるということを意味している。前頁に述べたところに従っていえば，ランダムに選ばれた1000人のU型の個人の間には1000人のG型の個人の間によりも特定の（極端に内密な分野以外の）活動分野でなら協力しようとする人の数は多いはずである。図によって表すと（図6），1人の新入者を加入させたとき，（平均的に見て）集団内の個人差の総量はU型よりもG型においていっそう増大する。したがって集団にとって耐えうる非類似性の量が制限されているとすれば，G集団の方がこの限界点に早く達する。

この結論も数々の事実に非常によく合う。実際上アメリカでは2つの大政党しかないが，ドイツの政治生活は十指に余る政党の濫立を示してきた。このような個人主義的傾向はいままでにもしばしば強調されている（「3人のドイツ人が集まるところには4つの組合ができる」）。

　比較的小さな分化する集団へと分裂していく第2の理由は，行動に対して理念の方を強調することにある (p. 24)。例えば，1932年のアメリカ大統領選挙において社会党の得票数ははなはだ少なかったが，その原因の一半は勝ち目のない候補に「票を捨てない」という社会主義者たちの考え方の中にもあった。このような「実際的」な態度の表現を耳にすることはドイツよりもアメリカの方がずっと頻繁である。G型はこのような場合，行動との関係を考えたうえでなく，むしろそれぞれの理想に従って投票する傾向が強かった。

　G型が示すこれと同じような個人主義的傾向は，すでに述べたように社交上の集まりについても観察することができる。この事実はまたG型の領域（1＋2＋3＋4）の内部における個人差の量が大きいということの結果として理解することもできる。領域（2＋3＋4）の間に見られる個人差の量が大きく，その領域への立ち入りやすさの程度が低いために，G型の個人がパーティに臨んで快適さを味わいつつ立ち交わることができる人々の数はごく少数に限られる。

異なる状況におかれた人

　状況の変化によってU型およびG郡がどの程度大きな影響を受けるかという問題を取り上げることができる。この問題ははじめに述べた諸問題と関係があるが，われわれの基本仮定から明瞭な誘導を行うことは容易ではない。

　人Aが状況Ⅰから異なる状況Ⅱへと変化したとしよう（図7）。人がこの変化によって影響を受ける程度は，状況ⅠとⅡの相違の程度のみならず，それらの状況の種類如何によって，また「人の変化」ということの意味如何によって左右される。

　これらの事実からくる数々の制限の範囲内では次のようにいうことができる。U型は平均的に見て比較的立ち入りやすい層を多くもっているから，G型と比べてこの型ではより多くの層が状況の変化によって影響を受けるであろう（図7a）。このことはU型（図7a）がG型（図7b）よりも所定の状況に応じて大きな行動の差異を示すことを意味している。事実ドイツの枢密顧問

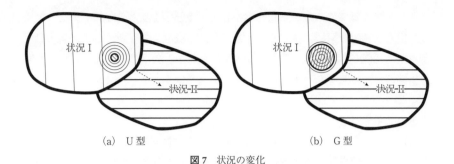

(a) U型　　　　　　　　　(b) G型

図7　状況の変化

官（Geheimrat）はどんな状況においても枢密顧問官として振る舞う（グロース〔Grosz〕の漫画は浴衣がけででくわした2人の官吏が徹頭徹尾四角四面の振る舞いをやってのけるところを描いているが，この漫画はアメリカではあまりピンと来ない）。先に（p. 21）述べたいくつかの事実はすべてこれと同じ方向を指示するものであった。G型では私的領域の範囲が大きいが，このことは彼があらゆる状況へ彼一流の個人的特徴をもち歩くことを意味する。彼の行動はしたがって状況が変化してもあまり変わらない。先にU型の行動が生活の異なる分野をいっそうはっきりと分離しているという事実を述べた。彼の大きな「流動性」や1つの極端から反対の極端へと飛躍する傾向は大部分状況への依存性が大きいということから理解されるであろう。なぜならこのような行動の変化は普通状況の変化に対する反応として生ずるからである。

　これと同じ原則を特殊の場合に応用してアメリカ人のいわゆる厳格な個人主義（rugged individualism）にそれを関係づけることもできるであろう。U型の個人は一方では比較的立ち入りやすく，またずっと気安くつき合えるのであるが，他方，彼はなにごとによらずできるだけ注意して，とやかく口出しするのを避けるようにしている。この2つの事実の間には一見矛盾したところがあるということは先に述べた。この点をもっと仔細に考察してみると，その食い違いは状況への強い反応の別例として理解されることがわかると思う。すなわち，Aにとって，ある状況がBの私的な範囲に所属するごとき性格をもつものとして受け取られるときには，その状況の外にあるAはG型の個人よりもそこへ入っていくことをいっそう躊躇するであろう。

　はじめに述べたように，U型では比較的大きい範囲の周辺層に容易に立ち入

ることができるのであるが，私的な中心層へはむしろ立ち入りにくいようである。他人の私的な領域に属するごとき状況には敬意を払うが，みずからの私的な領域は断固として守り，他人の介入を許さないということを見ると，これらの領域に属する状況や対象や事象についてはやはり大きい差異があるのだということがわかる。両国における権力の分布について論ずる場合にもう一度この問題に立ち帰ろう。

　先に見たように，アメリカの社会生活は一方において等質性が大きいが，他方においてその異なる諸領域はいっそうはっきりと分離されているように思われる。最初幾分矛盾しているように見えるこれらの事実はいまでは相互に折り合うところの事実として理解することができる。社会集団はアメリカでは比較的大きな等質性を示す。すなわち，その下位集団や成員の間には差異が少ない。しかし同じ下位集団，同じ個人の行動でも相異なる状況のもとではドイツの場合ほど恒常性が大きくないであろう。したがってアメリカの社会生活はいっそう「流動性に富む」であろう。

　しかしこのような供述はいくらか補足する必要がある。U型の周辺層が状況によって影響されるということはおおいにありうべきことである。しかしわれわれの基本仮定からすれば，U型の「私的」な層がG型よりも状況に巻き込まれやすいということはありそうもない。事実U型は先に見たように感情的な反応を示すことが少ない。彼は状況との関係を比較的周辺的な「行動」の層の範囲内にとどめうる場合が多い。彼はG型に比して個人的に深く巻き込まれるのを容易に自制することができる。彼は内密度の高い中心領域を比較的容易に状況の外におくことができ，したがって「超然」たる態度をとることができる。彼の活動は時間的なケジメがずっとはっきりしており，またずっと細かいところまで組織だてられているが，そのようなことは一部分このような事実に基づくといってもよいであろう。

　境界の**鋭さ** (sharpness) とその力学的な**硬さ** (rigidity) とを混同してはならないということを強調しておこう。場が大きなコントラストをもつ諸領域に分割され，コントラストの強い諸領域が隣接し合うこともあろう（図1aに表したように）。このような場合に問題になるのは鋭い境界である。しかし場が変化する際の容易さを考えて，場が流動性に富んでいるといわねばならぬこともあろう。鋭い境界は移動に対して大きい抵抗を与えることもあり，また与えないこ

ともある。いいかえればそれは硬いこともあり硬くないこともあろう。

　他方，領域間のコントラストが強くなく，その境界も鋭くないような場（図1b）が同時に流動性に欠けていることもある。境界は鋭くないが，それにもかかわらず通過が困難で硬い場合もある。同時に流動性に富んでいることもあるのはいうまでもない。

　アメリカ人は「我慢する」(take it) 能力を誇りに思う。ドイツ人もまた真の男子たり戦士たるものは厳しい打撃に堪ええなければならぬということを学んできた。しかしこのことをやってのけるやり方は典型的に異なっているように思われる。G型は彼の最高の義務に訴え，全人格をこの課題に投入することによってはじめて堪ええられる。U型はこれと反対にできるだけ個人的な層を状況の外におくこと，いいかえれば，「平気で我慢し」，よきスポーツとして「笑って我慢する」ことによって堪えようとする。このような差異は両社会における権利と義務に関する態度の差異にも関係してくる。

　いろいろの誤解を生じさせないために，この論文を執筆するにあたって私を導いてくれたいくつかの目標について再言することを許していただきたい。アメリカおよびドイツに付与された種々の特徴は試論的な叙述であると考えていただきたい。ここで述べた差異はいずれも程度の差である。それらの差異はそれぞれの国の中でも非常にまちまちであって，ある集団の中だけでしかあてはまらないかもしれない。ここでは黒人の問題やその他の少数民族の問題も含めなかった。

　この叙述は現在の状況のみを取り扱い，その存続や歴史については述べなかった。社会集団のある特徴と社会的存在としての成員の特徴との間に存する2, 3の論理的相互関係を解明しようとするこの試みは，歴史的な因果の問題には答えず，もっぱら「体系的」な力学的相互関係の問題のみを取り扱っている。

訳注

[1] 非常に幼い子ども（普通18カ月から4歳くらいまで）のための学校。育児の専門家がいて，養育とともに生活習慣等の教育を行う。

[2] 生徒を寮に入れ，寮生活を通して教育を行う学校。

第2章

文化の再建（1943年）

　少なくとも「前よりは良い」というに値するような平和の世界を建設しようとすると，そこには政治的・経済的・文化的等の数多の問題が含まれてくる。そのいずれもが数々の困難を担っているのであるが，前進の一歩がかちえるためにはそれらすべてを1つの力学的な場の相互依存的な諸側面として1つにまとめて考察し攻究しなければならない。
　文化的な側面に含まれる意味は特に明瞭さを欠いているように見える。ドイツ人・日本人・イギリス人あるいは中国人のもっている文化的特徴と，彼らが外から強い圧力を受けたとき攻撃に転じて戦争を始めたり，その他の仕方で戦いを挑んだりする危険性の有無との間には何らかの関係があるのか。そうした文化の差異は文化間の協調にとって何らかの重要性をもっているのか。
　このような問題に関する所論はいままで哲学的政治的な感情によって遅らされてきた。国民性の差異は過度に強調され，生まれつきの人種的特徴として取り扱われるか，さもなければ，しばしば人権の平等という民主主義の教理を誤解して，差異が過小に評価され，また非本質的なものとして取り扱われた。リアリスティックな科学的研究法は，現代における数々の文化の間の相違を「未開」文化の間の相違と同じ性質の事実として考察しなければならないであろう。このような科学的研究法においては，文化的特徴というものは原理的に変化しえないものであるというような考え方は拒まれるであろう。むしろ問題は経験的な仕方で次のように問われるであろう。すなわち，特定の程度の文化的変化はどれほど容易に，またどのような方法をもって，生じさせることができるのか，さらにそのような変化はどの程度永続性を保つのか，と。
　このような問いに対する明確な答えは，文化の変化を特別につくられた条件

のもとで系統的に研究するところの「実験的文化人類学」を待ってはじめて与えられる。残念なから文化人類学は今日なお「記述的」な段階にある。それは現代文化を適切な信頼しうる仕方で観察し記述する方法を見出すということに手一杯である。どうすれば文化を望ましい方向へと積極的に変化させうるのかということについては，実験のほんのきざしが現れたばかりであるが，しかしわれわれは能う限りの最善をつくすことを試みなければならないであろう。

　戦後のたいがいの国々において何らかの文化の再建が必要であろう。これらの国々は戦時の「文化」から平和時のそれへと切り替えを行わねばならないであろう。たいがいの国は外部からの援助を仰がずにこのことを成し遂げなければならないであろう。戦時から平和時の文化へのこのような移行は，とりわけ平和によって無理のない政治的世界体制が招来された暁には，現在の憎しみを込めた目に映るほどに困難なものではないはずである。第1次大戦の後，たいがいの国においてはその国民のうちのかなり大きな割合を占める人々が急速に急進的平和主義へと転向した。このような経験は，文化的感情の激しさをその深さや永続性と混同してはならないということをわれわれに警告するであろう。アメリカでは第1次大戦後の失望は急速に孤立主義へと転じ，かくして今次大戦の舞台を準備する結果になった（今次大戦後にも再び同様な反応が生ずる危険性は，この国に帝国主義的軍国主義が永続する危険性よりもおそらく大きいであろう）。ドイツの場合ですら，第1次大戦の直後に平和主義に転向した国民の割合は，すぐに復讐のための建設に着手し第一歩として**ドスのひと突きの物語**（Dolchstcsslegende）をでっち上げた一群の人々の割合よりもおそらく大きかったであろう（銃後が軍隊を背後から突き刺したのだといわれた。このようにしてドイツ軍隊の威信が維持されたのである）。

　激しいが皮相的な文化感情は国民の中で急速に変化していくものであるというこの事実は，しかし，民衆の深い文化的特徴ほど変化の少ないものはないという歴史家たちの言を否定するものではない。恒久平和の文化的側面について考えるとき，考慮せねばならないのはこのような深層にある文化的特性である。ドイツでは第1次大戦の後ヒトラーが現れるずっと以前には平和主義的感情が瀰漫していたのであるが，それにもかかわらず，子どもたちはみな相も変わらずオモチャの兵隊をもって戦争ごっこをしていた。そして間もなく永年の伝統に従って軍国主義者たちは再び勝利を獲得した。他方，ムッソリーニは，10

年以上もの間，第 1 次大戦において明らかに欠如していた兵隊的特徴をイタリア人の中に築き上げようと骨折った。年少の児童にいたるまであらゆる年齢水準の人々に及ぶはなはだ徹底した試みをやってのけたにもかかわらず，彼はイタリア人の文化的特徴を変化させるということに失敗したように思われる。同じように，ロシア的性格やイギリス的性格のある特異性は昔からほとんど変化していないように思われる。これらの永続的特徴は人種的なものではなくてむしろ文化的なものであるということは次の事実を見ればわかる。すなわち，ある国から他の国へ連れてこられた子どもたちは，急速かつ完全に新しい国の民衆の特徴を受け入れるであろう。

　民主主義的世界体制は世界全般にわたる文化の画一性を要求するものでもないし，そのようなことを歓迎するものでもない。個人に対する民主主義的自由に平行するものは，集団に対する文化の多元性である。とまれどのような民主的社会も無頼漢，あるいは —— 政治的にいうと ——「不寛容派」(intolerant) が個人の自由を濫用することに対して防衛せねばならない。寛容の原理，権利の平等の原理をある程度まですべての文化の中に打ち立てるのでなければ，「不寛容な」文化が民主主義的世界体制を常に危険に陥れるであろう。不寛容な文化に対する不寛容ということはしたがっていかなる恒久的平和体制に対しても 1 つの前提条件である。

　民主主義への変化を慫慂するには，広大な領域にわたる価値の変化を成し遂げなければならないであろう。この変化には，例えば，国家・政治・科学というような超人間的な価値に対して，人間的な価値をもっと強調するということが含まれるであろう。その昔 1880 年にドイツの「鉄血宰相」ビスマルクが Civilcourage（市民の道徳的勇気）と呼んだもの，すなわち，彼が（兵隊の勇気や盲目的服従に対比して）ドイツ人の性格に欠如していると嘆いたところのもの，がそこでは強調されるであろう。ただ苦難を嘆くよりも手をつくしてそれを切り抜けることの価値が強調され，服従よりも独立のための教育がそこでは強調されるであろう。

　文化的パターンに影響を与えようとするどのような試みにおいても，1 人ひとりの個人や新しい文化的背景の中へ根こそぎに移植された小集団を変化させるという問題と，生え抜きの土壌に住みついた密な集団の文化を変化させるという問題とがかなり違うのだということは，いかに強調しても強調しすぎるこ

とはない。文化的背景を変化させるという目的のもとに，このような密な集団に働きかけるための当然の手段のように使われているテクニックは，ラジオ，新聞などのような，さまざまな形態の「プロパガンダ」である。

　しかし，国の内外からのかようなプロパガンダが成功したとしても，民衆の「言語感情」を変化させる以上に遠く出でるとは考えられない。「民主主義」について語るとき，ドイツ人はともすれば個人主義的自由のことを考えがちである。アメリカ人が民主主義の定義を下すとき，彼もやはり非常にしばしば個人主義的自由を強調し，リーダーシップが専制主義と同様民主主義においてもはなはだ重要なものであるということを忘れている。しかしアメリカ人は，少なくとも小集団において，集団決定の過程の効率が比較的高度に発達し，民主的リーダーシップが文化的なパターンとして完全に受け入れられ，また実際に学校の児童たちにも教えられているような国に住んでいる。このような伝統をもたない国に住む民衆が，民主主義というような言葉を，彼らが考え慣れている概念的次元とは違った仕方で理解するということは期待できない。実際にそれを経験してきた人々でさえ，まれにしか適切に叙述しえないような文化的パターンを，異なる文化の中に住む人々が，経験したこともなしに受け入れるということは期待できない。第1次大戦の直後，政権を握った民主主義的精神のもち主たちは，民主主義を「政治的でないこと」と混同し，このスローガンのもとに旧態依然たる反動家たちに「エキスパート」として彼らの公職を温存することを許したが，これはドイツ共和国の悲劇の1つであった。「不寛容派に対する不寛容」は「寛容派に対する寛容」と同じく，民主主義を維持するため，とりわけそれを確立するために本質的な要件であるということを彼らが知らなかったのは悲劇であった。また多数者による強力なリーダーシップと政治権力の有効かつ積極的な使用とが民主主義の本質的な一側面であるということを彼らが知らなかったことはとりわけ大きな悲劇であった。ところが，ドイツは「世界中で一番自由な憲法」をもつことを誇った。というのは少数者の小さな集団でさえもれなく議会に比例代表を送っていたからである。このような仕組みは現実には十指に余る多数の政党を生み，中央の少数集団によって多数者が永続的な支配を受ける結果になった。

　文化を変更することに対する第2の主要な障害は民主主義というパターンが政治問題に限らず文化のあらゆる側面と絡み合っているということである。母

親が1，2あるいは3歳の子どもをどのように扱っているか，ビジネスはどのように行われているか，どんな集団が高い地位をもっているか，人々が地位の差にどのような反応を示すか等——このような習慣はすべて文化的パターンの本質的な要素である。したがって大きな変化はすべてこのような高度に絡み合っている背景に抗して遂行されねばならない。それは公式に認められている価値を変化させることにとどまりえない。それは現実に営まれている集団生活を変えることでなければならないのである。

　価値の変化が究極において，社会的行為の変化を招来するということは正しいが，行動のパターンを変え，現実に営まれている社会生活を変えるということがやがて文化的価値を変化させるであろうということもやはり正しい。文化的価値のこのような間接的変化は，プロパガンダによる価値の直接的変化よりもおそらくずっと深く浸透し，ずっと永続性をもつものである。ヒトラーがこの事実をどれほど完全に理解していたかということは指摘する必要もないほどである。それでは，ファシスト的な集団生活に影響を与えて民主主義の方向を辿らせる望みがあるであろうか。

　この分野の科学的研究ははなはだ微々たるものではあるが，少なくとも2，3の一般的供述をなすことは許されると思う。

　1．構わずにほうっておけば，民衆はその社会生活において自然に民主主義的パターンに従うようになるという仮定は誤っている。このような仮定は民主的社会に住んでいる民衆についてすら妥当しないであろう（アメリカのような国が民主主義へと発展したのは非常に特異な歴史地理的条件の結果である）。民主主義においても他の文化の場合と同じく，個人はある型の「学習」によって文化的パターンを習得するのである。普通そうした学習は当の文化の中で成長するということによって生ずる。

　2．1つの文化的パターンから他の文化的パターンへの変化ということについていえば，専制主義というものは人に「押しつけ」うるものだということを実験が示している。すなわち，個人は外部から押しつけられた状況に順応することによって専制主義を「学習」することができる。ところが，民主主義は人に押しつけるわけにはいかないのである。それは自発的な責任ある参加の過程によって学習されねばならない。専制主義から民主主義への変化はその反対の方向の変化よりも時間のかかる過程である。

3. 他のパターンから民主主義へと変化するという場合の民主主義の「学習」は，したがって，民主主義におけるリーダーシップの問題とよく似た一種のパラドックスを含んでいる。民主的リーダーは専制的リーダーのように，自分の目標を集団に押しつけない。民主主義における政策の決定は集団全体によってなされる。しかもなお民主的リーダーは「指導」を行わなければならないのである。

民主主義への変化ということに関係して，民主的リーダーシップのこのようなパラドックスはなおいっそうはっきりしてくる。例えば個人主義的自由（放任主義）から民主主義への実験的変化を行った場合に，新来の民主的リーダーは集団成員に対して厳格にこうしろとかああしろとか告げることはできなかった。そういうやり方をすると結局専制主義になってしまうだろうからである。集団を民主主義の方向に導いていくためにはそれだけでなくいろいろと状況に手を加えてみる必要があった。専制的集団を民主的集団へと転換させる場合にも同じように困難な問題が起こった。規則を緩めると，はじめのうちはしばしば攻撃的な無政府状態の時期が現れた。

民主主義への変化を慫慂するために，しばらくの間はリーダーが好ましくない影響を排除し，充分に状況に手を加えうるほどの統制力をもつような事態がつくられねばならない。このような過渡期の民主的リーダーの目標はよき教師の目標と同じでなければならないであろう。すなわち，彼自身の存在がやがて余計なものとなり，集団から出た生え抜きのリーダーたちが彼に取って替わるようにということがそれである。

4. 民主的リーダーは，例えば工場の班長の訓練に関する実験が強く示しているように小さい対面的集団を取り扱う下位のリーダーたちに民主的なやり方の訓練を施すというだけでは充分でない。彼らの上位にある支配力，例えば工場の経営者側が民主的なやり方に理解がなく，またそのやり方を実際に応用しなければ，反逆的な行為が起こってくるか，さもなければ，下部組織の中に芽生えた民主的リーダーシップの効果も急速に消失していくであろう。文化的パターンというものはひと切れずつ投げ与えるわけにいかない全体的な社会的雰囲気であるから，そうした結果が生ずるのは驚くにあたらない。

5. ヨーロッパ諸国の再建ということについていえば，このことは次のような意味合いをもっている。すなわち，一方では「フランス，ドイツあるいはバル

カン諸国がどんな政府をもつかということは，われわれが決めることではなく，戦争が終わった後それぞれの国民自身が決めることであろう」との考えをもちながら，他方では，ハプスブルグ家がオーストリアの軍隊を建設するのを援助し続けることも妨げないと信ずるのは誤まっているということである。明らかなことであるが，もしわれわれが反民主的政権の樹立を許すならば，民衆は民主主義を受け入れようと決断するチャンスをもたないであろう。

　われわれの課題は，われわれが実現したいと望んでいるようなタイプの国際的体制にとってぜひ必要な最小限度の民主主義をつくり出すことである。それはまた小さく縮められた相互依存の世界の中で，われわれが国内に打ち立てようと望んでいる民主主義を現実に発展させていくための最小限度の必要でもある。このような目的のために，民衆に少なくとも「民主主義を学ぶ」チャンスを与えうるような強力な持続的政治体制が用意されねばならない。

　この問題をリアリスティックに攻究するためには，民主的国家群のすべての成員に要求される責任を回避するようなアメリカの孤立主義も，世界中を取り締まるようなアメリカ帝国主義もともに避けなければならないであろう。「構わずにほうっておく」ならば民衆はみずから民主主義を選ぶであろうというような素朴な信念は避けなければならないであろう。「敵への憎悪」に基づいて計画を立てることは避けなければならないが，希望的観測や現実への盲目に基づいて計画を立てることも避けなければならない。例を挙げるとドイツでは来る月も来る月も，来る日も来る日も6000から7000もの邪魔になる婦女子が占領地区の中央屠殺場で殺戮され，何千もの人間がこのような職業をやってのけるのに慣れてしまわざるをえない有り様であるが，われわれはほかならぬそうした仕組みを取り扱わねばならないのだということを知らねばならない。アメリカの新聞はおそらく平和を憎悪の基礎の上に打ち立てたくないという気持ちから，この不愉快な真実をふせているように思われる。ところが，現実にはそうしたやり方は目的に適っていない。というのは政治においては，教育の場合と同じく，成功を収める行動は現実に関する余すところなき知識に基づかねばならないからである。

　変化の技術的側面を考察するにあたって，われわれは次のような諸点を述べることができる。

　1. 1人ひとりの個人を取り扱うことによって何百万もの民衆の文化的パター

ンを変化させようとするのは明らかに望みなきことである。幸いにして，一般に「グループ・ワーク」と呼ばれている方法は，個々人の集団全体を一括して取り扱うことを許し，同時にまたそれは実際上個人本位のやり方よりもいっそう効果的に深い変化を招来することができるように思われる。

2. 民主的なリーダーおよびリーダーのリーダーを訓練することによって，比較的急速に大量の人々に及ぼすことができるようなピラミッド組織を建設することができるであろうと思われる。

3. 反感や敵意を生み出すことを避けて，協力関係を打ち立てうるような仕組みをもつことが大切であろう。民主化という課題をリアリスティックに，家庭での行動や日常の集団生活の中にまで深く浸透すべき過程として把握するならば，そうした変化を主として学校を通して生じさせようとする試みはいささか望みなきことと思われる。もしそうしようとすれば何十万というアメリカ人の教師が派遣されねばならないことになるであろう。このようなアメリカ人は，ドイツ系アメリカ人にしろ，亡命者にしろ，そうした位置にあって反感以外のものを生み出そうとは思われない。

しかし，少なくともドイツにおいては，大規模な救済の目的をもってこの国に渡来し，ドイツ人から熱狂的な支持と歓迎とを受けたアメリカ人の歴史的先例がある。第1次大戦後ドイツ全土にわたって行われた児童給食は，ドイツでは「クェーカー給食」(Quaekerspeisung)の名で知られているが，それはドイツのあらゆる村々に深い印象を残し，今日でさえ何百万もの親たちに感謝の念をもって思い出されている。今次大戦後のヨーロッパに対する給食を中心にグループ・ワークを確立していき，再建のための協力的な仕事を通じて民主的集団生活の現実的経験を与えていくということは，実行しやすい自然な計画であろうと思われる。これに類する再建の仕事を介して，多数の，またさまざまな年齢層の人々に及んでいくことができるであろう。

このようにして青年層に及びうるであろうということがとりわけ重要な事柄である。最も無批判に，また，最も疑念を抱かずにヒトラーを支持したのはこの年齢層である（例えば，SS兵器〔Waffen-SS〕という名で呼ばれ，もっぱら軍隊における叛乱の鎮圧を任務としていた超ゲシュタポ〔Super-Gestapo〕はこうした若者たちによって構成されていた）。さらに青年はすぐ次の世代にどんな文化的パターンができあがるかということを決定する年齢層にあたる。ほかならぬこの年齢層

──それは熱意に溢れ，多くの点で協力に慣れている──に働きかけ，徹底的な民主主義精神をもって生産的再建に協力する集団へそれを変化させていくという課題に真正面から取り組んでいくことは，永続性のある民主主義への変化を招来すべき数少ないチャンスの1つであるといえよう。

第3章
ドイツの特殊例 (1943年)

　真珠湾以前には，アメリカではおそらくどの国よりも以上に，フラストレーションとか「破壊的特性」というような心理学的要因を戦争の基本原因と考えるかなり強い傾向が認められた。したがってフラストレーションを避けることが平和への主たる道であると考えられていた。そのとき以来，政治的経済的側面を重要と見るもっとリアリスティックな見解が支配的となってきたように思われる。このような感情の変化は歓迎されるべきである。ただし今度は振り子が反対の方向へ振れすぎて，政治的な側面だけが重要であると考えられるという危険が存在してはいるが。平和について計画を立て，また他の国々とアメリカとが未来において行うべき国際的な行為について考えるにあたっては，心理学的要因，とりわけ文化的要因が究極においては大切なものであるということをも覚らなければならない。

　かくしてヒトラー主義はしばしばドイツ帝国建国以来相当の程度までドイツを支配してきた軍国主義プロシア文化の決定版にすぎないといわれた。ここではそのことが真実であるかどうか，またどの程度真実であるかということを断定する必要はない。ナチ文化がどれほど深く今日民衆のさまざまな層に浸透しているかということを詳細に知ることの方がいっそう重要であろう。この問題に完全に答えることはできないが，現在のところナチズムは特に未来を担う青年たちの中に深く根を下ろしていると推定して誤まりはないであろう。それは権力を至上の価値としてその周囲に集まる文化であり，正義と人間の平等ということを，仮面をかぶった頽廃的民主主義の残渣として繰り返し非難するような文化である。

　自己中心主義と無情な権力という理想が戦争行為のみに限定されるのであれ

ば，問題はさほど深刻なものではないであろう。ところがこの同じ価値は，不幸にして，家庭生活を含むドイツ文化のあらゆる側面にくまなく浸透してきた。被占領国では何百万という救いなき子どもや男女がこの2年間に生き埋めやその他の手段で生命を断たれ，その他の者も今日なお日々に殺戮されている。何万ものドイツ人が，そのような目的のために捧げられた巨大な組織の中にあって，お決まりの事務でもとるように撲殺隊その他のところで勤務することに慣れねばならなかった。このような組織的撲殺は，来るべき世代において，隣邦諸国に対するドイツの優越性を確保するという公然の目的をもって遂行された。国際関係や平和擁護の諸問題にとって，このような殺戮を，勝利者の敗北者に対する，また君主民族（Herrenvolk）の劣等人種に対する当然の権利であると考えることは特に危険である。

　どうすれば変化が達成されうるかということを論ずるに先立って，変化の目的がはっきりしていなければならない。この目的は，ドイツの場合，イギリス的あるいはアメリカ的な生き方をそのまま引き写すということではありえない。どんなことが起こるにしろ，その結果として生ずる文化はドイツ特有のものであろう。それはドイツの歴史のなごりを，また現在における戦争やナチズムの極端な経験のなごりを示すであろう。たとい新しいドイツ文化が完全に民主化されたとしても，このことは真実であろう。

　アメリカ的文化やイギリス的文化ではなくて「民主的なドイツの」文化を建設するために努力せねばならない理由がもう1つある。他者への寛容という民主主義の原理の制限は「不寛容派に対する民主主義的不寛容」という格率によって規定される。このような不寛容への権利と義務は，民主主義がこの地上のどこかに存続すべきものだとすれば，非常に大切な事柄である。この原理はしかし同調ということを要求するものではない。それはわれわれが法的に許される権利の行使をある最小限の要求に従って制限するものであって，おそらくその要求は国際平和のために必要な最小限の要求とさほど異なるものではないであろう。

個々人および国民の文化の変更

　このように定式化してみても，民主的ドイツ文化への変化が非常に困難な問

題を含んでいることは明らかである。

　個々人や小集団の文化が比較的短期間に深い変化を受けるということは疑問の余地がない。ドイツや日本からアメリカへ移住してきた子どもは原則として完全にアメリカナイズされてしまうであろう。異なる文化の中へ移住すると，成人でさえ新しい文化を高度に受容するであろうし，適切な教育を施せばその目的に向かってずっと大きな効果を上げうるであろう。児童や成人について行った実験によると，集団の社会的雰囲気は，異なる形式のリーダーシップを導入することによって深く変化させられることがわかった。リーダーシップの訓練に関する実験によれば，久しきにわたる高度の専制的リーダーを，ある事情のもとにおいて短期間のうちに有能な民主的リーダーに変化させることさえ可能であることが示された。

　これらの変化はすべて，しかしながら，その個人や集団の住んでいる文化の一般的な道具だてのある側面と一致するような方向に個人や小集団を変化させるということにほかならない。国民全体の文化を変化させるということはまったく異なる仕事なのである。そこに含まれる人の数が多くなるということは数々の困難のうちのただ1つにすぎない。国民文化の諸側面——例えば，その教育，習俗(モーレス)，政治的行動，宗教観等——の間の力学的な関係の方がもっと重要であるとさえいえよう。それらの側面は相互に作用しつつ，既存の文化からの逸脱を，旧来の流れの方向に押し返す傾向をもっている。

　このような力学的関係をここで詳細に論ずるには紙幅が足りない。私は例えばアメリカ文化とドイツ文化との差異がそれぞれの文化生活のあらゆる部面に多かれ少なかれ認められるものであるということだけを読者に思い起こしていただきたい。母親が2歳ないし3歳の子どもをどのように扱うか，父親が夕食のときにどんなことを話すか，労働者が係長に，また学生が教授にどんなふうに口をきくか，訪問者が訪問先の大人や子どもにどんな振る舞いをするか，料理の本がどんなふうに書かれているか，弁護士たちが法廷から出てきた後，相手方の弁護士にどんな態度をとるか，政治職の候補者がどんなタイプの写真を使ってプロパガンダをやるか，宗派の人にとって宗教というものがどんな意味をもつものとして受け取られているか，等。特殊な事項に関する文化の変化は，行為を旧来のパターンに押し戻そうとするその他何百何千もの文化的事項の重みに対して抵抗することができなければならないであろう。ある人も言ったよ

うに「文化というものはなかなか耐水力が大きい（watertight）」ものである。

　われわれは次のように結論できるであろう。文化の変化が安定性をもつためにはそれが国民生活のあらゆる側面に多かれ少なかれ浸透しなければならない。変化は要するに「文化的雰囲気」の変化でなければならない。単なる個別的事項の変化では役に立たない。

文化的変化の一般的側面

1. 平衡状態としての文化

　文化というものは絵空ごとではない。それは数限りない社会的相互作用からなる1つの生きた過程である。水流を速めようとする諸力とそれを遅らせようとする摩擦とのバランスによって形と速度とを決定される河のように――特定の時代における民衆の文化のパターンは相反する諸力のバランスによって維持される。比較的小規模な文化の研究が示すところによると，例えば生産の速度，あるいは工場の雰囲気のいろいろな側面は，平衡状態，もっと正確にいうと「動的平衡状態」として理解されねばならない。

　一度ある水準が確立すると，一種の自己調節的過程が作用しはじめ，それが集団生活をその水準に引きとめておくような傾向を生ずる。そこでよく「作業習慣」，「既成の慣習」，「人々に受け入れられる振る舞い方」というようなことがいわれる。特殊の機会が一時的な生産の上昇を来すこともあり，祭りが1日2日労使の間に違った社会的雰囲気を醸し出すこともあろう。しかし「栄養注射」の効果はほどなく薄れ，基本的な力の布置は日常生活の旧形式を再び確立することになるであろう。

　したがって，工場の社会的雰囲気を変え，ドイツ文化を変えるということに関連する一般問題は，もう少し正確にいうと次のように定式化することができる。相反する諸力によって準定常的平衡状態が保たれているごとき水準を永続的に変化させるような状況はいかにして招来されうるか，と。

2. 力の付置を変えること

　変化を招来するためには，所定の水準において社会的自己調節を維持している諸力のバランスを覆えさねばならない。

ドイツについていえば，このことは根深い座をもつ権力を根絶せねばならないということを意味している。ドイツ民衆のうち民主主義的再建を担うべき分子の大きな割合が今日では圧制と恐怖の状態のもとに生きている。ゲシュタポその他 10 年もの恐怖時代の支配者がいまなお生き延びて，街の向かい側を自由に往来しているのを見かけるような有り様では，このような民衆が自由に活動しうるだろうとはほとんど考えられないことである。第 1 次大戦後，ドイツの反動勢力は地下に追いやられてはいたが，「何とか生き延びる」ことを許されていた。社会的に強固な組織をもつ集団であったので，彼らはやがて歩一歩その地歩を回復しはじめ，ヒトラー主義という極端な形で復興を開始した。もしドイツの民衆が，残忍極まりない圧制の方法を完全の域まで発展させたこの大きな集団を徹底的に排除することを阻止されるようなことがあるとすれば，今次大戦後も表面的な変化以上のものを望むことはできない。現在知られているところでは，この集団はすでに地下に潜る準備をしている。しかしそれを完全に叩き潰すことが「混乱」を恐れるドイツ国外の勢力によって阻止されるとすれば，その集団は依然として強力な脅威たることをやめないであろう。

　第 1 次大戦後ドイツの民主主義への移行が失敗したのは，1918 年のいわゆるドイツ革命があまりにも混乱の状態に陥ったからではなくて，むしろカイゼルの倒壊がまったく無血のうちに行われ，充分に深層まで及ばなかったからであった。それは民衆のうちの特定分子を残らず権力から追放するほど社会的に充分深くまで及ばなかった。また，民主主義の理念が放任型の個人主義的自由と同一視されるのを防止するほど，文化的にも充分深くまで及んではいなかったのである。ドイツに革命が生ずるということは，したがって，望ましい目的——すなわち，民主主義と恒久平和への移行——を招来するにあたってマイナスの要因ではなく，むしろプラスの要因と見なされるべきである。

3. 新しい文化のパターンを確立すること

　古い平衡状態を維持している勢力を破壊することと並んで新しい平衡状態に向かう勢力の樹立（または解放）が遂行されなければならない。変化のために必要な流動性を生じさせ，また変化それ自体を惹起するということは大切な事柄ではあるが，それだけでなく，新しい水準での自己調節を通して新しい状況の永続性を招来するための処置を講ずるということもきわめて重要な事柄であ

る。

文化を変えるテクニック

　ドイツの状況が充分に流動性に富むと仮定しよう。ある勢力が新しい平衡の水準をより民主主義の近くに打ち立てることを助けるために，何らかの処置を講ずることができるであろうか。数多の考察のうちから，ほんの2, 3の点だけを述べよう。

1.「満足」だけでは充分でない
　ドイツ民衆の数多の要求が満足されるならば，彼らを民主的にするのに充分ではなかろうか。このような考えはアメリカが参戦する以前にはかなりありふれた考えであったが，ドイツとの戦争が終結することになるとまたぞろ甦ってくることであろう（もっとも日本人に関しては，この国においてもそうした考えはほとんど流布されないであろう）。このような示唆は，「人間性」と「民主的文化」とは同じであると考える素朴な考えに基づいている。すなわち，民主的世界を創造するためには，不適応（maladjustment）の原因をなくしさえすればよいという考え方である。
　私はヒトラー以前にドイツ青年隊運動に活躍していたある若者を，かなり仔細に観察する機会をもったことがある。その後彼はナチスに迎えられ，数年の間ある地方青年隊のリーダーの補佐をしていた。ある理由から彼はこの国を逃れ，政治上反ナチの立場をとるようになった。この男は攻撃性（aggressiveness）や自己中心主義というかなりはっきりした不適応の徴候を示した。頭のいい男だったので出世の道を歩み，アメリカ風の愛嬌のよさを身につけ，親しみのある肌ざわりのいい振る舞いを示した。数年の後，彼は非常によく適応しているような外観を与え，通例好ましい男と考えられた。
　彼と親しくつき合い，彼の行動を長い間仔細に跡づけた人たちだけは，彼の行為が以前よりも現実には陰険さを増したのだということを看破することができた。地位や権力の関係に異常に敏感なセンスをもっていたので，この男は誰が敵であり，誰が味方であるかということをただちに見分け，人の長所と弱点とがどこにあるかということを看破し，その時々にどんな考えが受けるかとい

うことを嗅ぎ分けた。このように権力関係についての内密の知識をすばやく手に入れ，それに基づいて積極的なエゴイスティックな政策を極端な攻撃的態度をもって追求し，気遅れせずに虚言を弄し，人々を啞然たらしめるほどの頭のよさをもって真っ向からやっつける手を思いめぐらした。私はここに事実上ナチ文化の「純粋」な事例を見ているような感じを受けないわけにはいかなかった。この男が彼の基本的な文化を変えることなしに個人的な安定感を増してくるにつれて，その攻撃性は減ずるどころかむしろ増大していき，またますます危険なものになっていった。

これは攻撃的専制の文化において，攻撃性や専制的行動を不適応の徴候と見ることはできないという事実をはっきりと示す例であると思う。単に個人の要求を満足させるということのみによってそれらを根本的に変化させることはできないのである。

2. 2, 3 の積極的な一般原理

諸種の分野における集団生活の研究は集団の文化を変化させるためのいくつかの一般原理を示唆している。

（a） 変化は個々の事項の変化ではなくてむしろ集団雰囲気の変化でなければならぬ。この問題についてはすでに述べた。これを技術的に見ると，いろいろな技巧(トリック)を学習することによってかような変化を達成することはできないという意味になるであろう。変化は言語の水準や社会的法律的な形式の水準よりももっと深いものでなければならない。

（b） 次に，集団のイデオロギーを支配している価値の体系は，集団生活の内部における他の権力的側面と力学的に結合されているということを示すことができる。これは歴史的にも正しいが心理学的にも正しい。集団の文化の現実的な変化はしたがって集団内部における権力の布置の変化と絡み合っている。

（c） この点からして，リーダーシップの方法の変化がおそらく集団の文化的雰囲気の変化を招来する最も手っとり早い道であるという理由が容易に理解されるであろう。というのは集団のリーダーや首脳部はその地位と権力によって集団の生活体制やイデオロギーを左右する鍵を握っているからである。

3. 専制主義から民主主義への変化

集団やリーダーシップの訓練に関する実験は次のような結論を示唆している。

(a) 民主的リーダーの手によって，専制主義や放任主義から民主主義へと集団雰囲気が変化するということは，所詮フォロワー (follower) たちが「民主的フォロワーシップ」(democratic followership) へと再教育されることにほかならない。集団雰囲気というものは役割を演ずる仕方のパターンであると考えることができる。専制的リーダーでも民主的リーダーでも，フォロワーたちが彼に呼応してそれぞれの役割を演ずる心構えをもってくれなければ自分の役割をうまく演ずることはできない。集団の成員たちが民主主義におけるフォロワーシップの本質とでもいうべき数々の責任を果たすだけの能力と心構えをもたなければ，民主的リーダーは孤立無援に陥るであろう。民主的リーダーシップを通して集団雰囲気が専制主義から民主主義へと変化するということは，したがって，専制的フォロワーたちが民主的フォロワーたちの役割を心から受け入れるように変化しなければならないという意味を含んでいる。

(b) 実験の示すところによれば，このような役割の変化は「手放し」の政策 ("hands off" policy) によって達成することはできない。「個人主義的自由」の原理を適用することは，ただ混乱を生むのみである。時には集団全体への民主主義的責任とはどういうことであるかということを人々に半ば強制的に看取させねばならないこともある。専制的方法によって民衆に民主主義の訓練を施すことはできないというのは真実である。しかし，集団雰囲気を民主主義の方向に変化させることができるためには，民主的リーダーがみずから権力をもち，その権力を積極的な再教育のために使用せねばならないということもやはり真実である。ある人たちに民主主義のパラドックスの1つと思われているこのような事情について，ここで詳論するには紙幅が足りない。集団の成員たちが民主主義に転じ，民主主義におけるフォロワーやリーダーとしての役割を演ずることを学んでいくにつれて，民主的リーダーの権力はそれだけよけいに集団成員を転向させること以外の数々の目的に向けていくことができるのである。

(c) いままで述べてきたことから，講演やプロパガンダは必要な変化を招来するために充分な手段ではないということが明瞭になったはずである。それらはなるほど大切なものではあるが，集団の権力関係やリーダーシップの変化と結びついてはじめてその効力が発揮されるであろう。大きな集団についてい

うならば，集団の本質的な下位部分のすべてに影響が及ぶように，リーダーのヒエラルキー全体に訓練を施さねばならないわけである。明らかにヒトラー自身は非常に慎重にこのようなやり方に従った。このやり方を民主主義に転用するときには多くの点で異なるところが出てくるが，それが集団の全体制にくまなくしっかりと根を下ろさねばならないということは変わらないであろう。

(d) 民主的リーダーの訓練のためにも集団の他の成員の訓練のためにも全体的に見れば同じ原理があてはまる。民主的リーダーは専制的なやり方で訓練することができない。ところが他方では民主的リーダーの訓練者が，リーダーシップをとるというみずからの位置を確立し堅持していることがきわめて大切である。さらに非常に重要なことは，ほかの雰囲気から民主主義へと変化させられる人々が以前の状況に対して不満を抱き，変化の必要を感じているということである。不満を抱く専制的リーダーを民主的なやり方へと変化させることは，放任型のリーダーや現状に満足している生半可な民主的リーダーを変化させるよりも容易であるということを示す事実がたくさんある。このことは，始発状況と終局状況との類似性が大きいほど変化を容易に達成することができるという通俗的見解に反するものであろう。しかし，文化の変化に関する一般理論の立場からすれば小規模な変化の後の方が大規模な変化の後よりも以前の平衡水準へ復帰する傾向が強いということの理由を理解することができる。

ドイツ問題の核心

ドイツ文化を民主主義へと変化させる場合の基本的な要点はかくしてリーダーおよびフォロワーの役割を変化させることであると結論しうると思う。

ドイツ市民は彼らの親分（ボス）たちを批判するすべを知らないことがしばしば観察された。ドイツ文化の中では「忠誠」(loyalty) ということが決まって「服従」(obedience) と同一視されている。彼らは服従に基づく効果的な集団体制のほかには個人主義的自由に基づく放任と非能率の雰囲気しかないように思っている。ヒトラー政権はこのような見方を強め民主主義を頽廃的非能率的な無法律状態と同一視するためにあらゆる手をつくした。第1次大戦後，自由主義的なドイツのある新聞は，公衆を教育して，盲目的服従かさもなくば責任の軽視と欠如か，というような二者択一から遠ざからせようと試み，民主的リーダーシッ

プおよび民主的訓練の意味を論じた。「陛下の忠実なる反対党」(His Majesty's loyal opposition) というイギリス風の理念が議会制度における反対党の積極的な機能と責任とを指摘するために用いられた。ところがドイツの読者にはこの論説が奇妙に現実性を欠き，納得しにくいものに響いた。ドイツ文化にとってまったく縁のないフェア・プレイの理念と同様，それはドイツ的な人間性の概念に反するように思われた。

このような論説は明らかにドイツ人の政治活動にほとんど影響を与えなかった。こうした記事が100回も繰り返し掲載されたとしても好ましい結果が生まれるかどうかは疑わしいものである。そこに述べられていることを理解するためには，個人は経験──例えば子どもが生徒委員会や日常生活の何百もの会合に出席するというような──の中にその基礎をもたなければならない。彼は民主的リーダーシップとはどういうことか，フォロワーの民主的責任とはどういうことかということを幾分でも味わってみなければならない。どんな講演もこのような直接の経験に代わることはできないのである。

集団に対する責任，他の人間を罪人と考えるようなことをしないで意見の相違を謙虚に認めていくことができる能力，他人の感情に対する敏感な神経をもちなから批評を与え，一方，事実に即する批評ならば喜んで受け入れようとする態度──これらをひっくるめた民主主義に特有な行為の組み合わせは実際の経験を通してはじめて学習することができる。1つの要素だけを変化させようとする試みは結局他の要素の重みに押されて以前のパターン全体が再び勢いを取り戻すような状況を生じさせるにすぎないことになるであろう。

ドイツにおいて誰が変化させられるか

民衆のうちのいかなる集団が再建の積極面を育てていくにあたってとりわけ重要であるか。

社会階級に関してはすでに論じたようにゲシュタポやユンカー (Junker) の支配を打ち破ることが必要である。明確な供述をなすことは，現在の社会的布置を詳細に知らないでは困難である。先にも見たように，文化的道具だての強大な変化の方が微小な変化に比べて永続性をもつチャンスが大きい（もっとも振り子が大きく振れすぎて反動がくるという現象があるのはいうまでもない）。ヒト

ラー以前のドイツの雰囲気に立ち帰ることのみを念願し，思い切った民主的道具だての樹立を怖れるような一部のドイツ人を政権につけるような試みがなされるとすれば，これほど不幸なことはないであろう。かような状況——例えばオーストリアにハプスブルグ家を擁立するごとき——は長続きしないであろう。それは所詮形を変えたファシズムに逆戻りするか，さもなければ——この方が可能性が大きい——真の革命的な叛乱を惹起することになるであろう。

　普通に考えられている以上に年齢層というものを考慮に入れることが必要であろう。変化ということに関しては次の3つの年齢層が区別されるであろう。ⓐ分別盛りの年頃にナチズム以外のものを経験してきた40歳以上の人々，ⓑ発育盛りの年頃をファシズムによって支配され，その主義を完全に叩き込まれた20から30までの人々，および，ⓒ児童たち。それぞれの集団ごとに問題は幾分異なっている。ここでは第1および第2のものについて簡単に論じよう。なぜならそれらの層は児童たちが文化順応を行う (acculturate) 場合の雰囲気を決定するからである。

　(1)　40歳以上の人々の間には強い自由主義的信念のもち主が多い。最左翼のリーダーたちはおおむね殺されたが，新しい「自由」ドイツを打ち立てる心構えと熱意とをもった相当数の人々がいるということは疑いえない。多くの人々が1918年以後の誤りから教訓を得て，今度はもっとうまくやるであろうとわれわれは期待している。文化の線に沿っていうならば，この人たちにおそらく最も必要なことは，どうすれば効率の高い民主主義がその効力を発揮し出すのかということをもっとよく理解することである。彼らが現在民主主義とか自由とかいっているものは効率の高い民主主義につきもののリーダーシップと訓練とを欠いている。

　(2)　ファシズム以外に文化的過去をもたず，ともすればそこへ立ち帰っていく20代の人々。彼らの文化的習慣はきわめて強固であって，ある観察者たちは彼らを「失われた世代」であると考える。彼らはそうしたものになりやすく，地下に潜って次の世界大戦を準備する可能性もある。というのはナチ文化が動揺しつつもなお変化せずにとどまっているような世代にとって，努力を傾けうる唯一の理想とはそうしたものだと思われるからである。

　しかし私はこれが唯一の起こりうべき場合であるとは信じていない。この集団の大部分はいまでは内面的に絶望の状態に陥っているに違いないのである。

彼らはナチズムのどこかに誤ったところがあることを知っている。したがってこの集団が心理学的に見て、先の実験における専制的リーダーたちの心理学的状況と大差ない気持ちをもっているとしても驚くにはあたらないであろう——このリーダーたちは短時間のうちに「転向」し再訓練されたのである。したがって、あらゆる活動の分野から若いナチのリーダーたちの一群を選び、これを変化させるという問題に真正面から取り組んでいくことは、ともすればその理想が放任主義に偏りがちな中年の世代を改造することを試みるよりも、ドイツにおける専制主義から民主主義への根本的変化を招来するにあたってより大きな成功を収めるであろう。これはけっして起こりえないことではないと思われる。リーダーシップの諸問題にはなじみが深く、また変化への深い要求をもっているこれらの若者たちは——仮に彼らを変化させることができたとすれば——旧態に立ち帰ろうと努め、軽微な変化にとどめようと努める諸々の集団よりも、ずっと深くまた長続きのする雰囲気の変化を約束するであろう。もちろん、強力な新しい積極的理想がなければ若者たちを転向させる望みはない。

ドイツ文化を変化させる道

単なるプロパガンダ、とりわけ国外からのプロパガンダはドイツ文化を変化させないであろう。もし充分に深くまた永続的な変化を生じさせようとすれば、集団成員としての個人に近づいていかねばならないであろう。個人を最も容易に撓めうる仕方は彼らをある集団の成員たらしめることによってである。同時にまた、集団本位の接近法は個人本位の接近法やプロパガンダを介しての大衆本位の接近法よりも、比較的深く多くの人々に影響を与えることができる。

国民の文化を変化させる組織として、学校体系——ナースリー・スクールから大学まで——を考えるのは自然なことである。しかしその限界についてはっきりと自覚していなければならない。例えば約十万人もの外人教師やかつての亡命者を使うという考えは放棄されたように思われる。その理由は所詮強い否定的反応を喚起するにすぎないからであろう。さらにまた連合国は教科書の内容に関しては、最低線の要求を確保することで満足すべきだともいわれた。教科書にとやかく要求を出してみてもドイツ文化を変更するうえにさほど大きな貢献にならないであろうことはいうまでもない。

教育体系の重要性についてはあまり軽視するのもあまり重視するのもよくないと思う。長期計画にとってそれが非常に大切なものであることはいうまでもない。しかし教育における雰囲気はその国の文化の反映であり表現であるにすぎない。それは社会の一般的雰囲気か変わるごとに変化する——例えば1918年から1933年の間におけるドイツ教育の歴史がそれをきわめてはっきりと示している。したがって最初に打つ手として，児童の教育ということはリーダーシップの変化ほど重要ではない。

　文化の変化ということは生活の一歩一歩におけるリーダーシップの形式の変化を要求する。手はじめとしてとりわけ重要なものは，権力の立場から見て基本的な意味をもつような社会領域でのリーダーシップである。イデオロギーの問題と権力の問題とは密接に結びついている。政治権力の所在を国民の他の部分に移し，政治・法律・法の実施・経済等の分野におけるリーダーシップのテクニックを変化させることはしたがって根本的な事柄である。このような政治的変化の一部分としてはじめて民主主義への文化の変化が生起しうるのであり，またその存続も可能になるのである。

　私の考えでは，国々の間でリーダーたるべき人々を交換するということは，たとえこのような企てが賞賛すべきものではあるとしても，それによって多くのものを期待することはできないと思う。客員であるというようなリアリスティックでない道具だての中で，また実際に仕事をせねばならないはずの特殊な雰囲気の外に身をおいて人が学びうるものには明らかな限界がある。ずっと大きな期待をかけうるのは「実地」訓練 (training "on the job") であろう。戦後の再建にあたってはドイツ人と非ドイツ人とが協力して仕事をするような多くの可能性が出てくるはずである。それはドイツの若いリーダーたちを訓練し再訓練するために利用することのできる恰好の機会である。この訓練は必ずしも「教育」という烙印を担う必要がない。なぜならこの仕事，すなわちドイツのためにやっているこの協働の仕事はどうしてもやってのけなければならない仕事なのだから。「民主主義の方が効果があがる」ということはそこで証明され，直接経験されるであろう。巧妙に管理すれば，リーダーやリーダーの訓練者たちをこのように実地で訓練するやり方を，コミュニティでのリーダーシップのあらゆる側面に及ぼすことができるであろう。それは自己再教育 (self-re-education) の過程を進行させる一助ともなりうるであろう。

ここにおいて論じた数々の構想は少なくともリアリスティックな成功の望みをもちうるようなやり方を指示しているように思われる。この線に沿う試みをなしうるか否か，それがどの程度成功を収めるかということは世界の情勢如何によって決まることである。かのモーゼは，奴隷として生活していた世代が死に絶え，生き残った者が自由の民として生活することを学ぶまで，40年の間イスラエルびとを率いて広野をさまよった。おそらく一国の民衆の永続的な文化的再教育の方法としてこれほど迅速かつ巧妙な方法はないであろう。

第4章

行為，知識，および新しい価値の受容[1]（1945年）

　再教育過程の本質とはいかなるものか。それを「受け取らせる」原因は何か。遭遇しやすい抵抗にはどういうものがあるか。再教育の必要は，個人や集団が一般社会と歩調が合わなくなったときに起こる。例えば個人がアルコール中毒に溺れたり犯罪者になった場合，再教育の過程は彼の住んでいる社会と調子の合うような価値や行為へと彼を立ち戻らせようと試みる。

　全体としての社会がいつも現実と一致しているものだとすれば，再教育の目的に関する定義はここらで打ち切りにすることもできるであろう。ところがそうはいかないから，次のように付言することが必要になる。再教育は個人や集団が現実との接触を失っているときにも必要なのだ，と。われわれが取り扱っているのは，したがって，社会的規準からの逸脱とか，客観的事実としての現実からの逸脱といわれるものである。このような問題を考察するにあたって提起せねばならない問いはこうである。すなわち，個人が逸脱の状態を離れて社会的規準の方向へ，また時には現実とのより緊密な接触の方向へ舵を取り直すためには，この個人においていかなることが生じなければならないのか。

逸脱の起源

　今日白人種，黒人種，あるいは黄色人種の間に存在する行為の差異は生まれつきのものではないということに社会科学者たちの意見は一致している。そのような差異は後天的なものである。社会的規準からの逸脱もやはり後天的なものである。「パーソナリティの基本的相違」にこのような逸脱の説明を見出そうとする努力は報いられなかった。次のような，もっと精密な仮説を定式化す

るのがおそらく正しいであろう。

1. 正常現象の獲得といい，異常現象の獲得というも，それを支配している過程は根本的にはよく似たものである。

例えば，ある個人が犯罪者となる際の過程の性質は，逸脱しない個人が正直と考えられるような行為を行う際の過程と基本的には同じものであると思われる。重要なのは個人の生活の諸事情が彼に及ぼす効果であり，彼がその中で成長してきた集団の影響である。このような影響が正常なものであるということはアルコール中毒者や非行者について強調されているが，さらに社会的規準からのその他多くの型の逸脱，例えば売笑婦や独裁者に対してさえもこのことは明らかに妥当すると思われる。

疑いもなく信念や行為が現実と背馳するような逸脱についても同じことがいえる。このような逸脱——例えば，「外国人」はすべて「赤」だというような超愛国主義の信念——を起こさせる過程は，個人が家族や友人たちについて充分にリアリスティックな見解を獲得し，コミュニティでの生活を支障なく営んでいくような場合の過程と根本的には同じ性質をもっている。外国人に対する彼の誤ったステレオタイプは社会的錯視の1つの形式である。そのような錯視が生ずるゆえんを理解するために，空間知覚の分野で心理学者たちが到達した次の結論に着目しよう。「適切でない」視覚像（錯視）を生じさせる過程と「適切な」視覚像（「現実」）を生じさせる過程とはその性質において同じものである。

記憶の実験や個人に対する集団の圧力を取り扱っている実験の示すところによると，個人に対して「現実」として存在しているものは，社会的に現実として受け入れられているものによって高度に規定されている。物理的事実の分野においてすらそうである。南洋諸島の島民にとっては世界は平らであるかもしれないが，ヨーロッパ人にとってはそれは球状をしているのである。したがって「現実」というものも絶対的なものではない。それは個人の所属する集団とともに変化する。

どういうものが「現実」を構成し，どういうものがそれを構成しないのかということを決定するにあたって，個人がこのように集団に依存しているということは，個人自身の経験が必然的に有限なものであることを思えばさほど驚くにはあたらない。換言すれば，集団の経験がその個人の経験と符合するにしろ

しないにしろ，個人が集団の経験の方により大きな信頼を寄せておれば，彼の判断か正しい確率はそれだけ高められる。これは集団の判断が受け入れられる理由の1つであるが，なおそのほかにも理由がある。行為や信念のどのような分野においても，集団は個々の成員に強い圧力を加えてこれを服従させようとする。われわれは —— 政治的・宗教的・社会的な領域はもとより —— 真偽，善悪，正誤，現実非現実に関する信念をも含めたすべての領域においてこのような圧力に屈している。

このような事情を考えるならば，1つの事実や信念が一般の人々によって受け入れられているということが，なにゆえにその信念や事実を疑問視させない当の原因となっているのかということを理解するのはさほど困難ではない。

文化の変化としての再教育

偏見や錯視を生じさせる過程が，正しい知覚や社会に関するリアリスティックな概念を生じさせる過程と本質的に同じものだとすれば，再教育ということは機能的に見て文化の変化とよく似た過程でなければならない。それは，知識や信念の変化，価値や標準の変化，感情的執着や要求の変化，および日常の行為の変化が，断片的相互独立的ではなく，集団における個人の生活全体の枠組みの内部で起こっているような過程である。

このような観点からすれば，時計師になろうとする大工の再教育でさえ，時計をつくるための一組の新しい技能を大工に教え込みさえすればよいというわけにはいかない。この大工は，時計師になるに先立って一組の新しい技能を学習するほかに，習慣，標準，および価値 —— 時計師の思考や行動を特徴づけるような標準や価値 —— の新たな体系を獲得せねばならないであろう。少なくともそれは彼が時計師として成功裏に仕事を進めていく前にやっておかなければならない事柄である。

このような意味での再教育は，個人が彼の住んでいる文化の中で成長しながら，価値の体系や一組の事実を獲得していく過程と同じような性質のものである。それらはやがて後になって彼の思考や行為を支配するようになるのである。したがって次のようにいうことができるであろうと思われる。

2. 再教育の過程は，文化の変更と本質的に同じような性質を充足せねばなら

ない。

　非行者の再教育にあたって「教育の非公式性 (informality)」ということがそれ自身重要な因子として強調される理由，またアルコール中毒者が医学上の患者として守らなければならない特殊習慣訓練のための長期にわたる厳格な日課よりも，アルコール中毒防衛会 (Alcoholics Anonymous) のような集団の中で集団とともにすごす生活の特異な包括的雰囲気の方が，酒飲みにアルコールを断念させるのにずっと効果があるといわれる理由もこのように見ればいっそうわかりやすくなる。

　集団の文化というような，大規模で，実質的で，個人を超えるところの存在にみずからの行為を根ざさせることによって，個人ははじめてその新しい信念を充分に安定させることができ，それによって彼が個人として被っている日々の気分の動揺や数々の影響に対して免疫性を維持することができる。

　再教育ということを文化順応 (acculturation) の問題と見ることは，基本的な，価値ある洞察である。しかしそれは考え方の枠にすぎない。効果的な再教育に備えようとすれば，さらに過程の力学や，いろいろの条件の下で取り扱われるべき特殊的な力の布置に対しても洞察をもつことが必要である。

再教育の内面的矛盾

　再教育の過程は3つの仕方で個人に影響を与える。まずそれは彼の**認知構造**を変化させる。すなわち彼がもっているすべての事実，概念，信念および期待を含めて，彼が物理的ならびに社会的世界を見る見方を変化させる。次にそれは彼のもつ**行動価と価値**とを変容する。そこには集団や集団標準への牽引と反発，地位の差に対する感情，賞賛や非難の源に対する反応が含まれている。さらにそれは**運動系の動作**に影響を与える。この中には個人がみずからの物理的ならびに社会的運動に及ぼすところのコントロールの程度も含まれる。

　これらの効果（およびそれを生じさせる過程）が3つともすべて同じ法則によって支配されているのだとすれば，再教育の実際的課題ははなはだ簡単になるであろう。ところが残念ながらそうはいかない。したがって再教育者はいくつかの矛盾に当面することになる。例えば，手を後ろにまわす運動をさせて指を吸う癖のある子どもを訓練する場合を見ると，そのようなやり方は子どもに対

してまず指を吸っていることに気づかせ，それによってこのような運動を制御する力を与えるために工夫されたものである。ところがそのことが時にはその子どもを他の子どもたちの中から特に浮き上がらせる結果になり，再教育が成功を収めるための必須の条件である感情の安定性を覆すことになる場合もある。

　このような内面的矛盾をいかにして回避するかということは再教育の基本的な問題の1つである。一歩一歩の順序を正しくとり，タイミングを誤まらぬようにし，個人的処理と集団的処理とを正しく結合するのがおそらく大切な点であろう。しかし最も大切なことは上述の心理学的構成要素——**認知構造，行動価と価値**，および**運動系の動作**——のそれぞれが再教育の一歩一歩ごとにどのような影響を受けるかということを再教育者が余すところなく理解していることである。

　次に述べる所論はここに含まれている主要な問題のうちの2つの点にだけふれる。その1つは認知の変化に関係するものであり，他は新しい価値の受容に関係するものである。

認知構造の変化

　偏見を解消させようとする努力，あるいは個人の社会的展望を変化させようとする努力において数々の困難に遭遇した結果，再教育は単なる合理的過程ではありえないということが自覚されるようになった。講演やそれに類似した抽象的な知識伝達法は，聴講後の個人の展望や行為を変化させるという点ではあまり使いものにならないことをわれわれは知っている。そこでこれらの方法に欠けているのは直接の経験であると考えたくもなるであろう。ところが残念なことに直接の経験でさえ，必ずしも望ましい結果を生じさせるとは限らないというのが真実である。その理由を理解するためにはこの問題に直接関係のあるいくつかの前提を検討せねばならない。

　3. たとい広範な直接的経験をもっていても，そこから自動的に正しい概念（知識）が生まれるわけではない。

　何千年もの間，人間は落体について毎日のように経験してきたが，それだけでは重力に関する正しい理論に到達するには不充分であった。あまり適切でない概念からいっそう適切な概念への変化を招来するためには，真理に対する系

統的な探索から成長してきた実験という，一連の，非常に日常的でない，人工的経験が必要であった。社会的世界における直接の経験が自動的に正しい概念を形成させ，適切なステレオタイプを生み出すのだと仮定することはしたがって筋の通らない話であると思われる。

4. 社会的行動は物理的行動と同じく知覚によって操縦される。

いかなる状況においても，われわれはわれわれが知覚している場に従って行動せざるをえない。またわれわれの知覚はこの場の2つの異なる側面に向かって広がっている。その一方は事実に他方は価値に関係しているのである。

対象をつかもうとするとき，われわれの手の運動は知覚された周囲の中における知覚された手の位置によって操縦される。同様にわれわれの社会的行動は社会的道具だて全体の内部において知覚されるわれわれ自身および他人の位置によって操縦される。再教育の基本的課題はかくして個人の社会的知覚を変化させることであると見なすことができる。このような社会的知覚の変化によってはじめて個人の社会的行動の変化が実現される。

適切でない情報（知識）が何らかの仕方でもっと適切な知織におきかえられたと仮定しよう。このことはわれわれの知覚を変化させるのに充分な条件であろうか。この問いに答えるにあたって再び物理的な知覚の分野に範をとってこう尋ねよう。どうすれば誤まれる物理的知覚，例えば錯視を訂正することができるか。

5. 原理的にいうと，正しい知識をもつということは誤まれる知覚を訂正するための充分な条件ではない。

正しい知覚や正しくない知覚を決定するのはいかなる条件であるかということについてわれわれが現在もっている洞察はなお非常に限られたものである。視知覚と知識との間にはある種の関係が存在するということはよく知られている。しかし錯視において曲がって見える線が実はまっすぐなのだということを「知った」途端にまっすぐに伸びて見えるというようなことはない。直接の経験，例えば問題の距離を実測してみることでさえ通常錯視をなくしてしまうものではない。原則としてそれとは異なるタイプの変化，例えば知覚されている範囲を拡大したり縮少したりすること，あるいは視的な関係枠を変化させるということが線をまっすぐに知覚させるために必要である。

再教育に対する抵抗ということを考えるとき普通われわれは感情的障害の用

語でそれを考えている。しかし認知を変化させるということに内在している数々の困難をあまり小さく見積もらないようにすることが大切である。物理的事実に関する広範な経験でさえ，必ずしも正しい物理的知覚を生じさせるとは限らないということを心にとどめるならば，適切でない社会的ステレオタイプを変容しようと試みるとき数々の抵抗に遭遇することは驚くにあたらないであろう。

フレンチとマロウ（French, J. R. P. and Marrow, A. J.）は年とった労働者たちに対するある女監督の態度について語っている。彼女は年寄りの労働者はよくないと信じ込んでいる。ところが彼女の職場には彼女が非常に有能だと考えている年寄りの労働者がいるのである。彼女の偏見はその個人的経験全体とは正反対の方向を向いているのである。

産業の分野からのかような例は，同じ学校への通学の効果を取り扱った黒人・白人関係の研究や混合学級の効果に関する観察とよく一致する。たとい頻繁に相手の集団の個々の成員たちについての好ましい経験が度重なった場合でも，その集団全体に対する偏見は必ずしも減じないということをそれは示している。

特殊の個人に関する心像とある集団に関するステレオタイプとの間に心理学的なつながりができた場合，また，個人がその集団の「典型的代表者」として知覚されうる場合にのみ，個人に関する経験がステレオタイプに影響を与える可能性が出てくる。

6. 正しくないステレオタイプ（偏見）は誤まれる概念（学説）と機能的に同じ性質のものである。

適切でないステレオタイプを変化させるために必要な社会的経験は，物理的世界に関する学説や概念の変化を生じさせるところの，稀有な，特殊な，物理的経験と同じ性質のものでなければならないと推定することができる。それが偶発的に起こることを思えば，そのような経験をあてにすることはできない。

行為を変化させるにあたって遭遇する数々の困難を理解するにはさらにもう1つの点を考慮しなければならない。

7. 感情の変化が認知構造の変化に伴って生ずるとは限らない。

たといある個人において，集団に関する認知構造が変容されたとしても，この集団に対する彼の感情は変化しないままにとどまっていることがある。いろいろな教育的背景をもつ白人の応答者を含むところの，黒人問題に関する世論

調査の分析の結果を見ると,知識と感情とは著しい程度まで独立のものであることがわかる。

個人がある集団に対してもつ感情は,その集団に関する彼の知識よりもむしろ彼を取り巻く社会的雰囲気に漲（みなぎ）っているところの感情によって決定される。アルコール中毒者は,飲んではいけない——飲もうというような気持ちを起こしてはいけないということを知っている。それと同じく,イギリスで黒人が白人の女を連れて歩いているのを目撃する白人のアメリカ兵はそれを気にすべきではないと思っている——彼は自分の偏見に対して頭ではよくないことだと思っている。ところか彼の知覚や感情的反応は彼が頭で考えていることと食い違っているために,このような偏見に当面するとしばしばなすところを知らないことにもなるのである。

再教育の影響はしばしば公式の価値体系,言語的表現の水準のみに及び,行為の水準にまでは及ばないおそれがある。それはただ超我（感じなければならない仕方）と自我（実際に感ずる仕方）との食い違いを高めるだけで,結局,個人に疚（やま）しさを覚えさせることに終わる場合がある。このような食い違いは高い感情的緊張の状態を生じさせはするが,正しい行為に導くことはまれである。それは破戒の時期を遷延することにはなるかもしれないが,ひとたび破戒が起こるときにはかえっていっそう激しいものになるおそれがある。

感情の変化を生じさせるにあたって非常に重要な要因は,個人が積極的に問題に関与する程度である。このような関与がなければ,いかなる客観的事実もその個人にとって事実としての位置を占めるにいたらず,したがってその社会的行為に影響を及ぼすこともない。

知覚の変化,受容,および集団所属性の関係を考察すれば,このような相互依存性の性質はもう少し理解しやすくなる。

新しい価値の受容と集団所属性

行動は知覚によって支配されるから,行為の変化は新しい事実と価値が知覚されるということを予想する。そうした事実や価値は公式のイデオロギーとして言語的に受け入れられるだけでなく,1つのアクション・イデオロギー（action-ideology）として受け入れられることが必要である。それは行為を導くと

ころの，あの特別な，しばしば意識されない価値体系をその中に含んでいる。言葉を換えていうと，

8. アクション・イデオロギーの変化といい，変化する一組の事実や価値の現実的受容といい，社会的世界に関する近くの変化という —— それら 3 つの事柄はいずれも同じ過程を違う言葉で表現したものにすぎない。

ある人によれば，この過程は個人の文化の変化と呼ばれるかもしれない。またある人によればそれは超我（super-ego）の変化と呼ばれるであろう。

こうした文化の変化が充分に完全に行われる場合にはじめて再教育は成功を収めるであろう，すなわち，永続的変化を招来するであろうということに注意することが大切である。もし再教育が個人をして新旧両価値体系の間にさまよう境界人（marginal man）たらしめる程度にしか成功しないとすれば，価値ある試みがなされたとはいえない。

再教育過程の成功失敗に非常な関係をもっているところの証明済みの要因の1 つは，新しい超我がどんな仕方で導入されるかということである。最も単純な解決は一組の新しい価値や信念を早速実行に移すことにあると思われる。この場合，新しい神が迎え入れられて，悪魔となり果てた古い神と戦わねばならない。このことに関連して 2 つの点を述べておきたい。それは一組の新しい価値を導入するということに関して再教育が当面するディレンマをよく示している。

a. 古い価値に対する忠誠と新しい価値に対する敵意：自国から文化の異なる他国へと強制的に移住させられた個人は，彼に課せられた一組の新しい価値に対してともすれば敵意をもって対しがちである。みずからの意志に反して再教育を受けさせられる個人の場合もやはりそうである。不安な気持ちを抱きつつ，彼は敵意をもって反応する。個人が進んで再教育に立ち向かうのでなければ，このような不安はずっと厳しく身に感じられる。ある文化から他の文化への自発的な移住と自発的でない移住とを比べてみると，このような観察が実際に証拠だてられるように思われる。

個人が古い価値体系に大きな忠誠を抱いているほどこのような敵意はそれだけ著しいものであると期待されるであろう。したがっていっそう大きく社会的に傾いている人，すなわちそれだけ自我中心的でない人は，いっそうしっかりと古い体系の中に根を下ろしているというまさにその理由によって，再教育に

対してはそれだけ強い抵抗を示すであろうと期待される。

　いずれにしても再教育の過程は普通敵意に遭遇するであろう。このような敵意を打ち砕くという課題は，新しい価値の受容と選択の自由との関係をよく考えてみれば，1つのパラドックスとなる。

　b. 再教育と受容の自由：再教育過程の一部として，自由と自発性の雰囲気を生み出すことに強い力点がおかれている。自由意志からの出席，会合の非公式性，不平を表明する場合の発表の自由，感情の安定性，圧迫を避けること等いずれもこの要素を含んでいるのである。患者の自己決定（self-decision）を強調するロジャース（Rogers, C.）は個人の精神治療について同じ点を強調している。

　受容の自由をこのように主張するということには1つのパラドックスが含まれているように思われる。おそらく再教育の他のいかなる側面もこの過程の基本的な困難をこれほどはっきりと露呈してはいない。再教育は個人または集団の価値および信念の体系を変化させること，しかもそれを社会全般あるいは現実と一致するように変化させることを目指すものであるから，このような変化が被教育者自身によって行われるであろうと期待するのは論理的でないと思われる。このような変化が外部から個人に強制されるべきものだということはあまりにもわかりきった必要であると思われるので，しばしばこのような強制を行っても差し支えないのだと考えられているほどである。再教育過程の一部として非公式性と選択の自由という雰囲気をつくり出すことは，再教育者が被教育者を賢明に操って，彼ら自身が音頭をとっているのだと考えさせるようにしなければならないということ以外に別段意味をもってはいないのだと多くの人々は考えている。このような人たちによると，このような種類のやり方は彼らがもっと名誉ある単刀直入のやり方と考えているところの，力を使用する方法の単なるまやかしであり煙幕にすぎない。

　しかしなから，もし再教育が新しい超我の確立を意味するものとすれば，一組の新しい価値が自由に選ばれたものとして個人に経験されない限り，求める目的に到達することはできないのだということを指摘しておこう。もし個人が自由意志や良心の命令によってではなく，罰のおそれからのみ服従するとすれば，彼が受け入れると期待される一組の新しい価値は，彼の心の中で超我の位置を占めるにいたらず，したがって彼の再教育は実現されないままにとどまる。

　このような点から，社会的知覚と選択の自由とは相互に関係し合っていると

結論してよいであろう。みずからの良心に従うということは，知覚された状況の内在的要求に従うということと同じである。一組の新しい価値が自由な仕方で受け入れられる場合にのみ，すなわちそれが彼自身の超我に対応するような場合にのみ社会的知覚の変化が生ずるのである。このことは先にも見たように，行為の変化を生じさせ，したがって再教育の永続的効果を招来するための前提条件である。

　さて再教育が当面せねばならないディレンマを次のように定式化することができる。教育を受けるべき人間は，自然な事柄として，ともすれば新しい価値に敵意を示し，古い価値には忠誠を示しがちであるが，そうした場合，新しい価値の自由な受容ということがいかにして生じうるのであろうか。

9. 一組の新しい価値や信念の受容を1項目ずつ断片的に生じさせるということは通例不可能である。

　1項目ずつ信念を変化させようとする方法や手続きは心情の望ましい変化を招来するのにはあまり役立たない。このことは再教育の分野に携わる人々にとって最も重要な経験の1つであると見られる。ある論点から次の論点へと論理的に整然と進められていく論証は個人を片隅へと追いやっていくかもしれない。しかし原則として彼は自分の信念を保持するためにある方策を —— 必要とあらば非常に論理的でない方策をすら —— 見出すであろう。個人が一組の新しい価値全体に対する敵意を捨て，敵意の状態から少なくとも胸襟を開く程度にまで変化してこない限り，特殊な点に関する信念をどんなに変化させてみても，そうした変化はごく一時的にしか存続しえないであろう。

　歩一歩の方法（step-by-step method）は再教育において非常に重要な方法である。しかしこの歩一歩は一時に1項目ずつ個人を転向させていくという場合の歩一歩ではなく，個人が新しい体系全体に対して敵意から好意へと漸次的に変化していくという場合の歩一歩であると考えなければならない。いうまでもなく，全体系中のある点に関する信念が転向の過程において重要な役割を演ずる場合もある。しかし再教育の全体計画にとって重要な事柄は，新しい文化全体に対する敵意を変化させてまず胸襟を開く態度へ，さらには好意へと転じさせるという努力が，再教育計画の単一の項目あるいは一連の項目についての転向よりも優先的に考えられるべきだという事実を見落さないようにすることである。

それでは信念を1項目ずつ変化させるのでなくて，どのような方法に従えば新しい諸価値の受容ということが達成されうるのか。

内集団の創造と新しい価値体系の受容

今日再教育を受容させるために使用されるすぐれた手段の1つは，先に述べたように，いわゆる「内集団」(in-group)，すなわち，成員たちが所属性を感じているところの集団を確立することである。このような事情のもとでは，

10. 個人は集団への所属性を受け入れることによって新たな価値と信念の体系を受け入れる。

オールポート (Allport, G. W.) は人々を教える場合の一般原理としてこの点を次のような言葉で述べている。「攻撃されているという気持ちでいる人々を教えることはできない。これは1つの公理である」と。教師と生徒，医者と患者，ソーシャル・ワーカーと公衆，の間に通常存しているところのギャップは，したがって，すすめられる行為を受け入れる場合の大きな障害となることがある。いいかえれば，教師と生徒の間にどんな地位の相違があるにしろ，価値に対する感覚が問題になるような事柄については，彼らが1つの集団の成員であるという気持ちを抱いていることが大切である。

再教育のためのチャンスは強いわれわれ感情 (we-feeling) が生まれるような場合にいつも増大するように思われる。みんな同じボートに乗っており，同じ困難を切り抜けて来，そして同じ言葉を話しているのだというこの感情を打ち立てることは，アルコール中毒者や非行者の再教育を容易にする主たる条件の1つとして強調されている。

再教育が社会全般の標準に反するような標準を捨て去るということを意味する場合（例えば，それが非行，少数集団への偏見，アルコール中毒等に関係する場合），成員たちが再教育を通じて払いのけるべき当の感情を公然と口にする自由を感じているときに，集団所属性の感情ははなはだしく高められるように思われる。このことは再教育の過程の中に内在している外見的矛盾のいま1つの例であると見ることができるであろう。少数集団に対する偏見を公言したり，議会的手続きを経て決められた諸規則を破るということはそれ自身望ましい目標に反するものであるかもしれない。しかし完全に自由であるいう気持ちと集団同一視

の昂揚とは，再教育のある段階においてはしばしば枝葉の諸規則を破らぬように学習することよりもずっと大切な事柄である。

このような内集団化の原理は，以前に拒否された事実が集団成員自身の手で発見された場合になぜかくも完全に受け入れられるのかということの理由を了解させてくれる。そのような場合には，またしばしばそのような場合にだけ，それらの諸事実は（ひとごとではなくて）本当に**彼ら**の事実となる。個人は自分自身を信じ，自分の集団を信ずるのと同じ仕方で彼自身が見出した事実を信じるであろう。集団自身の手によって集団のために行われるこのような事実発見過程の重要性は最近いろいろな分野の再教育に関して強調されてきた。社会研究か社会行動に移される程度は，この行動を遂行する人々が行動の基礎になる事実発見にどの程度参画するかということに依存すると考えることができる。

新しい価値と信念の体系が個人の知覚を支配する場合にはじめて再教育は行為に影響を与える。新しい体系の受容ということは，特定の集団，特定の役割，ある特定の権威の源を，新しい関係点として受容することに結びついている。新しい事実や価値の受容とある集団や役割の受容とのこのような結びつきは非常に密接であり，後者はしばしば前者の前提条件となっているが，このことは再教育にとって基本的な事柄である。それは断片的なやり方で信念や価値を変化させるということが非常に困難である理由を説明する。この結びつきは再教育に対する抵抗の背後にある主たる要因であるが，しかしまた再教育を成功させるための強力な手段ともなりうるものである。

注

[1] この章の資料はレヴィン博士とポール・グラッブ氏とが共同で準備した。

第2部

対面集団における葛藤

第5章

社会的空間における実験（1939年）

I

　私は社会学において実験を企てることが可能であると信じている。それは物理学や化学の実験と同じように，科学的な実験と呼ばれるだけの権利をもつものである。物理的空間ではないとしても，実在的な経験的空間のすべての本質的特性を具備し，幾何学や数学の研究者が物理的空間に払っているのと同じほどの注意を払うのにふさわしい社会的空間が存在すると私は信じている。社会的空間の知覚や社会的空間における力学および過程法則についての実験的ならびに概念的研究は，理論的にも実践的にも基本的な重要性をもっている。

　私は公には心理学者であるから，私の分野の境界を踏み越えることについておそらく社会学者に弁明をする必要があるであろう。私がそのような挙に出た理由はやむをえざる必要に迫られてそうしたということであって，これには社会学者自身にも一半の責任はある。というのは人間を生物学的生理学的な存在であるとする見方がまったく誤まっていることを強調してきたのは社会学者だからである。彼らは物理的または生物学的事実だけが実在であり，社会的事実というものは単なる抽象にすぎないという信念に抗して戦ってきた。ある社会学者たちは社会集団のみが実在性をもつので，個々の人などというものは抽象にすぎない――それは彼が所属している集団の1つの断面として適切に記述されるような存在であると言ってきた。

　これらの供述のいずれを正しいと考えるにしろ，心理学が，とりわけこの10年ほどの間に，事実上あらゆる種類，あらゆるタイプの行為に対して，社

会的要因が圧倒的な重要性をもつことを自覚してきたということは，たしかに認めなければならないであろう。子どもが生まれ落ちた最初の日から特定の集団の成員であり，その集団が面倒を見てくれなければ死んでしまうであろうということは真実である。成功と失敗，要求水準，知能，フラストレーション等々に関する実験は，人がみずからに設定する目標が，彼の所属する集団，あるいは所属したいと望んでいる集団の社会的標準によって深い影響を受けるということをますますはっきりと証明してきた。児童の発達や青年期の問題にとって，社会的風土の中に支配するイデオロギーや生活様式を児童が受け継いでいく過程や，それに対立していく過程の研究，児童をある集団に所属させ，その集団の中での地位や安定感を決定するところの諸力の研究ほど大切な問題はあまり多くないということを，今日の心理学者は認めている。

　これらの問題に対して実験的なやり方で近づいていこうとする本格的な試み——例えば社会的地位やリーダーシップの問題をそのように取り扱おうとする試み——は，技術的に見ると，いろいろなタイプの集団をつくってこのような地位を変動させる種々の社会的要因を実験的に設定せねばならないという含みをもっている。実験社会心理学者は実験的に集団をつくり，社会的風土や生活様式を生み出すという課題に習熟しなければならない。したがって社会心理学者が集団や集団生活のいわゆる社会学的諸問題をも取り扱うことを避けえない場合には，社会学者は彼がそうするのをおおめに見てほしいと思う。おそらく社会心理学者は社会学者にとって大きな助けとさえなることがわかるであろう。しばしば2つの科学の間の境界線上で行われる研究は双方の科学の進歩にとってとりわけ実り多いものとなってきた。

　例えば「社会集団」という概念を取り上げてみよう。集団の定義の仕方には多くの議論があった。集団はしばしば個々人の総和以上のもの，よりよい，より高いものと考えられた。ある人はそれに「集団心」を付与した。この意見の反対者は「集団心」という概念は形而上学にすぎず，現実には集団というものは諸個人の総和以外の何ものでもないと宣言した。心理学における有機体，全体，あるいはゲシュタルトの概念の発達を目撃してきた人々には，このような議論は不思議に聞き慣れたものに響く。ゲシュタルト理論の初期，エーレンフェルス（Ehrenfels, Ch.）の時代には，例えばメロディのような心理学的全体に対していわゆるゲシュタルト質を付与した。ゲシュタルト質とは集団心のような

付加物で，全体というものはその部分の総和のほかにそのような性質をもっているものと想定された。今日ではわれわれは神秘的なゲシュタルト質を仮定する必要はなく，力学的全体というものはそれ自身の特有な性質をもつものであるということを知っている。諸部分が相称的でなくても全体は相称的であるというようなこともあり，また諸部分はそれだけを取り出してみれば安定していても，その全体は安定していないというようなこともある。

　私が見る限りでは，社会学における集団対個人の議論は同じような趨勢を辿ってきた。集団は社会学的全体である。このような社会学的全体の統一性は他の力学的全体と同じようにして，すなわちその諸部分の相互依存性ということによって操作的に定義することができる。このような定義は集団概念から神秘性を取り除き，問題をまったく経験的な検証可能な基礎にまで引き下げる。同時にそれは，社会集団の特性，例えば，その体制，安定性，目標などが，その集団の中にいる諸個人の体制，安定性，および目標とは異なるものであるという事実を充分に認識することを意味している。

　それでは集団をどのようにして記述すればよいのか。アイオワ児童福祉研究所（Iowa Child Welfare Research Station）で，はじめにはリピット（Lippitt, R.）が，次にはリピットとホワイト（White, R. K.）とが実験的に生じさせた，民主，専制および放任の雰囲気，またはクラブの効果について論じよう。クラブには5人の成員があり，これを5人の観察者が観察するとしよう。クラブの成員1人に対して常に1人の観察者を配するというやり方は最も簡単なやり方であると思われるかもしれぬ。しかしその結果はせいぜい5人の個人の5つの並行的な小生活史が得られるだけである。このようなやり方では一般的雰囲気のような重要な事実はいうに及ばず，集団の体制，下位集団，リーダーとメンバーの関係などのような集団生活の単純な諸事実についてすら充分満足のいく記録をとることができないであろう。したがって1人の個人に1人ずつの観察者を配するというようなやり方をしないで，ある観察者には集団が下位集団へと体制化されていく仕方を1分ごとに記録させ，他の観察者には社会的相互作用を記録させるというようにした。換言すれば，個々人の特性を観察する代わりに，集団そのものの特性が観察された。

　いま1つの点においても社会学は心理学から利益を受けるといえよう。個人の行動も集団の行動もその状況および状況中でのそれぞれの特有な位置に依存

するということは，かねてから言い古された事柄である。私の考えでは心理学は最近 10 年ほどの間に，具体的状況の特殊構造とその力学とを科学的な用語で明確かつ詳細に叙述することができるということを示してきた。このことを厳密な数学的用語を用いて行うことすら可能である。「トポロジー」と呼ばれるこの幾何学の最も若い一分科は，個人の生活空間のパターンを決定し，この生活空間の中にいろいろな活動領域，人，および，人々の集団が相互に保持している相対的な位置を決定するためのすぐれた道具である。「彼は一流の医者になるという目標に近づきつつある」「彼は行動の方向を変更した」「彼はある集団に加入した」というような日常的な供述を数学的な用語におきかえることが可能となった。いいかえると，人の位置や彼の行動の方向が物理的な性質のものでなく社会的な性質のものであるような場合ですら，幾何学的に厳密なやり方で生活空間の内部に位置，方向，および距離を決定することができる。このことを頭においてアイオワ児童福祉研究所で行われた社会的実験に立ち帰ろう。

II

　教師が教室で成功を収める程度はその**技能** (skill) にもよるが，また教師が醸し出す**雰囲気** (atmosphere) によるところも大きい。この雰囲気というものは捉えどころのないものである。それは社会的状況全体の特性であるから，この角度から近づいていけば，これを科学的に測定することができるかもしれない。そこでリピットは，ます手はじめに，民主的雰囲気と専制的雰囲気との比較を研究の対象として選んだ。彼の実験の目的は特定の専制や民主制を再現したり，「理想的」な専制や民主制を研究するというようなことではなく，その基底にあるグループ・ダイナミックスに対して見通しを与えてくれるような実験配置を作り上げることであった。2 つの異なる学級の熱心な志願者たちの中から，面作りのクラブとして 10 歳ないし 11 歳の少年男女からなる 2 つの集団が選ばれた。モレノ・テストの助けを借りて，2 つの集団のリーダーシップや対人関係のような性質をできるだけ等しくした。集団の会合は 11 回行われ，民主的集団の会合はいつも専制的集団の会合の 2 日前に行われた。民主的集団はその活動を自由に選択した。また，専制的集団は常に民主的集団が選択したのと同

じ活動を行うように命令を受けた。このようなやり方で集団の活動が等しくされた。だから，全体として見れば，集団雰囲気を除くあらゆる点を一定に保ったことになる。

リーダーは両集団とも成人の学生であった。リーダーは次のようなテクニックを用いて異なる雰囲気を作ろうと試みた。

民主的	専制的
1. すべての方針は集団が決定する。リーダーはそれを激励し誘導した。	1. 最も強い人（リーダー）がすべての方針を決定した。
2. 初回の会合における討議の間に過程の一般的段階（粘土型を作り，石膏や紙粘土をこねる等）を説明することによって活動のパースペクティヴが与えられる。技術的助言が必要な場合には，リーダーが2つ3つの可能なやり方を示してその中から選択ができるようにした。	2. 目標（面を完成すること）を達成するためのテクニックや段階は，そのつどに権威者によって指図され，将来の方向はいつもはなはだしく不確定であった。
3. 成員は自由に仕事の相手を選ぶことができ，課題の分担は集団に委ねられていた。	3. 普通権威者が各成員のなすべき仕事およびその仕事の相手を専制的に決定した。
4. リーダーは気持ちの上では，また討議の際には，集団の一成員たらんと試みたが，実際の仕事にはあまり手出しをしなかった。彼は客観的な賞賛と批評とを与えた。	4. 支配者は**客観的な理由を示さず**に個人の活動を批評し賞賛した。また集団に対して積極的に参加せず，遊離したままにとどまった。彼は公然と敵対的または友好的な態度を示さず，いつも差し障りのない態度をとった（これは方法上必要な譲歩である）。

この2つの集団の会合の間，観察者は一定の時間単位ごとの出来事および行動の数を記録した。専制的リーダーは民主的リーダーの約2倍ほど多い行動を成員に向かって行った。すなわち，4.5回に対して8.4回もそのような行動が見られた。自分の方から仕かける（initiated）社会的近づきだけを勘定に入れると，この差異はもっと大きくなる。すなわち，2.1回に対して5.2回であった。うわ手に出る（ascendant）行動，あるいはみずから仕かけてうわ手に出る行動についていうと，この差異はさらに大きくなる。専制的リーダーのうわ手に出る行動は民主的リーダーのそれに比べてほとんど3倍に上る頻繁さであった。

した手に出る（submissive）行動については，この割合は反対になった。すなわち，民主的リーダーの方が頻繁であった。もっとも両集団ともリーダーがした手に出る行動は比較的まれであった。同じような関係は，客観的な，事実に

即する行動にも見られた。この場合にも民主的リーダーの方が高い頻度を示した。

だから全体として見ると，専制では民主制に比べて，リーダーが集団の成員に強くあたる場合はずっと多く，その近づき方もずっとうわ手に出ることが多く，事実に即することは少ない。

「専制および民主制においてリーダーは普通の成員とどんな対照を示すか」という問いに答えようとするとき，リーダーを含めた集団の成員たちの間にすべての活動が等しく分配されたとして，そのときに起こる事柄の統計的代表たる理想的な平均的成員というものを考えなければならない。リピットの実験では2つの事実がはっきりと数字に表れている。第1に両集団ともリーダーは実際に成員をリードしていた。専制的リーダーは，理想的平均成員よりも118％も多く，みずから仕かけてうわ手に出るような行動を示し，民主的リーダーではそれを41％多く示した。双方のリーダーはいずれも平均成員よりした手に出る行動が少なかった。すなわち，専制的リーダーは平均成員の78％，民主的リーダーは53％であった。また双方とも理想的な平均成員よりいっそう多く，事実に即する行動を示すのが見られたことは興味深い事柄であった。

しかし，専制に比較して民主制では，うわ手に出る行動を見てもした手に出る行動を見ても，普通の成員とリーダーとの差異はずっと少なかった。民主的リーダーは，相対的な意味でも，ずっと事実に即した行動をするという点で他に抜きん出ていた。

専制的および民主的集団の成員が当面する状況について，これらの数字はどんなことを示しているのか。私は2, 3の点だけしか述べることができない。専制的集団では方針を決めるのはリーダーである。例えば，ある子どもが言う。「私たちはこれと違う面を作ることに決めたのだとばかり思っていました」。リーダーが答える「いや，**これ**だよ。**私**がこの前に一番いいだろうと決めたのは」。力学的な用語でいうと，このような出来事は，子どもが自分自身でその目標に到達することもできたのであろうのに，リーダーがその方向への移動に対して障壁を打ち立てるということを意味する。むしろリーダーは子どもに対して，別な目標を押しつけ，その方向への力を誘導しているのである。他の人の支配力によって打ち立てられたこのような目標を，われわれは**誘導された**目標（induced goal）と呼んでいる。

民主的集団においてこれに対応する例はこうである。子どもが尋ねる。「どのくらいの大きさの面を作るのですか。粘土で作るのですか，何で作るのですか」。リーダーが答える。「普通人々がどんなやり方で面を作っているかということについてちょっとお話しましょう」。換言すれば，民主的集団におけるリーダーは，子どもたちが彼ら自身の目標に到達することを妨げないで，困難な領域を越えていくために橋をかけてやる。民主的集団にとっては多くの道が開かれているが，専制的集団には唯一つの道，すなわち，リーダーによって決定された道があるだけである。専制においてはリーダーは活動の種類だけでなく仕事の相手まで決める。この実験における民主制では，仕事の協力はすべて子どもたちの自発的な下位集団化（sub-grouping）の結果であった。専制では仕事のグループの32％がリーダーからの働きかけによるものであったのに対し，民主制ではそのような例は皆無であった。だから全体として，専制的雰囲気ではリーダーはずっと大きな攻撃的支配を示し，一方成員の自由運動はみずからの支配力の場の弱体化と相俟ってますます制限されることになる。

III

　児童の集団生活に及ぼすこの雰囲気の影響はどうであろうか。観察者の測定したところでは，この2つの雰囲気における児童＝児童関係にはかなりの相違があった。民主制に比べて専制では約30倍もの敵対的支配行動が見られ，他人の注意をひこうとする要求が強く，敵意のある批評が多かった。一方民主的雰囲気では協働と他の成員への賞讃がはるかに頻繁に認められた。民主制では建設的示唆が与えられる場合が多く，成員が他の成員に対して行う行動には，事実に即したものやした手に出るものがずっと頻繁であった。
　このようなデータを解釈するにあたって，リーダーが先鞭をつけた「思考および生活の様式」が児童たちの関係を支配するということができるであろう。専制では協力的な態度よりも，敵対的な，非常に個人的な態度が支配的となった。このことは「私」感情（"I" feeling）に対する集団感情または「われわれ」感情（"we" feeling）の大きさにもはっきりと現れた。「われわれ中心」の供述は民主制では専制の2倍ほど頻繁に起こったが，「私中心」の供述では民主制よりも専制の方がはるかに多かった。

児童がリーダーに対する関係についていうと，専制的集団の児童は民主的集団の児童に比べてお互いの間では**した手に出ることは少ない**が，リーダーに対しては約 **2 倍**ほども頻繁に，した手に出る行動を示した。民主的集団では，専制的集団に比べて，成員がリーダーに向かってみずから仕かける近づきの頻度は少なかった。専制では，リーダーに対する成員の行動には，リーダーの近づきに対する**応答**（response）の性格が濃厚であった。専制ではリーダーに向かって試みられる近づきにはずっとした手に出るものが多く，せいぜい事実に即するという基本線の上にとどまっていた。

　だから全体として見れば，双方の雰囲気における生活様式は，児童 = 児童関係をも児童 = リーダー関係をもともに支配していた。専制的集団では児童は彼らと対等の地位にある者に対して民主制の場合よりも事実に即する行動が少なく，協力することも，した手に出ることも少ないが，上位の者に対してはした手に出る行動が多かった。

　このような行動の差異の背後には数々の要因が存在する。専制的雰囲気では緊張が大きく，また双方の集団の力学的構造はかなり異なっている。専制的集団では 2 つの，明瞭に区別された社会的地位の水準が存在している。リーダーは高い地位をもつ唯一の人であり，他の成員はすべて同じ低水準におかれている。リーダーが保持している強い障壁は，他の成員がリーダーシップを獲得してその地位を増大させることを妨げている。民主的雰囲気では社会的地位の差はわずかで，リーダーシップを獲得することを妨げる障壁は存在しない。

　このことは個性（individuality）の大きさに対してもかなり明瞭な影響を及ぼした。この実験では民主制におけるすべての個人は強い「われわれ」感情をもっていたにもかかわらず，いなおそらくそのゆえにこそ，彼自身の分野というようなものをもち，比較的大きい個性を示した。これに反して専制集団では児童たちはすべてさほど大きな個性を示さず，一様に低い地位を保っていた。下位集団化のタイプはもっと明瞭にこの相違を示した。専制では「われわれ」感情がほとんどなく，児童の間に自発的な下位集団化が見られることも比較的少なかった。仕事が 4, 5 人の成員たちの協力を要求するような場合には，リーダーが成員たちに集合を命じた。民主制ではそのような集団は自発的に集合し，専制の場合の約 2 倍もの長きにわたって協力の関係を持続した。専制ではこのような比較的大きい単位が生じても，放置しておくとはるかに急速に崩壊の途

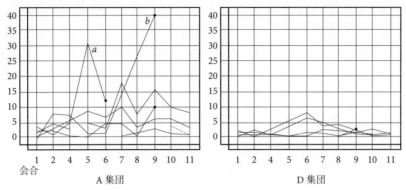

図8 支配的行動の受け手

　折線は，専制（A集団）の方が民主制（D集団）よりも諸個人に向けられる支配的行動の量がはるかに大であったということを示している。専制では2人の個人（a と b）がスケープゴートとしての扱いを受けた（それぞれ，第5回，第6回，および第9回目の会合で）。

を辿った。

　専制における高い緊張と結びついて，このような集団構造はリピットの実験では**スケープゴート**（scapegoat）の状況を生じさせた。専制的集団の児童たちは相携えて徒党を組み，リーダーには向かっていかずに児童の中の1人に向かっていき，彼をはなはだひどく扱ったので，彼はクラブへ出席するのをやめてしまった。12回の会合の間，2人の異なる児童に対してこのようなことが起こった。専制的支配のもとではリーダーシップを通して地位を高めるという望みはまったく阻止されており，むしろ他を支配するという試みがその生活様式によって示唆された。換言すれば，すべての児童は他のすべての児童の暗黙の敵対者となり，児童たちの支配力の場は，協力によって互いに強め合うよりも，むしろ互いに弱め合う結果になった。すなわち，普通なら高い地位に昇れない成員たちは，1人の個人に対する攻撃に参加することによって同僚の1人を激しく押し下げ，それによってみずからの相対的地位を高めることができたのである。

　このような結果は単なる個人差によるものではないかという疑問を抱く人もあろう。もちろん個人差は常に何がしかの役割を演じてはいるが，数々の事実を検討してみればそのような説明は排除される。特に興味深い事柄は児童たち

第5章　社会的空間における実験　81

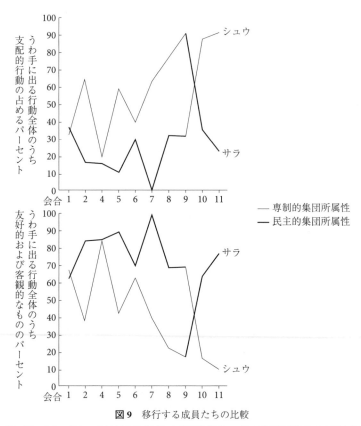

図9 移行する成員たちの比較

第8回の会合の後シュウは民主的集団から専制的集団へ，サラは専制的集団から民主的集団へ移行した。両児童の顕現的性格は雰囲気の変化に従って変化した。

の1人を専制的集団から民主的集団へ，いま1人を民主的集団から専制的集団へと移行させたことであった。移行前には2人の児童の差異は彼らの所属している2つの集団間の差異と同様であった。すなわち，専制的児童は民主的児童よりも支配的行動を多く示し，友好的および客観的行動は少なかった。しかし移行の後にはその行動は変化し，以前に専制的であった児童では支配的な行動が減じ，ずっと友好的客観的な行動をする児童になった。換言すれば，児童たちの行動は彼らが移っていった集団の雰囲気をきわめて急速に反映した。

その後リピットとホワイトは別なリーダーをもつ4つのクラブを研究した。

彼らはこの場合さらに第3の雰囲気，すなわち，放任の雰囲気を含め，同じ児童たちを次々にいくつかの雰囲気に当面させた。全体としてその結果はリピットの結果を支持している。それによると放任制と民主制との間に著しい差異があり，民主制の方がはるかに好ましいものであることがわかる。さらに専制的集団には2つの反応のタイプがあり，一方は攻撃性（aggression）によって，第2のものは冷淡さ（apathy）によって特徴づけられる。

全体として，専制，民主，および放任の状況における行動の差異は個人差の結果ではないということを示す証拠は充分にあると思う。専制の始まった最初の日に児童たちの顔面の表情が変わっていくのを目撃したときほど私が強い印象を受けた経験はいままであまりなかったと思う。生命に溢れた，友好的な，開放的な，協力的な集団が，ものの半時間も経たないうちに積極性のない，かなり冷淡に見える集まりに変わってしまったのである。専制から民主制への変化は民主制から専制への変化よりもいくらか時間がかかるように思われた。専制主義は個人に押しつけられるが民主主義は学習せねばならないのである。

IV

かくしてこれらの実験は，全体として見れば，文化人類学の観察を支持し，全体としての状況の効果に関して行われた他の数々の実験とよく一致する。子どもが住んでいる社会的雰囲気は，その子どもが呼吸している空気と同じほど重要なものである。子どもが所属している集団は彼が踏んで立つ地盤のようなものである。この集団に対する彼の関係，集団の中での彼の地位は，子どもの安定感や不安定感を左右する最も重要な要因である。人がその一部として含まれている集団やその中で住んでいる文化が，高度に彼の行動や性格を決定するということは当然である。このような社会的要因は，彼がどのような自由運動空間をもつか，また，どのくらい遠い未来までをある程度明瞭に展望することができるかということを決定する。いいかえれば，それらの要因は個人的な生活様式や計画の方向および生産性を大幅に決定する。

人間が物質を支配する際の大きな能力と，社会的な諸力を取り扱う際の無能力との間のはなはだしい懸隔こそ，嘆わしい世界情勢を生じさせた原因である，と責めるのは今日の常套的論法の1つである。一方この懸隔は自然科学の発達

が社会科学の発達をはるかに追い越したために生じたのだともいわれる。

　たしかにそのような差異は存在する。またそれは過去においても現在においても大きな実際的意義を有していた。しかし私はこの常套的論法が半面の真理を伝えているにすぎないような気がする。筋書きの残りの半分を指摘するのは価値あることであろう。社会科学の水準を自然科学の水準まで一挙に高めることができるものと仮定しよう。残念ながらこのことは世界を安全かつ友好的な住み家と化するには充分でないであろう。というのは物理的ならびに社会的な科学の知見は，医師にもギャングにも等しく使用しうるものであり，戦争のためにも平和のためにも，甲の政治体制にも乙の政治体制にも同様に役立つものであるから。

　国際間の関係では，われわれはいまなお本質上中世時代における剣の支配の状態にも似た，無政府的な状態の中に住んでいる。国際法を執行する能力と意志とを有する国際的な機関が存在しない限り，国家群は常に国際的ギャング主義の前に屈するか，みずからの手で防衛するかのいずれかを選ばなければならないであろう。

　科学的に見て理のある事柄は結局すべての場所で受け入れられるはずだと信ずることは，アメリカのように完全に民主主義的な伝統の中に住む人々には「自然な」ことと思われる。しかし，理性への信念が社会的な価値として受け入れられるということはけっして普遍的な現象ではなく，それ自身特定の社会的雰囲気の結果である。それは歴史に徴しても明らかであるし，さらにまた私が上に述べた実験においても証明されているように思う。理性を信ずるということは民主主義を信ずることを意味する。なぜならば，それは理性に従う相手に対等の地位を許すからである。したがってアメリカ革命およびフランス革命の時代における民主主義の勃興を俟って，はじめて「理性」の女神が近代社会に君臨したということは偶然ではない。さらにまた，あらゆる国々における現代ファシズムの序幕が公然と激越にこの女神を王座から引き下ろし，これに代わって感情と服従とを幼稚園から死にいたるまでの教育と生活との万能原理たらしめたのもまた偶然ではない。

　実験と経験的理論との緊密な結合の上に立つ科学的な社会学と社会心理学とは，自然科学がなしてきたのと同等あるいはそれ以上に，人間生活の改良に資することができると私は信ずる。しかしそのようなリアリスティックな，神秘

的でない社会科学の発展とその実り多い応用の可能性は，理性を信ずる社会の存在を前提しているのである

第6章

結婚における葛藤の背景（1940年）

集団と個人

A. 生活空間の基本的決定因子としての社会集団

結婚は1つの集団的状況であり，それゆえに集団生活の一般的特徴を示す。結婚における配偶者の問題はしたがって個人とその集団との関係から生じてくるものと見なければならない。

1. 集団およびそれと他の集団との関係：集団はその成員の総和以上のもの，さらに正確にいうと，総和とは異なるものであるということは今日広く認められている。集団はそれ自身の特有な構造，特有な目標，および他の集団との特有な関係をもっている。集団の本質をなすものは成員たちの類似性や非類似性ではなく，成員たちの相互依存性である。集団は「力学的全体」として特徴づけられるが，このことはある下位部分の状態の変化が他の下位部分の状態を変化させるということを意味している。集団の成員たちからなる下位部分の相互依存性の程度は，緩い「集合」(mass)から緊密な一体(unit)にいたるまで連続的に変化する。たくさんの要因のうち，とりわけ相互依存性の程度を左右するものは，集団の大きさ，その体制，および親密さの程度である。

　a. 集団はさらに包括的な集団の一部である。夫婦（図10aのM）は，普通，より大きな家族の一部であり，より大きな家族（Fa）は，それ自身，コミュニティ（C）または国の一部分である。

　b. 個人は普通多くの，多少とも重なり合う集団の成員である。例えば，彼は職業集団（図10bのPr），政党（Po），会食クラブ（L）等の成員である。これら

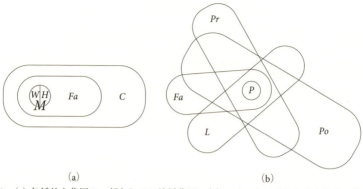

図10 (a) 包括的な集団の一部としての結婚集団，(b) いくつかの重なり合う集団の成員としての人

(a) *W*, 妻；*H*, 夫；*M*, 結婚集団；*Fa*, より大きな家族；*C*, コミュニティ．(b) *P*, 人；*Fa*, 家族；*Pr*, 職業集団；*L*, 会食クラブ；*Po*, 政党．

の集団の重み，すなわち，その集団の成員性をもつことによって人の行動が影響される程度は，所属する集団が異なればそれに応じて異なってくる。ある人にはビジネスの方が政治よりも重要であろうが，他の人には政党の方が高い重みをもつこともあろう。人の所属するさまざまな集団の重みはまた瞬時的状況の変化とともに変化する。人が家庭にいる場合には勤め先にいる場合よりも家族の重みは一般により大きい。結婚は普通個人の世界——彼の生活空間といってもよい——内部において高い重みをもっている。

2. 個人に対する集団の意味：a. 人が踏んで立つ地盤としての集団。人が前進する場合の速さと足どりの確かさ，戦うか屈するかの気構え，その他行動の重要な諸特徴は，彼が立っている地盤の確かさおよび一般的な安定感に依存している。人の所属する集団はこの地盤の最も大切な構成要素の1つである。もし人が集団への所属性に関して明瞭さを欠き，集団の内部においてはっきりした位置を確立していなければ，彼の生活空間は不安定な地盤の諸特徴を示すであろう。

b. 手段としての集団。上述の事柄と密接な関係をもつのは，集団が個人に対してしばしば手段としての位置をもつということである。幼少の頃から個人は，集団関係，例えば，母に対する関係や家族に対する関係を，いろいろな物理的社会的目標を獲得する手段として使用することに慣れている。後になると人が

ある集団，例えば，特定の家族，大学，クラブ等に所属することによって獲得する威信（prestige）が彼の成功の重要な担い手の1つになる。彼は局外者からその集団の一部として取り扱われる。

　c. 集団の一部としての人。個人を取り巻く事情の変化は彼がその一部をなしている集団の状況の変化に直接依存するところが大きい。彼の所属する集団への攻撃やその集団の浮沈は同時に彼自身に対する攻撃，彼自身の地位の浮沈を意味する。集団の一成員として，彼は普通この集団の成員たちがもつのと同じような理想や目標をもっている。

　d. 生活空間としての集団。最後に，個人にとって集団というものは，彼がその中で運動するところの生活空間の一部である。個人が集団の中で占める地位，集団の内部における自由運動空間の大きさ，その他これに似たいろいろの集団特性は個人の生活空間を決定するという点で重要である。結婚が個人の生活空間においてどれほど大きい意味をもっているかということは，このように見ただけでも明らかであろう。

B. 個人の集団に対する順応

1. 集団の要求と個人の自由：ある集団に所属するということは個人があらゆる面で集団の目標，統制，思考や生活の様式に一致しなければならないという意味ではない。個人はある程度まで自分だけの個人的目標をもっている。個人がそのような個人的目標を追求し，個人的欲求を満足させるためには，集団の内部に充分な自由運動の空間がなければならない。集団への順応，集団の中での成功する生活という問題を，個人の観点から見ると次のようにいうことができるであろう。すなわち，どうすれば集団の成員性や集団内の地位を失わないで充分に個人の要求を満足させることができるか，と。集団の内部における個人の自由運動の空間が小さすぎる場合，換言すれば，個人の集団からの独立が充分に与えられていない場合には，個人は快々として楽しまないであろう。集団が成員の自由運動をあまり厳重に制限すると，強すぎるフラストレーションのために個人は集団を離脱せざるをえなくなり，集団を破壊に導くことさえあるであろう。

2. 個人の要求と集団の要求とを互いに順応させる方法：個人を集団に対してどのように適応させればよいかということは，集団の性格，集団内部での個人

の位置，人の個人的性格（とりわけ個人が生活を楽しむために必要な独立性の程度）に依存する。

個人の要求と集団の要求とを調和させるやり方は非常にまちまちである。集団が設定する制限は個人に対して大きな自由の余地を残すこともあり，またほとんど残さないこともある。このような制限は集団成員の民主的同意に基づいていることもあり，また専制的体制の意志によって押しつけられることもある。

結婚集団の特性

所定の文化の中に住む結婚集団の特性は，国籍，人種，職業，および階級によって異なる。加うるに個々の結婚の構造には非常に大きな差異があるということはいうまでもない。それにもかかわらずある特性はわれわれの文化の中に住む大概の結婚集団にとって特徴的な事柄である。結婚における葛藤について考察するにあたって，次の諸点は特に注意を払う価値があると思われる。

A. 集団が小さいこと

結婚集団は2人の成人の成員（図11aの夫Hと妻W）と，おそらく1人あるいはそれ以上の子ども（図11bの$C_1 \cdot C_2 \cdot C_3$）を含んでいる。集団の成員が少数であるため，一成員の一挙手一投足は，相対的にいって，他の成員と集団の状態とに深い影響を与える。換言すれば，集団が小さいということが成員たちの相互依存性を著しく高める。

B. 集団は人の中心領域にふれる

結婚ということは個人のヴァイタルな問題や人格の中心層，例えば，彼の抱く価値，空想，あるいは社会経済的地位と非常に密接な関係をもっている。他の集団と異なり，結婚ということは人の特定の側面のみならず，彼の全物理的社会的存在に関係する。次に述べる点はこのことと密接な関係をもっている。

C. 成員間の親密な関係

人々の間の「社会的距離」はまちまちである（単に同じ町に住む意志があるということは，食事をともにする意志があるということに比べればより大きな社会的距離

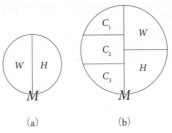

図 11 結婚集団

M, 結婚集団；H, 夫；W, 妻；C_1, C_2, C_3, 子どもたち。

の特徴を表す)。結婚する意志があるということは社会的距離を最小にしたいという願望の徴候であるとも考えられる。事実，結婚ということは，普通厳格に私的なものであるはずの活動や状況をともに分かち合う意志があるということを意味している。結婚生活は永続的な物理的（身体的）接近を伴う。それは性関係において頂点に達する。結婚生活は病気の場合にも近くにおり，第三者には普通隠されている状況をもともに分かち合うということを意味する。

上に述べた諸点はいずれも高度の相互依存性を招来する。それらの複合的効果は最も緊密に統合された社会的単位の1つを生み出す。このことは，一方では，集団とのいわゆる同一視の程度が高く，協力してことにあたる心構えができており，他方では，配偶者または自分自身の短所に非常に敏感であることを意味する。

結婚における葛藤

A. 葛藤の一般条件

個人および集団に関する実験的研究が示すところによると，葛藤の頻度や感情的爆発の発生を支配する最も重要な要因の1つは，人または集団が経験している緊張の一般水準である。特定の事象が葛藤を生じさせるかどうかということは，緊張水準や集団の社会的雰囲気によって著しく左右される。緊張を生じさせる原因のうち，顕著なものを挙げると次のようになる。

1. 人の要求が飢えまたは満足の状態にある程度。飢えの状態における要求とは人の特定領域が緊張下にあるというだけではなく，人全体が比較的高い緊張

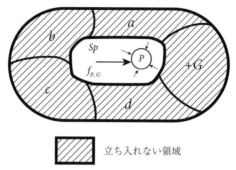

図12 フラストレーションの状況および狭隘な自由運動空間における緊張
　P, 人；G, 目標；Sp, 自由運動空間；a, b, c, d, 立ち入れない領域；$f_{P,G}$, G の方向に向かって P に作用する力。

水準にあることをも意味する。このことはとりわけ基本的要求，例えば，性や安定性の要求について強くあてはまる。

2. 人の自由運動空間の大きさ。自由運動の空間が小さすぎると，普通高い緊張状態が生ずる。このことは怒りの実験や民主的および専制的集団雰囲気の実験において示された。専制的雰囲気ではずっと緊張が高く，結局冷淡さや攻撃性を生じさせることになった（図12）。

3. 外部の障壁。緊張や葛藤の結果，不愉快な状況を去るという傾向がしばしば発生する。その状況を去ることができる場合には，高い緊張が発展することはないであろう。「外部の障壁」または内部の束縛の結果として，その状況から離脱する自由が欠如しているということは，高い緊張や葛藤が発展するためにすこぶる好都合な条件である。

4. 集団生活の内部における葛藤は，成員たちの目標が相互に食い違う程度および他人の見地を考慮に入れようとする心構えによって左右される。

B. 結婚における葛藤の一般的考察

先に述べたように，集団に対する個人の順応という問題は次のように定式化することができる。集団の利益を侵害することなしに，個人的要求を満足させるに足る自由運動の空間を，どうすれば個人は集団の内部に見出すことができるか。結婚集団の特性からして，この集団の内部に充分な私的領域を確保する

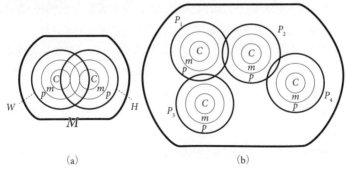

図 13 集団成員の間の親密さの程度の差異

(a) 親密な関係，(b) 表面的な関係。
C, 人の中心層；m, 人の中間層；p, 人の周辺層。
M, 結婚集団；H, 夫；W, 妻；P_1, P_2, P_3, P_4, 表面的な関係をもつ人々。

ということはとりわけ困難なことになる。集団は小さい。しかも親密である。結婚の本質は集団の他の成員とそのような私的領域と分かち合うところにある。人の中心層と彼の社会的存在それ自身がその集団に関与している。成員たちはいずれも，みずからの要求に一致しない事柄に対しては何によらずはなはだ敏感である。状況を分かち合うということをそれに相当する人格層の重なり合いによって表現するならば，結婚 (M) は図 13a のように，また，それほど親密な関係をもたない集団は図 13b のように表現されるであろう。それを見れば，図 13b の集団成員が他の成員に対する比較的表面的な関係を放棄せずに私的な要求を満足させる自由を見出すということは，図 13a の集団の成員の場合に比べていっそう容易であることがわかる。したがって図 13a のような集団状況は葛藤を惹起しやすい。結婚の場合には，他の親密な集団の場合と同じく，このような葛藤は特に深刻な感情的性格を帯びることがある。

C. 要求の状況

1. 結婚において満足されるべき要求の多様性とその矛盾的性質：結婚において，また結婚を通して，多様な要求が満足されるということが一般に期待されている。夫は彼の妻が，同時に恋人であり，友人であり，主婦であり，母であり，収入の管理者であり，家庭の一方の支柱であり，コミュニティにおける社会生活では家族の代表者であることを期待するであろう。また妻は夫が彼女の

恋人であり，友人であり，家庭の支柱であり，父であり，家の管理者であることを期待するであろう。結婚の相手として満たすことを要求されるこのような種々の機能は，しばしば正反対のタイプの行動やパーソナリティ特性を要求する。したがってそれらは容易に調和させることができない。それにもかかわらずこれらの機能の1つを満たすことに失敗すると，重要な要求が不満足のままに残されることとなり，集団生活の内部に高い永続的な緊張水準が発生することがある。

これらの要求のうち，どれが支配的であり，どれが完全に満足され，どれが部分的に満足され，どれがまったく満足されないかということは，結婚の当事者たちのパーソナリティとその結婚集団がその中で住んでいる道具だてとによって決まる。諸種の要求のいろいろな満足の程度や重要性の程度に対応して，明らかに無限の多様性をもつところのパターンが存在する。このような満足とフラストレーションを含むいろいろな布置に対して結婚の相手方が反応する仕方——感情的態度，即事的態度，反抗的態度，受容的態度，リアリスティックな態度等——を考えあわせると，結婚の内部における葛藤を理解するために考慮せねばならない背景の多様性はさらに増大することになる。

結婚における葛藤に関連して，要求の性質に内在するもう2つの点を述べておきたい。要求は飢えの状態ばかりでなく，過飽和の状態においても緊張を発生させる。充足行動（consummatory action）の過剰は性のような身体的要求の領域のみならず，ブリッジ遊び，料理，社交活動，子守り等の心理学的要求の領域においても過飽和を生じさせる。過飽和から生ずる緊張は飢えによる緊張に劣らず強烈であり，また感情的な性質をもつ。したがって，満足の状態に達するのに必要な充足行動の量が結婚の当事者間で相違している場合に，飢えのはなはだしい成員の充足の要求を集団生活の尺度にすることによっていつも解決を見出すことができるとは限らない。それは飢えの少ない方の成員には過飽和を意味するといえようから。ダンスその他の社交活動に見られるごときある要求に関しては，満足できない方の成員が容易に別途の満足を外部に求めることもできる。しかししばしば，とりわけ性的要求に関しては，結婚生活に深刻な打撃を与えずにこのような行動を行うことはできない。

先にも述べたように，中心的な要求が絡まってくる場合には，葛藤はともすれば深刻な性格を帯びやすい。不幸にしてどのような要求も，飢えまたは過飽

和の状態においてはいっそう中心的な位置を占め，満足の状態においてはいっそう周辺的な位置を占める，すなわち，重要性を減ずる傾向があるように思われる。換言すれば，満たされない要求は状況を支配する傾向をもつ。このことは明らかに葛藤の発生する機会を増大させることになる。

2. 性的要求：結婚にとっては，このような要求の一般的特徴を性的要求に適用した場合がとりわけ重要である。性関係は2つの極をもつ，それは相手に対する献身と相手の占有とを同時に意味するということがしばしばいわれてきた。性的な欲求と嫌悪とは密接な関係をもち，性的な飢えから飽和または過飽和への変化とともに，前者から後者への急激な転化が生ずることがある。性的なリズムも性の満足を得る特殊な仕方も2人の間で同じであるとは期待しえない。のみならず，婦人においては月経周期に関係して，しばしば神経質な状態が周期的に増大することがある。

これらの要因はいずれも多かれ少なかれ困難な葛藤を生み出し，結局相互に順応し合う必要を生じさせることになる。この領域で夫婦に充分の満足を与えるようなバランスを見出すことができなければ，結婚を無傷のままに保つことは困難である。

夫婦の間の食い違いかあまり大きくなく，結婚が当事者たちに充分積極的な価値をもっている場合には，おそらくバランスは早晩見出されるであろう。結婚における幸福と葛藤とに影響を与えるところの最も重要な要因は，したがって，結婚が夫婦の生活空間においてどのような位置と意味とをもっているかということである。

3. 安定性：もう1つの欲求（これを「要求」として分類しうるかどうかは疑問だと思うが）について特に付言しておきたい。それは安定性への要求である。先に指摘したように，社会集団の顕著な一般的特性の1つは，それが個人の踏んで立つ地盤としての性格をもっていることである。もしこの地盤が安定性を欠くならば，個人は不安定な気持ちを抱いて緊張の状態に陥るであろう。人は社会的地盤の不安定性がほんのわずか増したことに対してさえも普通きわめて敏感に反応する。

結婚集団が個人の社会的地盤として演ずる役割はたしかにこの上もなく重要なものである。結婚集団はいわば「社会のふるさと」(social home) を形成するものであって，人はそこにおいては自分が受け入れられていること，庇護され

ていること，また自分の価値が認められていることを感じている。このことは，婦人が結婚の不幸を惹起する最も多い原因として，夫の側に経済的能力が欠如していることや真実を打ち明ける気持ちが欠けていることをあげる理由であるかもしれない。事実不貞をはたらくことですら，不信ということほどにはみずからのおかれている状況について前後をわきまえなくしたり，共通の社会的地盤の安定性を脅かしたりすることはないであろう。結婚の相手に対する不信は自分がどんな立場にあるのか，自分の意図している行動が現実にはどういう方向を目指しているのかということについて確信をもてなくしてしまう。

D. 自由運動の空間

集団の内部に充分な自由運動の空間が存在するということは，個人がみずからの要求を満たし，集団に対して順応するための条件である。自由運動の空間が充分でない場合には，先に述べたように，緊張が発生する。

1. 緊密な相互依存性と自由運動の空間：結婚集団は比較的少数の人を含む。すなわち，それは家，食卓，およびベッドをともに分かち合い，非常に深い人格層までふれ合うことを意味している。このようないずれの事実をとってみても，一方の成員の一挙手一投足は，実際上ある程度まで他の成員に影響を与えることになる。このことは当然の結果として個人の自由運動空間が決定的に狭められるということを意味している。

2. 愛情と自由運動の空間：愛情はすべてを包括する性質をもつものであって，相手の生活全体，彼の過去，現在，未来をすべてその中に包もうとする自然な傾向を有する。それは夫のあらゆる活動，仕事，他人との関係等を支配する傾向をもつ。図14は妻の愛情が結婚生活以外の夫の生活空間にまで影響を及ぼしていることを表している。

愛情がすべてのものを包括するという傾向は，個人が集団に適応するための基本的条件，すなわち，集団の内部で充分な私的空間をもつという条件を危くすることは明らかである。たとい一方の配偶者が同情的態度をもってそれらの活動領域へ入っていくとしても，相手からはいくらかの自由を奪うことになるであろう。

ある点では結婚の状況は愛情から生じてくるいろいろな問題をさらに困難なものにすることさえある。普通集団への成員性は特定のタイプの状況のみを分

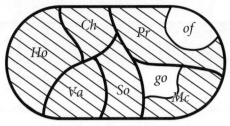

図 14　夫の生活空間

斜線の部分は多少とも妻の影響を受ける領域，夫の自由運動の空間（白い部分）は妻の愛情的関心によって狭められている。

Pr, 職業生活；*Va*, 休暇；*of*, 勤め先での生活；*Mc*, クラブ；*Ch*, 子どもたち；*go*, ゴルフに行く；*Ho*, 家政；*So*, 社交生活。

かち合うことを意味し，人の特定の性質に関してだけ相互に受け入れ合うということを要求するにすぎない。例えば，ある取引上の組合に加入するときには，正直であることとある種の能力をもっていることだけで充分に加入の資格がある。友人のサークルでさえ，状況をうまく案配して，お互いに気に入った特性は享受し合い，ともに分かち合いたくない状況は避けるようにすることが一般に可能である。同じ家で夏休みをすごすことに決めるまではお互いに仲よくし，またしょっちゅう顔を合わしていた 2 つの家庭が，それ以来ぷっつりと友達づき合いをやめてしまうという話は，私的領域を取り除いてしまうような仕組みがいかに友情を台なしにしてしまうかということのよい例である。結婚は相手の好ましい性質にも好ましくない性質にも「イエス」を言う必要があること，また互いに近く接触していつまでも生活を続ける意志があることを意味している。

どの程度まで多くの私的領域が必要なのかということは，当人の性格にもよるし，また 2 人の生活空間の中で結婚ということがどういう意味をもっているかということにもよる。

E. 個人の生活空間における結婚の意味

1. 助けまたは妨げとしての結婚：独身者と既婚者との状況を比較してみよう。独身者の生活空間はある主要な目標（図 15a の *G*）によって支配されている。彼は自分と目標との間にある困難（*B*）を克服しようと試みている。

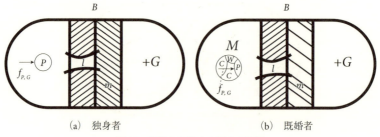

図15 障壁を克服する場合の困難

M, 結婚集団；P, 人；W, 妻；C, 子どもたち；G, 目標；B, PとGとの間の障壁；l, 独身者（図15a）には通過しうるが既婚者（図15b）には通過しえない障壁の一部；m, 結婚後いっそう通過しやすくなった障壁の一部；$f_{P,G}$, Gの方向に向かって人に作用する力。

　結婚後もこれらの目標の多くはやはり変わらないであろうし，その目標に到達しようとすればやはりいくつかの障壁を克服せねばならないであろう。しかし，例えば，生計を立てる責任を担うところの家族の一員（図15bのM）となったいまでは，彼はもはや単独の個人としてではなく，「家族の重荷を背負いつつ」それらの障壁を切り抜けていかねばならないであろう。だから困難はいっそう大きくなるわけである。それがあまり大きくなりすぎると，結婚そのものが負の行動価をもってくるであろう。それは行く手を阻む障害物の性格をもってくるであろう。他方結婚が障壁を克服する助けとなる場合もあろう。といっても妻からの財政的援助があるということだけをさしているのではない。それはあらゆる種類の社会的成功がもたらされる場合にも適用される。今日では子どもがあることは以前に比べて経済的に負担となることが多く，助けになることは少ないといわれる。ところが，農夫にとってはいまなお子どもが財産であることが多い。

　2. 家庭生活と家庭外の活動：夫と妻とが結婚の意味を異なる仕方で受け取っているということは，「1日のうちのどれくらいを家庭生活に捧げるべきか」という問いに対する異なった答えの中にも表れるであろう。夫はしばしば家庭外の活動に妻よりも多くの時間を割く傾向がある。一方妻の主な関心は家事と子どもたちにあるであろう。婦人は男子よりもパーソナリティやパーソナリティの発達に対してしばしばいっそう深い関心を抱く。男子の方はいわゆる「客観的業績」のことをより多く考える傾向がある。

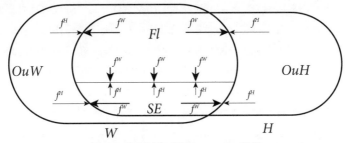

図16 共同生活の範囲についての葛藤

ここに表現された状況では夫は家族生活の範囲を減らすことを望み，妻はそれを増すことを望む；性生活については，その反対になる。

W，妻の活動；H，夫の活動；Fl，共同の家庭生活；OuW，共同生活外における妻の活動；OuH，共同生活外における夫の活動；SE，性生活；f^W，妻の願望に対応する力；f^H，夫の願望に対応する力。

　この状況は図16に表現される。実際に家庭生活に捧げられる時間は夫婦のいろいろな関心から生じてくる諸力のバランスとして表現されている。夫婦の要求の食い違いがあまりに大きすぎるときには，多少とも永続的な葛藤が生じがちである。これと同じような食い違いはレクリエーションや社交生活のような特殊の活動にどのくらいの時間を割くかということに関しても生ずるであろう。

　3. 結婚の意味の調和と齟齬：夫と妻との生活空間において，結婚の意味があまりにかけ離れていない限り，普通葛藤は現実にさほど深刻なものとはならない。

　結婚ということが個人に対してもつところの意味ははなはだまちまちである。しばしば結婚は夫よりも妻にとっていっそう大きな重要性をもち，いっそう包括的な事柄を意味している。われわれの社会では，職業の分野は普通妻よりも夫に対して大きな重要性をもっている。したがって夫にとってはその他の分野の相対的な重みはそれだけ減ずることになる。

　結婚が夫婦の双方にとって比較的便宜的なもの，すなわち，社会的影響力や権力のような目的に向かう手段としての意味をもつこともある。また子どもを育てるとか，ただ一緒に暮らすとかいうことを含めて，結婚それ自身が目的である場合もある。子どもを育てるということも個人によっては非常に異なる事柄を意味する場合がある。

結婚が夫婦のおのおのにとって異なるものを意味することは普通の事柄である。しかしこのことだけでは必ずしも葛藤を生じさせるとは限らない。妻が子どもの養育にいっそう大きな関心を払う場合には，いっそう多くの時間を家庭ですごすことを望むであろう。そのことは夫の関心と必ずしも抵触しないばかりでなく，いっそう大きな調和をもたらすことさえあるであろう。夫と妻とが彼らの結婚生活に付与するところの異なる意味を，同時に実現することができないような場合に限って，関心の食い違いが数々の困難を生じさせることになるのである。

F. 重なり合う集団

　現代の社会では個人はすべて多数の集団の成員である。夫と妻とは普通一部分異なった集団に所属している。それらの集団が相互に葛藤する目標やイデオロギーをもっていることがある。結婚における葛藤がこのような重なり合う集団への忠誠から生じ，結婚の一般的雰囲気がこれらの集団の性格によって大幅に規定されていることも珍しくない。

　夫と妻とが異なる人種的または宗教的集団に属し，また，非常にかけ離れた社会的または経済的階級に所属する場合には，この問題が明らかに重要な役割を演ずることになる。要求とか結婚の意味という項目のもとで論じた多くの事柄をこの箇所で取り扱うこともできるであろう。というのは人の要求の多くはビジネスの団体や政党等特定の集団への成員性に直接関係しているからである。

　ここでは特に2つの例だけを述べておこう。

　1. 結婚とより大きな家族：新しく打ち立てられた結婚生活は時々夫婦が自分たちの出てきた家族に対する紐帯を強く保持しているために生ずるところの数々の困難に当面せねばならないことがある。妻の母親は娘の婿をまるで自分の家族の付属物のように思っており，婿の側の家族も嫁の側の家族もそれぞれ新婚夫婦を自分の側に引きつけようと試みるような場合もある。このような事柄は2つの家族の関係がはじめから友好的でないような場合にはとりわけ葛藤を引き起こすもとになる。

　夫婦が結婚集団の中でもっている成員性の重みが，それぞれのもとの集団の中での成員性の重みよりも高い場合には，夫と妻との葛藤の可能性はきわめて小さい。というのは，このような場合には，結婚集団は葛藤に対して1つの単

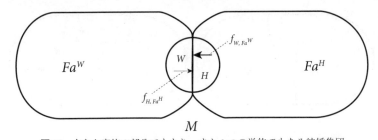

図17 大きな家族の部分でもあり,また1つの単位でもある結婚集団

H,夫;W,妻;Fa^H,夫の家族;Fa^W,妻の家族;M,結婚集団,f_{H, Fa^H},夫の家族の方向に向かって夫に作用する力;f_{W, Fa^W},妻の家族の方向に向かって妻に作用する力。

位として行動するであろうから。しかし,もとの家族への紐帯がなお強固に残っている場合には(図17),夫と妻とは現実に異なる集団への成員性によって支配され,両者の間に葛藤が起こりがちである。「あまり実家に近寄りすぎるな」という忠告が新夫婦に与えられるのをよく耳にするが,この言葉の背後にはおそらくいま述べたような事情が潜んでいるのであろう。

2. 嫉妬:嫉妬はきわめてありふれた事柄である。それはすでに幼少の子どもたちの中にも見出される。まったくいわれのない場合でさえも,この感情がきわめて激しく生じてくることがある。感情的な嫉妬の一部分は自分の「もちもの」(property)をとられるという気持ちに基づいている。2人の関係が非常に緊密な場合にこのような感情が起こりやすいということは,人格層の重なり合いの量が大きいこと(図13aに表現されている),および愛情というものがすべてを包括する傾向をもつことから理解することができる。

夫婦の片方が第三者と親密な関係を結ぶということは,夫婦の一方が他方を「失う」というだけでなく,さらには自分の内密な生活のあるものが第三者の前にさらけ出されるという気持ちを味わされることになるであろう。結婚の相手が自分の内密な生活の中に立ち入ることを許しても,それを公衆の面前に曝すことにはならなかったのであるが,結婚の相手が第三者と関係を結ぶということになると,自分の内密な生活と公衆との間を隔てていた壁が破棄されるような気持ちになるのである。

この種の状況がなにゆえに夫と妻とで違ったふうに経験されるのかということを理解することが大切である。夫の生活空間は図18aのように表現されるで

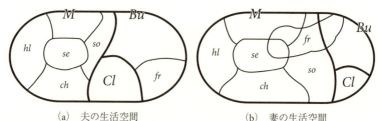

(a) 夫の生活空間　　　　　　(b) 妻の生活空間
図 18　夫と妻との生活空間の中で同じ事象が異なる意味をもつこと
　夫の生活空間では"夫と第三者との交友"の領域は"結婚の領域"と重なり合っていないが，妻の生活空間でははっきりと重なり合っている。
　M, 結婚の領域；*Bu*, 夫のビジネスの生活；*Cl*, 夫のクラブ生活；*hl*, 家庭生活；*ch*, 子どもとの生活；*se*, 夫婦の性的関係；*so*, 夫婦の社交生活；*fr*, 夫と第三者との交友。

あろう。彼と第三者との交友 (*fr*) はビジネスの関係から派生したものであるかもしれない。それは彼個人にはかなり重要な領域となってきたが，いまなおビジネスの領域の内部に位置を占めており，少なくともはっきりと結婚生活 (*M*) の外にある。したがって夫にとっては，結婚生活と第三者との関係は互いに抵触しない。結婚生活 (*M*) からは何ものも奪い去られず，また双方への忠誠から葛藤が生ずるということはほとんどない。ところが妻にとっては同じ状況がまったく違う光のもとに表れる。彼女の生活空間（図 18b）では，夫の生活全体が結婚の関係の中に包含されている。いかなる種類のものにしろ友好的な親密な関係はとりわけ深い影響を結婚の領域に与える。だから，妻にとっては，このような関係が結婚の領域への由々しい侵略であると思われる。

G. 形成過程にある集団としての結婚

　それぞれの成員の動静に対するこの集団の敏感さは結婚の初期においてとりわけ大きい。若い有機体にも似て，若い集団は柔軟性に富んでいる。夫婦が互いに知り合ってくるにつれて，結婚生活の諸問題に対する彼らの扱い方はしだいに確定してくる。時間が経った後では，このような確定するやり方を変更することが困難になる。社会は新しい結婚に対して形を与えるような伝統的形式をある程度まで用意している。しかし最近では結婚の私的性格が強調され，集団の雰囲気はかなり高い程度まで夫婦の性格と責任とに委ねられている。

　新婚の頃にはみずからの要求と相手の要求とのバランスについて事情がはっ

きりしていない。そのために典型的な葛藤を生み出すことがよくある。しかしそのような状況では同時に葛藤を解決するための柔軟性もまた大きいのである。

葛藤の解決

　葛藤を解決することができるかどうか，どの程度まで，またどのような仕方で解決できるのかということは，その結婚の布置と，葛藤がそれに対してもっている意味とにまったく依存している。とまれ私はとりわけ1つの要因を指摘しておきたいと思う。先に述べたように，結婚における葛藤の頻度と深刻さとは，主として結婚の一般的雰囲気に依存している。葛藤を解決するためにも雰囲気がやはり最も重要な要因であると思われる。

　結婚しているということはいくらかの量の自由を放棄することを予想する。自由の放棄は2つの仕方で行われるであろう。1つは結婚のためにみずからの自由を犠牲にしてフラストレーションに身を委ねる場合であり，他は結婚をいわば自分自身の生活の一部分として取り入れ，相手の目標を高い程度まで自分自身の目標と化すような場合である。後の場合には犠牲云々ということは明らかにあまり正しくない。「自由の制限」ということの意味はこの場合にはよほど異なるものである。

　配偶者とのこのような「同一視」の背後に神秘的な力が存在するわけではない。またそれは愛情や結婚に特有の性質でもない。ある程度の自由を放棄するということは，どのような集団の成員となる場合にも必要な条件である。だから，個人の要求と集団の要求とのバランスがどのような基礎の上に打ち立てられているかということを知るのは，どの集団にとっても大切な事柄である。集団の諸規則への服従は多かれ少なかれ外部より強制されて生ずることもあり，また強い「われわれ感情」から生じてくることもある。実験の示すところによれば，後者は専制的雰囲気よりもずっと民主的な雰囲気に多い特徴である。さらに「われわれ感情」は緊張や葛藤を生じさせることが少ないということも証明されている。他の成員の見解や目標を考慮に入れ，個人的な問題をも合理的に論じようという心構えは葛藤をより急速に解決に導く。疑いもなく結婚の雰囲気についても同じことがあてはまるのである。

わが友に怒りを覚え，
怒りを語り，怒りは消えぬ。
わが仇に怒りを覚え，
語らぬままに，怒りは燃えぬ。

第7章

時間的展望とモラール (1942年)

　失業の研究の示すところによれば，長期にわたる失職状態は人の生活のあらゆる部分に大きな影響を及ぼす。職にあぶれた当座の間，個人はなお希望をもち続けようと努力する。しかしついに諦めるときがくると，彼はしばしば必要以上に行動を制限する。時間はあり余るほどあるのだが，彼は家庭の務めをなおざりにしはじめる。直接の近所から離れることもやめてしまい，その考えや願望すらせせこましくなってくる。このような雰囲気は子どもたちにも広がる。彼らもまた気持ちが小さくなり，野心や夢でさえケチ臭くなっていく。換言すれば個人も家族全体も完全な低モラールの絵巻を現出する。

　このような行動を分析してみると，普通「希望」(hope) と呼ばれている心理学的要因がどんなに大切であるかということがわかる。人は希望を放棄したときにはじめて「積極的に手を伸ばす」ことをやめる。彼はエネルギーを喪失し，計画することをやめ，ついには，よりよき未来を望むことすらやめてしまう。そうなったときにはじめて，彼はプリミティヴな受け身の生活に閉じこもる。

　希望とは「そのうちにいつかは，こんな状態が変わっておれの望み通りになることもあろう」ということを意味している。希望とは個人の「期待の水準」と「願望の非現実水準」とが似ていることを意味している。この「心理学的未来」によって現出される絵巻が，後に実際起こる事柄と対応することはまれである。個人は未来を時にはあまりにもバラ色に彩られたものと見，時にはあまりにも色褪せたものと見る。心理学的未来の性格は希望と絶望との間をしばしば動揺する。しかし，個人の未来像がその時々に正しいにしろ正しくないにしろ，そうした像はそのときの個人の気分や行動に深い影響を及ぼす。

心理学的未来は，フランク（Frank, L. K.）が「時間的展望」（time perspective）と呼んだものの一部分である。個人の生活空間は個人が現在の状況と考えているものにけっして限られていない。それは未来，現在，および過去をもその中に含んでいる。行動，感情，またたしかに個人のモラール（志気，morale）も，常に個人の全時間的展望に依存している。

　こうして失業者の行為は時間的展望がモラールをいかに低下させるかということの一例である。これと反対に，モラールが時間的展望によって高められる場合の例は，ヒトラーか政権を得た直後のドイツにおけるシオニスト[訳注1]たちの行為によって示される。ドイツにいたユダヤ人の大部分は数十年間，帝政ロシアのユダヤ人大虐殺の二の舞が「よもやこの地で起こるようなことはあるまい」と信じてきた。だからヒトラーが政権についたとき，彼らの立っていた社会的地盤は突如として足元から払い去られた。多くのユダヤ人が絶望して自殺を企てたのも無理からぬことである。身を支えていた足場を失って，彼らは未来の生活を生きがいあるものと見ることができなくなったのである。

　他方，数は少なかったが，シオニストたちの集団がもっている時間的展望はこれと異なっていた。彼らもドイツでユダヤ人迫害がたしかに起こるだろうとは考えていなかったが，起こりうる可能性には気がついていた。何十年もの間，彼らはユダヤ人自身の社会学的問題をリアリスティックに研究しようと試み，ずっと先のことまで見透したプログラムを唱導し推進してきた。いいかえれば，彼らの時間的展望の中には，何千年もの間，逆境に耐えて生きてきたのだという心理学的過去があり，一方また未来には意味深い励みを与えてくれる目標が存在していた。このような時間的展望の結果として，この集団は高いモラールを示した——もっとも現在に対しては，彼らも他の人たちと同じく，それを不吉な前兆に包まれた時代であると判断していたのである。困難な状況に直面して気力を失い，殻に閉じこもる——失業者の特徴として見られたように，それは時間的展望が制限されることによって生ずる——のではなく，長期にわたってリアリスティックな時間的展望をもっていたシオニストたちは，積極的な組織だてられた計画を進めていった。この小さい集団の高いモラールが，ドイツのシオニストでないたくさんのユダヤ人たちのモラールを維持するうえにも，きわめて大きな貢献をしたということは特筆に値する。他の多くの場合にもそうであったが，この場合にも高いモラールをもつ小集団が多数の大衆の気

持ちを挽回する拠点となったのである。

　時間的展望は事実上モラールに対してきわめて重要な意義を有し，いっそう完全な分析を施すに値するものであると思われる。

時間的展望の発達

　幼児は本質的には現在の中に生活している。その目標は直接目の前にある目標である。ちょっと注意を逸らせてやると，彼はすぐにそのことを「忘れてしまう」。個人が長ずるにつれて，彼の過去や未来はますます広範囲に現在の気分や行動に影響を与えるようになる。学童の目標の中にはすでに学年末の進級ということが含まれるようになってくる。後年，家庭の父となると，この同じ人は生活の設計をする場合，しばしば10年単位でものを考えるようになるであろう。実際，人類の歴史──宗教・政治・科学──に足跡をとどめるほどの人はすべて，遠く未来の世代に及び，またしばしば同じほど遠い過去の自覚に基づくところの，広大な時間的展望によって支配されてきた。しかし大きな時間的展望は偉大な人だけに特有な事柄ではない。アメリカの現行生命保険額が1300億ドルに上るということは，自分自身の福利と直接結びついていない比較的遠い心理学的未来が，一般市民の日常生活にどれほどまで影響を与えているかということを表す印象深い事実の一端を示すものである。

　時間的展望の広さと並んで，いま1つの側面がモラールに対して重要な意義をもっている。幼少の児童には空想と現実とがはっきりと区別できない。願望や怖れが大きく判断に影響する。個人が成熟して「自己統制」ができるようになると，願望と期待とをもっとはっきり区別するようになる。彼の生活空間は「現実の水準」と，空想や夢のようなさまざまな「非現実の水準」とに分化する。

粘り強さと時間的展望

　「逆境に臨んでの粘り強さは高いモラールの最も的確な指標である」。このことは軍隊のモラール（士気）の本質として広く受け入れられている観念である。困難に臨んで執拗に粘る能力が現実にモラールの最も本質的な側面であるとい

うことには若干の疑問があるが，それが市民あるいは軍隊のモラールの一側面であるということには問題はあるまい。それゆえにこれは論を進めるためのよき出発点であるといえよう。

モラールが「我慢する」能力を意味し，不快な，また危険な状況に当面していく能力を意味するとすれば，まず第1に，いったい「どんなものが個人にとって不快な，また危険な状況を構成するのか」ということを問わねばならない。普通われわれは物的な苦痛や身体的な危険のことを考えることに慣れているが，愉しみに登山を試み密林を探険する人があり，また自動車の高速運転をやったり，フットボールを楽しむ人があるのを見ると，この答えが単純にすぎることがわかる。

(a) 不快さと時間的展望

普通の事情のもとでは，木製スプーンで床にこぼれた水銀をすくい上げるとか，塩なしのソーダ・クラッカーを3ダース食べよというような命令を人は強く拒む。ところが実験の「被験者」としてなら，彼は躊躇したり拒んだりしないで，平気で「我慢する」気構えを見せることがわかった。いいかえれば，ある活動が失敬なこと，あるいは不快なことであるかどうかは高度にその心理学的「意味」に依存する。すなわち，それはその行動を一部分として含んでいるところのもっと大きな事象単位如何によって決まるのである。例えば，普通ならば身体的な苦痛や社会的な不快さのゆえに激しく拒むような事柄でも，患者として扱われているときには，個人はそれを医者の「処置」として許すのである。

より大きな心理学的単位の意味や時間的展望が，個人の体験する苦痛やモラールにどの程度影響するかということのよい例は，ファーバー（Farber, M. L.）が行った刑務所における苦痛の研究によって示されている。個人が毎日しなければならない刑務所の労働は，苦痛の大きさと顕著な相関をもたないことが見出された。おおいに苦痛を訴える個人が刑務所の仕事のうちで最も分の悪い仕事や無報酬の仕事を引き受けていることもあれば，また羽振りがきき暇があるという意味で，むしろ分のいい仕事（例えば刑務所新聞の編集者や看守代理の使い）を引き受けていることもあった（苦痛の程度と刑務所の仕事の「客観的な」有利さとの相関は .01 であった）。囚人が刑務所の仕事に対して感じている主観的

満足と苦痛の程度との間にもごくわずかな負の相関が見られたにすぎない（$r = -.19$）。ところが，苦痛の程度と過去または未来に関係する要因——例えば，判決が不当であったとの感じや，釈放ということに関して「服役の途中で出られる」との希望——との間には著しい関係が認められた（前者とは $r = .57$。後者とは $r = .39$）。さらに，彼らが釈放を数年後に期待しているにすぎない場合でも，このような関係に変わりはなかった。判決で言い渡された**実際の**服役期間およびいままでの服役済みの期間と苦痛の程度との間には強い相関はなかった。しかし，自分は正当に服役すべき以上に長期間服役してきたのだという**感じ**と苦痛の程度との間には著しい関係が存在していた（$r = .66$）。

普通の意味での現在の苦難ではなく，心理学的未来および心理学的過去のある側面が，公平または不公平な待遇を受けているという感じと結びついて，苦痛の程度を決定する最も大切な要因となっているのである。この場合，苦痛の程度に対してかなり大きな重みをもってくる要因は，いつ仮出所が許されるかということについての不確実さであった（$r = .51$）。この要因も個人の直接的な現在状況に関係するものではなく，彼の時間的展望の一側面にほかならなかったのである。

独房においても，やはり，最も苦しい経験の1つはどのくらい時間が経ったのかということについての不確実さであるということがいままでにしばしば報告されている。もう一度繰り返していうが，状況に苦悩の色を与えるものは現在の苦難ではなく時間的展望のある特徴なのである。

(b) 持久力と時間的展望

持久力は苦痛よりも以上に個人の時間的展望に依存するとさえいえる。個人が進んで払おうとする努力や苦痛と引き換えに困難が克服されるという望みが存在する限り，彼は試みを続ける。目的が価値のあるものであれば，払われた努力が「犠牲」であるとは感ぜられないことさえある。持久力はその場合2つの要因に依存する。すなわち，目標の価値と未来の展望とがそれである。このことは子どもにも大人にも，兵士にも市井人にもあてはまる。

児童の実験から取り出された，モラールに関する若干の事実をここで述べておきたい。個人が障害にぶつかってどの程度早く諦めてしまうかということは，この実験によると次の3つの要因に依存している。①目標に向かう心理学

的力の強度（目標が強く望まれる場合，あるいは目標への心理学的距離が小さい場合ほど持久力は大きいであろう）。②目標への到達ということについて予感される確率（これはさらに過去の成功や失敗および個人の知的能力に依存している）。③個人のイニシアティヴ（initiative）の程度。

　第1の点は個人の努力が向けられている原因について彼がどの程度の価値を感じているかということと同じである。第2の点は心理学的未来に関係している。心理学的未来に影響を与えて先の展望が明るいという気持ちを起こさせる手段については軍隊のモラールに関連してすいぶん論ぜられている。例えば，過去が未来に及ぼす効果はいたるところで強調されている。敗北の後にもなお高いモラールを維持し続けるということほど困難なことはない。持久力は過去の勝利によって著しく強められるものである。ここにいう過去は必ずしも自分自身の過去であることを要しない。個人が「第69戦闘機部隊」に入隊するというような場合，この隊の伝統や歴史は彼の生活空間の一部となる。彼はその事実をはっきりと証明した後に，はじめて本当の隊員として認められることになるであろう。

　実験データの示すところによると，過去の成功はそれが同じ活動領域で得られたものであれば最も効果が大きいのであるが，「代償的成功」，あるいは少し程度は落ちるが，単なる賞賛や激励ですらも持久力を助長することがある。励ましになるような過去の経験がはっきりと打ち立てられているときには，持久力を増し，障害に対する感情的反応を減ずるように教育することもできる。事実，持久力というものは，個人の社会的位置，また，みずからの力や安定性の感情と密接な関係をもっているのである。

　受動的な個人は能動的な個人よりも平均的に見て持久力が少ない。しかしいくつかの例外がある。積極性の少ない個人が時々一種の受動的な執着を示すことがある。彼らは障害の前を離れず，目標に向かってジェスチュアふうの所作をし続ける。他方，能動的な個人の中にもさっさとやめてしまうものがある。何度も失敗を重ねて徐々にその場を離れていく代わりに，これらの個人は，リアリスティックな考察の結果，目標が得られないとわかればすぐに決断を下すほどに充分大きな積極性をもっているのである。このような能動的な決断を下しうる能力は軍隊の指揮者にとって必要な基本的条件の1つとして認められている。弱い個人の示すジェスチュアふうの執着は，かえって，新しい，もっと

有効な解決に達するのに必要な柔軟さを奪ってしまうことになる。「リアリスティックな決断」をするという心構えは，時には，いうまでもなく，物事を見極めようとする意志が欠けているということの前触れにすぎないこともある。この問題には後ほど立ち戻ることにしよう。

集団のモラール

　集団のモラールは個人のモラールと同じように時間的展望に依存する。この事実をはっきりと示しているのは，フレンチ (French, J. R. P.) が大学相当年齢の諸個人の集団について行った実験である。彼ら被験者は身体的に不快な状況におかれた。被験者たちが部屋で仕事をしていると，煙がドアの下から洩れてきてだんだんと部屋一杯に広がった。ドアには鍵がかかっていることを彼らは知っていた。しばらく経つと煙はかなり不快なものになってきた。煙が本当に火事のために起こったのだと解釈されるか，心理学者のいたずらだと解釈されるかによって，集団の反応は恐慌から哄笑までまちまちであった。このような解釈の差異は主として時間的展望の差異および危険が現実性をもつものとして感ぜられる程度の差異によるものである。フランス，イギリスおよびアメリカにおける最近のモラールの歴史は，危険が現実性をもつものと認められる程度がどれほど大きく集団目標や集団行動を規定するかということの生々しい例である[1]。

　あらかじめよく体制化された集団および体制化されていない集団を，怖れおよびフラストレーションの状況におき，両者の比較研究を行ったところによると，体制化された集団の方がモチベーションが高く，かつ持久力が大であることがわかった。その強いモチベーションの結果として，彼らは獲得することのできなかった目標についてはずっと強いフラストレーションを覚えたが，集団が崩壊する可能性は少なかった。しかし，一般の期待に反して，怖れは体制化されていない集団よりも体制化されている集団の中においてずっと急速に広がった。それは後者において成員間の相互依存性がより高度であったためである。この実験は危険に直面した個人のモラールが集団の雰囲気に高度に依存するというわれわれの日常経験を非常に明確な仕方で証明している。

イニシアティヴ，生産性，目標水準および時間的展望

　ナチのドイツでは，モラールは「政治的軍事的体制のあらゆる単位を推進して最大の努力と能力とを発揮させる推進力」であると考えられている。それは「統一的な目標に向かう個人および群衆の積極的な精神状態」を意味する。このようなモラールの概念は侵略戦争と全体主義的統一のために必要な訓練を反映している。しかし，実験心理学の示すところによると，この概念の中に含まれている1つの要素はあらゆるタイプのモラールにあてはまるものである。障害に当面しての粘り強さ，「平気で我慢する」能力は，人のもっと基本的な状態の一面にすぎない。その状態はある目標に到達し，ある価値を実現しようとするイニシアティヴと決断との結合状態として特徴づけられるであろう。同じような道具だてが与えられているとき，個人や集団のモラールはその業績の質と量とによって，すなわちその生産性によって測定されるであろう。
　イニシアティヴと生産性は種々の要因の適切なバランスによって支えられているので，このバランスの変化には著しく敏感である。そこでは身体的な快調さが重要な役割を演ずる。今日ではどの国でも充分な食糧とヴィタミンとが市民のモラールを左右するものとして重要であることに気づいている。ところが，過度に満ち足りた個人が最大のイニシアティヴと生産性とを示すとは考えられない。モラールにあっては微妙な心理学的要因が大きな役割を演ずる。侵略戦争についてのヒトラーの計画は，敵国の市民のモラールが最も傷つけやすい，したがって最も重要な攻撃目標の1つであると考えているが，これは正しい。

生産性および不安定かつ不確実な時間的展望

　児童に関する実験はイニシアティヴと生産性とを決定する若干の心理学的要因を取り出すのに役立つ。というのは児童の状況は非常に強力な成人によって容易にコントロールされる。また，児童はおそらく群衆の心理を左右している基本的な反応を成人よりも急速に表してくる。
　児童の自由な遊戯活動が邪魔されると，彼の生産性の平均水準は，例えば，5歳半の年齢水準から3歳半の児童の非常に低い生産性の水準へと退行するこ

とがある。このような退行現象は児童の時間的展望と密接な関係をもっている。児童が大きな興味と生産性とを示している遊戯の最中に成人がそれをやめさせてしまうと，児童はそのために自分が不安定な地盤の上におかれているという気持ちになる。彼は成人の圧倒的な力がまたいつ邪魔だてをしないとも限らないのだということに気がつく。このような「不安定とフラストレーションの背景」は長期計画を麻痺させる効果をもつだけではなく，イニシアティヴと生産性の水準を低下させることにもなる。

　個人が新しい状況の性格についてまだ暗いうちにこのような干渉を受けると，その効果はとりわけ厳しいものになる。ただ漠然と「してはいけない！」という否定の命令は，はっきりと決められた別な仕事をするようにという命令よりも，ずっと著しくイニシアティヴや生産性を低めることになる。事実，「恐怖戦術」によってモラールを破壊する場合の主なテクニックの1つはまさにこのやり方にある——すなわち，人が現在どんな位置に立っているのか，またどんなことを期待すればよいのかということについて見当がつかないようにしておくことにある。さらに，厳しい懲戒処分と好遇の約束とが頻繁に交替し，それと同時に矛盾に満ちたニュースが広まって，状況の「認知構造」がまったく明瞭さを欠くようになると，個人は個々の計画が目標に近づくことになるのか遠ざかることになるのかさえわからなくなってしまうであろう。このような条件下では，はっきりした目標をもち，その達成のためには危険をも辞さないというような人たちでさえ，どうしたらよいかということについて深刻な内面的葛藤に陥り，手も足も出なくなってしまうであろう。

　強い友情で結ばれた友達同士が，お互いに交友関係をもたない子どもたちに比べて，フラストレーションの場面におかれた場合に退行を示すことが少ないということは興味ある事柄である。彼らがフラストレーションに対してより大きな耐性（tolerance）を示すのは，友達同士の間では安定感がいっそう大きいからであると思われる。それは，例えば，実験者をフラストレーションの源と見なして攻撃を加える心構えがいっそう大きいということにも示される。これは集団「所属性」が安定感を増大させ，それによって個人のモラールと生産性とを高めるということの一例である。

　さらに，児童のイニシアティヴや生産性は，1人ぽっちの遊びの場合よりも，児童たちが対をなして協力し合うような遊びの場合の方がいっそう大きい

ことが見出された——これはフラストレーションの状況においても非フラストレーションの状況においても同じである。1人ぼっちの個人としての生産性と比較して，集団成員としての個人の生産性の方か大きいということは，市民のモラールにとってもこの上なく重要な要因である。この点を証明するものとして，工場労働者に関する研究が示すところによると，安定感ということのほかに，個人に向けられる人々の個人的な注意が生産性の水準を高めるのにある種の役割を演じている。おそらくそれはこのような注意の結果として「所属性」の感情が高まるためであろう。

このような知見は年齢差，個人差，異なる状況の効果，個人や集団の活動における差異等に関する多くの知見の1つにすぎない——これらはいずれも，生産性というものが，多数の相異なる能力や要求に依存しており，それらの能力や要求はさらに体制化され統一化された1つの努力へと統合されうるものであるということを示している。生産性を支配しているのは「多様の統一」(diversity within unity) という原理であって，この原理は少数者の問題の民主的解決や小さい対面集団から世界体制にいたるあらゆるタイプの集団での民主的生活にとってきわめて基本的な原理である。

逆説的な事柄であるが，ある程度のフラストレーションや困難が，ある場合には現実に生産性を増大させる。個人はそれまで心から関与してはいなかったのだが，困難がかえって渾身の努力を発揮させる導火線になった，というような場合がそうであると思われる。こうした結果と密接な関係をもっているのはモラールの最も基本的な問題の1つ，すなわち，個人や集団がどこにその目標を設定するか，その要求水準はいかなるものか，ということである。

要求水準と時間的展望

生後3カ月の乳児は誰かが玩具を手渡してくれたときも自分の努力でそれを手に入れたときも同じように機嫌がよい。しかし子どもも2, 3歳になると，しばしば他人の助けの手を拒み，自分自身の行動を介して取りにくいものを手に入れることを好むようになる。いいかえると，容易な道や容易な目標よりも，困難な道や困難な目標を好むようになる。人間のこのような行動は一見逆説的なものであって，政治というものの考え方にさえ深い影響を与え，一般

にも広く受け入れられている信念——すなわち，人間は「快の原理」(pleasure principle) に導かれて最も容易な目標に向かうところの最も容易な道を選ぶものだという信念とたしかに矛盾する。実際，少年時代から，個人が日常生活において長期にわたる計画のために設定する目標は，彼のイデオロギー，彼が所属している集団，および，自分の能力の上限にまで要求水準を高めようとする粘り強さによって影響されている。

　要求水準は少年時代にどのようにして発達するか，ある分野での成功や失敗がどのように他の分野での要求水準に影響するか，「難しすぎる」問題や「やさしすぎる」問題に対して個人はどのように反応するか，集団の標準は個人自身の目標水準にどのように影響するか——このような問題について実験はずいぶん多くの知識を与えてくれた。

　目標の設定は時間的展望と密接な関係をもっている。個人の目標は，未来への期待，願望および空想を包含している。個人がどこに目標をおくかということは，根本的には2つの要因，すなわち，特定の価値に対する個人の関係と，目標に到達する確率について個人が抱いているところのリアリズムの感覚とによって決定されるであろう。成功や失敗のもつ価値を決定するところの関係枠は，個人から個人へ，また集団から集団へと変動する。とまれ，われわれの社会には個人の能力の限界に向かって要求水準を高めようとする傾向が存在している。一方，リアリズムの原理は個人を失敗から守り，野心を地上につなぎとめようとする傾向をもっている。個人がどんなに高く目標を認定していてもなお現実水準との接触を失わずにいるということは，彼の生産性とモラールとにとって最も大切な要因の1つである。

　成功を収める個人の典型的なやり方を見ると，その最後の成績より幾分高いところに，しかしあまり高すぎないところに次の目標を設定する。このようにして彼は着実に要求水準を高めていく。長い目で見れば彼はかなり高い理想目標によって導かれているのであるが，次の一歩を踏み出すにあたっての現実の目標は彼の現在の位置にリアリスティックな仕方で近づけられている。他方，成功を収めない個人は次の2つの反応のうちのどちらかを示す傾向がある。彼は目標を非常に低く，しばしば過去の成績よりも低いところに設定することさえある——すなわち，彼は怖気づいて，より高い目標に到達することはできないものと諦めている——さもなければ彼は自分の能力をはるかに上まわるよう

な目標を設定する。後で述べた方の行為はかなりありふれたものである。時々その結果は真剣な努力をしないでジェスチュアだけで高い目標を維持し続けるという結果に終わる。それはまた個人が盲目的にその理想目標を追い求め，現在の状況において何が可能であるかということを見失ってしまうことを意味するような場合もあろう。高い目標を発展させ，それを維持しながら，同時に次の行動の計画をリアリスティックに可能性の限界内に引きとめておくということは，高いモラールの基本的な目的の1つであり，またその試金石でもあると思われる。

　人がどれほど高いところに目標をおくかということは，その個人より下または上にある集団の標準によっても，また彼の所属している集団の標準によっても深い影響を被る。大学生についての実験の証明するところによると，集団の標準が低いと個人は努力の手を緩め，自分が到達できる目標よりもずっと下まわる目標を立てるであろう。ところが集団の標準が高まると，彼はみずからの目標を高めるであろう。いいかえると，個人の理想と行動とはいずれも彼が所属している集団に依存しており，またその集団の目標や期待によって左右される。個人のモラールの問題が著しい程度まで集団目標や集団標準の社会心理学的問題であるということはかくして明らかであり，個人が集団目標よりもむしろ個人目標を追求しているのだと思われるような分野でさえもそうなのである。個人のモラールと集団のモラールとのこのような結合が，集団目標を追求する場合になおさら緊密になるということはいうまでもない。

　この場合にも実験が問題を明らかにしてくれる。南部の農村地方に新しく建てられた工場のミシン工についての経験は要求水準がどのような仕方で工場における作業の学習や成績に影響を及ぼすものであるかということを示してくれる[2]。1週間の訓練の後，見習工の生産高は，熟練工の標準として一般に受け入れられている量の20ないし25％の間にあった（図19を見よ）。しかし見習工がこの標準は10ないし12週の後に達しなければならない標準であると告げられたとき，第1週の終わりにおける実際の作業水準と，告げられた目標との隔りがあまりに大きすぎた——事実それは彼ら被験者がそんな高い標準に到達できるものかと異口同音に疑いを表明したほど大きかったのである。新設の工場であったから，標準のスピードで実際に仕事をしている熟練工はいなかった。だから目標はあまりにも「難しすぎ」，到達しえないものと思われた。この見

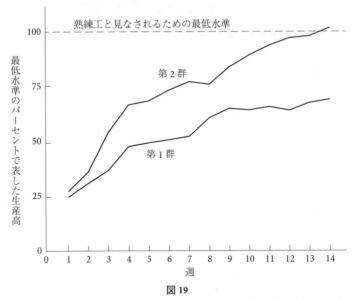

図 19

工場労働者の出来高に及ぼす要求水準および目標の現実性の程度の影響。実験の詳細については本文を見よ（A. J. Marrow の研究より）。

習工たちが稼ぐ賃金はかつて彼らが貰っていた普通の相場をすでに上まわっていたので，この集団から見て，いっそう高い標準に社会的現実性を与えるようなものは工場の内にも外にも何1つ存在していなかった。その結果，監督たちは不満であったにもかかわらず，この連中は自分の進歩に満足しており，作業の改良は緩やかで学習の高原（plateau）は型通りに現れ，14 週の後にも標準のわずか66％を達成したにすぎなかった。

　同じ水準から出発した第2群の見習工には一般標準に関する知見のほかに，週末に到達すべき一定の目標が1週ごとに設定された。またそのときには工場のたくさんの古参労働者たちが標準に達していた。近い将来に直接の目標をおき，究極の目標を現実性のある集団標準として受け入れるというこの2つの点が組み合わされて，この見習工の集団はずっと急速な改良を示すことになった。学習高原はほとんど現れず，第14週の終わりにはこの集団の平均は集団標準を上まわるほどであった。

集団目標を追求する際のモラールと時間的展望

　集団目標と時間的展望との関係について科学的な結論を許すような研究は残念ながらその数が少ない。民主的構造および専制的構造をもつ集団を比較するとある結論が示唆される。例えばこの2つの集団はリーダーがその場に居合わせない時期に非常に著しい相違を示した。民主集団の作業モラールは高い水準に維持されていたが、専制的集団のそれは急速に低下した。やがて後者の集団はまったく仕事をやめてしまった。このような差異は個人目標と集団目標との関係および時間的展望のある側面にまで跡づけていくことができる。

　専制的集団では集団体制の他の側面と同様、仕事の体制もリーダーに依存していた。集団の方針を決定するのはリーダーであり、集団内部の成員たちに特定の行動目標を設定してやるのもリーダーである。すなわち、集団成員としての個人の目標も行動も、リーダーによって「誘導」されているのである。個人に仕事を続けさせ、その作業モラールを決定し、集団を体制化された単位にまとめているのはいずれもリーダーの支配力の場である。これに反して民主的集団ではすべての成員が集団の方針決定に関与し、すべての成員が計画の設定に力を貸していた。その結果、どの成員も専制的集団の成員に比べてずっと「われわれ中心」であり、「自己中心」でなかった。集団はみずからの動力で前進していたので、リーダーの支配力の場が消失するとすぐ作業のモラールがだれ気味になるというようなことはなかった。

　専制的集団では成員が集団目標を「受容」するということは上位の支配力に屈してみずからの意志を隷属させるということにほかならない。民主的集団では成員が集団目標を「受容」するということはそれを受け継いで自分の目標にするということを意味している。後者の場合、そうしようという心構えは一部分個人の時間的展望に基づいている。すなわち、過去において彼は自分自身その目標の設定に参加した。だからいま彼はそれを遂行する個人的責任を感じているのである。これに劣らず大切なことは未来の計画ということに関する両集団成員の時間的展望の差異である。遠い未来については専制的リーダーはたしかにある種の高い理想目標をしばしば部下たちに開陳してみせる。しかし直接の行動ということになると、彼の現実の計画の直接的な次の一歩だけしかフォ

ロワーたちに示してやらないのが専制的リーダーの常套手段の1つである。このようにして成員たちの未来をみずからの手中に収めておくことができるだけでなく、さらに成員たちを自分に依存をさせ、一瞬一瞬彼の望みのままの方向に成員たちを向けていくことができるのである。

みずから長期計画の設定に力を貸した民主的集団の成員はかなり異なる時間的展望をもっている。ずっとはっきりした状況のもとで、彼は次の一歩を踏み出すことができるばかりでなく、その次の一歩をこれとまったく独立に踏み出すこともできる。もっと大きな集団計画の内部におけるみずからの位置と行動とを知悉しているので、彼は状況の変化に応じてみずからの行動を修正することができる。

民主、専制の両集団と異なり、リーダーが手を拱いている放任的集団では、集団計画や長期にわたる個人計画は散発的に開花するにすぎない。このような集団の作業モラールは、民主、専制いずれの集団に比べても非常に低い——これははっきりした目標が集団のモラールにとって大切であるということの証拠である。容易に到達しうる目標ではなくて、むしろ数々の障害と、高く掲げられた目標とをもつ心理学的未来が高いモラールを生じさせるのである。

原則として自分たちの生活費を支払っている良心的反戦論者[訳注2] (conscientious objector) たちの作業キャンプのある集団には、しばしば彼らのために立てられた作業目的にどうして到達すべきかということを自律的に計画する許可が与えられた。その報告が正しいとすれば、これらの集団は自分たちで計画した体制に従って、普通の監督方法のもとにおかれた集団の何倍もの生産をあげている。このような成績をあげえたことの背後にある1つの要因は、長期にわたる時間的展望が彼らの目標の明確さと結びついているためであろうと思われる。良心的反戦論者たちはここで戦後のヨーロッパ再建という困難な課題に立向かう訓練を試みているのである。

リーダーシップ，モラール，および時間的展望

リーダーの訓練の問題を研究したバヴェラス (Bavelas, A.) の実験によると、時間的展望というものは、リーダー自身のモラールという点から見ても、リーダーが集団のモラールに及ぼす効果という点から見ても、明らかに重要な意味

をもつものである。訓練前の「低いモラール」から3週間の訓練を受けた後の「高いモラール」へと、リーダーのモラールが著しい変化を示したことは、これら諸個人の目標が、毎日毎日不安定なW. P. A.[訳注3]の仕事を続けていくということに汲々とせずに、子どもたちをして本当の民主的集団生活の経験を味わう恩恵に浴させようというもっと広範な——現実にはずっと困難な——私心のない目標へと変化したことに関係している。目標水準と時間的展望のこうした変化の一部分は、みずからはっきりした目標を設定し、計画を樹立していく民主的訓練集団の成員としての経験を通してもたらされ、他の一部分は、たとい不確実な状態にあるとはいえ、努力を傾けるに値する目標がその中に含まれている未来のために、重苦しい、せせこましい、無意味な過去を拾て去るという経験を通してもたらされた。

　積極的な時間的展望、すなわち、価値ある目標に導かれた時間的展望は、高いモラールの基礎的要素の1つである。同時にこの過程の逆も成り立つ。高いモラールそのものは長期にわたる時間的展望を生み出し、価値ある目標を設定する。訓練過程の終わりに上述のリーダーたちは以前に夢想だにしなかったほどの高い目標をみずからに設定した。ここでわれわれは社会心理学においてしばしば見出される循環的なタイプの依存関係を取り扱っていることになる。例えば、高い知能をもつ人は精神遅滞者に比べてずっと扱いやすい状況をみずからに生み出す能力をもっている。その結果、精神遅滞者の方はその低能力と相俟ってしばしば常人よりもずっと困難な状況におかれることになる。同じようにして、社会的に不適応な人はよく適応している人に比べてずっと困難な社会的状況をみずから生み出していく。困難な状況でヘマをしでかすとますますやっかいな状況へと容易に陥っていくことになる。また、低調なモラールは低調な時間的展望を招来し、後者はさらにもっと低調なモラールを生じさせることになる。ところが、高いモラールは高い目標を設定するだけでなく、進歩の状況を生み出す傾向が強いから、そこからさらに高いモラールが生まれてくることになる。

　このような循環過程は集団全体のモラールについても観察される。集団成員間の相互依存性は、事実、過程の循環性をいっそう際立たせるとさえいえる。例えば、ある実験で1時間民主的集団の中で一緒にすごした子どもたちの集団は、その集団生活を継続することを自発的に要求した。成人のリーダーがいな

いということが告げられたところ，彼らは自分たちの手で集団を組織するにいたった。彼らのモラールは，いいかえれば，非常に高く，そのために彼らの時間的展望は拡大された。彼らは自分たちで何週間も先までの集団目標を設定した――後には半年にもわたる計画がその中に含まれるようになった。

リアリズム，モラール，および時間的展望

　モラールの本質をなす時間的展望の1つの側面はリアリズムである。ここでもわれわれは生産性の基底にあるのと同じようなパラドックスに出合う。モラールの1つの規準は個人が真剣に受け入れようとする目標水準の高さである。高いモラールにとって到達されるべき目的とは現在の事態から大きく前方に踏み出される一歩にほかならないであろう。いつも両足を大地から離さず，融資の配分を手に入れることに汲々としている「リアリスティック」な政治屋は低いモラールの象徴である。他方，理想に到達するための真剣な努力を払わず，徒らに高い理想のみを追っている「理想主義的」な個人もやはり高いモラールをもつ人とはいいがたい。モラールは現在の事態よりも充分に高い目標を要求するとともに，行動を通してその目標に到達しようとする努力をも要求する。このような行動は前方への現実的な一歩を約束する充分のリアリズムをもって計画されるのである。このようなパラドックス――リアリスティックであると同時に高い目標によって導かれること――は，少なくとも時間的展望を問題とする限り，モラールの問題の核心に横たわるものであるといえよう。

あまりに直接的な目標とあまりに遠すぎる目標

　直接的な目標やはるかに遠い目標はリアリズムやモラールにとってどんな意味をもっているか，またそれは個人や集団の時間的展望とどんな関係にあるかということは，発達のある側面を見ることによって最もよく例示されるであろう。小学校の健康な正常児童は数多くの児童集団の中に生活しており，それらの集団の標準や価値，それらの集団のイデオロギーや目標は，彼自身の目標や彼自身の行為にとってきわめて重要なものであろう。この児童が幸いにしてアメリカに生まれたとすれば，民主的集団の中でリーダーになりフォロワーにな

るとはどういうことか,「フェア・プレイ」とはどういうことか, 不寛容や横暴さのゆえでもなく, また同様に柔弱さやバックボーンの欠如のゆえでもなしに, 意見の相違と能力の相違を承認するとはどういうことか, ということをはっきりと直接に経験させてくれるような充分に民主的な雰囲気を, ちょうど好都合にも彼の学校の集団がもっているであろう。完全な民主主義に近いものを経験した子どもたちはほんのわずかであろう。それでもヨーロッパ諸国民の大多数が経験してきたものに比べれば, 民主的なやり方のよさをずっとよく味わせてくれるほど民主主義に充分近い集団雰囲気に彼らはしばしば接したことであろう。

　実験の示すところによると, 8歳の子どもは大人よりも利他的であり, 10歳の子どもは公平というイデオロギーによって強く導かれている。要するに, その年頃の普通の子どもの行為は彼が所属している集団の標準や価値に比較的忠実に従っている。しかしそれらの集団というのは, 学校, 家族, 遊び仲間というような対面的な集団である。これらの標準や目標にリアリスティックな仕方で関係している期間は, 数週, 数カ月, あるいはせいぜい数年を出でない。国の政治が大人の社会的世界の中で起こるというような場合の時間・空間の大きなスコープは, あまりに大きすぎ, あまりに圧倒的なものであるために, 年のゆかぬ子どもにとっては, 非常に抽象的な幼稚な仕方でしか考ええないほどである。

　青年期を通って若い男女へと成長していくことは, 心理学的世界のスコープや時間的展望が拡大していくことを意味している。またそれはある程度まで家族のような小さい対面集団から抜け出して, 若い人たちがいまや真剣に取り組まざるをえなくなったより大きな社会的世界の中で, そうした小集団には副次的な位置を与えるようになったことを意味する場合もある。年とった世代の住んでいるこの大きな世界の標準や価値を批判的に考察するのは若い世代すべての永遠の権利である。少年時代の教育がよりよきものであり, より民主的なものであるほど, この批判的考察はそれだけ真剣であり, それだけ真面目なものになるであろう。

　このような大規模な問題に入っていく若い人たち——また事実上, 新しい規模の問題にはじめて当面するすべての人たち——についていうと, 2つの反応が彼らに典型的なものとして現れる。個人はまず第1にそのような重大な決定

を行うのに尻込みして，むしろいま抜け出してきたばかりの小さい時間的展望の中へみずから引きこもろうと試みる。彼の低いモラールは，かくして彼の強調点を主として小さい日常の目標におかせることになるであろう。その一例は「ヨーロッパの彼方」で行われている戦争が嫌でたまらないので，新聞に目を通したり，ラジオに耳を傾けることさえもしようとしない女子大学生である[3]。

　これと反対の極端は 1000 年以下の時間的展望ではものを考えることも嫌だという個人である。彼は「いかにあるべきか」という言葉でものを考える。その目標そのものはしばしば立派である。彼は自分の原理に背反するような行動をとることを拒む。彼の目標が「あるもの」と「あるべきもの」との高度の食い違い，未来に対する願望の水準と現在における現実性の水準との高度の食い違いによって特徴づけられているという限りでは，彼の時間的展望は現状に甘んずる個人のそれとは正反対である。しかし目標を真剣に受け取っているこの個人にとっては遠い目標も非常に大きい重みをもっており，そのうえ彼は現在の状況に対してはなはだ不満なのであるから，現在の状況の現実内構造に充分の考慮を払い，現在の世界にどのような一歩を踏み出せばその目的を獲得しうるのかということについて，リアリスティックに把握することは困難になるのである。これから新しいスコープの時間的展望に関係するごとき問題を取り扱っていこうという人にとっては，はじめのうち，自分の目的のために行きあたりばったりの手段を使用しようとする犬儒者の輩と，みずからの目標を充分真剣に受け取って現在の事態を変化させるための必要な手を打っていく高いモラールのもち主とを区別することは困難なことである。

行動の 2 つの基礎

　ある行動が個人の行こうと欲する方向に彼を導き，その正反対の方向に導くようなことはないという確信は，一部分技術的知識と呼ばれるものに基礎をおいている。しかし個人にとってそうした知識は限られている。彼の行動はいつも部分的にはあるタイプの「信念」に基づいている。このようにモラールにおけるリアリズムの原理 (principle of realism) の基礎になることができるような信念には数多くのタイプがある。ここではそのうちの 2 つだけを述べよう。

近代戦争の緊急な必要から軍隊は個々の兵卒にかなりの独立性を与えざるをえなくなった。ある点ではナチ・ドイツの軍隊にも，かつてのカイゼルの軍隊に比べれば，士官と兵卒との間に，より大きな地位上の民主主義が存在しているということができる。しかし全体として，また，とりわけ市民生活や市民教育に関連して，ヒトラーはリードするものとされるものとの関係を盲目的な服従の基礎の上においた。その程度は，ある独裁国を除けば，現代生活においてかつて聞いたことがないほど著しいものである。ヒトラーが政権を獲得して以来，例えばナースリー・スクールの教師は，子どもに命令を与えるときには，その理由を理解しうるであろうと思われるような場合でさえ，とやかく説明してほならないと教えられた。なぜなら子どもは盲目的に服従することを学ばねばならないからである。「たとい悪いことであっても，許せることはたくさんある。しかし総統に対して忠誠を示さないということは金輪際許すことができない」のである。

　自分の行動が正しい方向に進んでいるという信念は，このような雰囲気の中では，まったくとはいわないまでも，主としてリーダーに対する信頼の上に立てられている。独立にものを考えることが許される領域は小さく，すぐ次に来る一歩を目的として遂行していくということにそれは多少とも限定されている。盲目的服従ということは，あらゆる本質的な領域において理性の尺度と独立の判断とを放棄することを意味している。そうした尺度や判断はドイツにおいてもヒトラーが政権にのぼる前までは広く行われており，またとりわけ著しい程度においてアメリカ市民の伝統的な権利の1つとなってきたものである。

　理性に対する戦い，感情による理性のおきかえが，幾世紀もにわたって政治上の反動的運動のまぎれもない徴候の1つであったことは偶然ではない。理性を社会的に承認するということは，誰が持ち出した場合にも健全な論拠には「分がある」ということを意味している。それは万人の基本的平等を承認することを意味している。専制ではリーダー1人が正しい情報をもっていれば足りる。民主制では目標の設定に参加する人民がリアリスティックに現実の状況を自覚している場合にのみ，人民による政策の決定が効果をあげうるのである。いいかえれば，真理を強調し，困難な状況や失敗についても人民に知らせようとする心構えは，抽象的な「真理愛」からのみ流れ出るものではない。むしろそれは1つの政治的必要である。民主的モラールが長い目で見て専制的モラー

ルよりもすぐれている点の1つはここにもある。リーダー個人の能力に対する信仰よりも，モラールに対してずっと安定的な地盤を提供するものは真理それ自身なのである。

あ と が き

　この章は1941年12月8日以前に書かれたものである。今日われわれは戦争の渦中にある。そのことがこの国のモラールに与えた効果には直接的で顕著なものがあった――この事情は先に述べた諸点のあるものを支持している。

　ハワイに対する攻撃は多くの人々が考えていた以上に日本が深刻な脅威であることを証明した。しかし脅威が増大し接近してきたというこの感情は，モラールを低めるよりもむしろ高めることになった。この点は目標が堅持されている限りモラールは困難に平行せず，むしろ困難の大きさに反比例して変化するものであるという一般的知見と一致する。

　祖国が攻撃されたという経験は戦争を可能性のもやもやした領域から一夜にして現実の水準に引き下ろした。上述した女子大学生が戦争の渦中にあるということの意味を余すところなく実感するまでにはまだしばらく間があるとしても，戦争はもはや「ヨーロッパの彼方」に起こっている出来事ではない。それはすでに此岸にある。このようにわれわれが戦争の真っ只中に投げ込まれた結果として，勝利への意志は，明瞭な，疑問の余地なき目的となった。

　12月8日以前には甲の個人にとってリアリスティックな見透しも乙には疑われ丙にはありうべからざることとして一笑に付された。いまでは状況ははっきりした。時間的展望の主要な側面が確定されたいまとなっては，国民の諸党派間や個々人自身の胸中にわだかまっていた無数の葛藤は終結した。

　この新しい明確な状況の中にいるということは基本的な目標や必要な行動がすでに「与えられている」ということを意味する。このような状況では，モラールを高い水準に維持するために特別な努力をする必要はない。明確な目的，最後の勝利に対する信念，および大きな困難に対するリアリスティックな対決，これらの結合こそ高いモラールにほかならないのである。価値ある目標のために畢生の努力を捧げ，大きな危険をもわが身に引き受ける個人は，彼が犠牲を払っているのだとは感じない。むしろ彼は当然の行動をやっているのだと感じ

ているにすぎない。

　重大な決定が行われたとき，大事業の目的の全貌が突如として明瞭に自覚され，そのために個人や集団がその新しい状況に当面して高いモラールを示す，というようなことはしばしば生ずる事柄である。しかしその努力が進行するにつれて，いろいろな細かい問題や困難が必然的に生起し，それらがいままでよりもずっと大きな位置を占めるようになってくる。熱狂をもって出発した集団も，決断時の状況の明瞭さが，かくも多くの些事や問題や直接の困難によって曇らされてくるにつれて，やがては「気勢」を削がれがちになるおそれがある。努力が長びいてくると，集団のモラールは成員が課題全体と究極の目的とをはっきりと眼底にとどめているかどうかの程度如何によって著しく左右されることになる。

　数カ月経ち数年経った後には，だから，市民のモラールはわれわれの戦争目標の明瞭さと価値とに著しく左右され，そのような価値が各個人の中に深く根をおろす程度に著しく左右されるであろうと考えられるのである。

注
[1] 本章の「あとがき」を見よ。
[2] これらのデータを提供してくれたアルフレッド・J. マロウ博士に謝意を表する。
[3] 本章の「あとがき」を見よ。

訳注
[1] ユダヤ人の祖国をパレスチナに再建しようとする運動をシオニズムという。1948年，パレスチナの地にユダヤ人の国家イスラエルが誕生した。
[2] みずからの良心に反するとのゆえに従軍を拒否して兵役を免除されている人たち。
[3] Work Projects Administration：失業救済事業企画局。

第 8 章

産業における慢性的葛藤の解決（1944 年）

　事例研究の目的は個々の出来事を記述し，分析することである。このような分析が理論の証明に使用しうることはまれである。しかし，それは基礎にある若干の要因の相互依存関係を例示し，一般問題を看取させる助けになることがある。

　ある工場における葛藤について行われた次の事例研究は，グループ・ダイナミックスのある側面と理論的解釈の一例として提示される。この事例には長い間燻っている葛藤が取り扱われているが，それは周期的に燃え上がりながらいつもウヤムヤのうちに揉み消されてきた。

　この出来事はある日の午後――1時半から5時まで――のことであった。この事件を取り扱った心理学者はそれをありふれた出来事であると考えていたので，この記事を書くことにしぶしぶ同意したほどであった。筆者は（この事例を見て，なかなか鮮かな手並みだとは思うが）同じような解決が多くの工場のよき経営者によってももたらされることを信じて疑わない。

　このストーリーはアレックス・バヴェラスによって企てられたもっと大規模な研究計画の一部であって，彼が書いたまま，すなわち，数幕の劇の形式で提示される。各幕はそれぞれ数場からなっている。

　人物：ポールソン，ミシン修理工。スリンダ，女監督。アランバイ，工場長。バヴェラス，心理学者でこの事件の語り手。ほかに女工たち。

　道具だて：女工約 170 人，女工の見廻り役 5 人，女監督，ミシン修理工，各 1 人を雇っている裁縫工場。

第1幕　第1場

　ある日の午後，私の部屋へ戻ろうと思って通りがかりに偶然工場長の部屋をのぞいたところ，ポールソンとスリンダが彼のデスクの前に立っているのが見えた。3人ともひどく気まずそうな様子を顔に表していたので，何かまずいことがあるなということがピンと来た。

　だから，ほとんどそのすぐ後に工場長に呼ばれたのだが，別段驚きもしなかった。「君を待っていたところなんだよ」と工場長がまず口をきいた。ほかの2人はいっそう具合の悪そうな様子をしただけであった。私はちょっとした冗談を言って，一息入れるために煙草に火をつけた。煙草をすすめたが，工場長が1本とっただけであった。私はわざと彼のデスクの角に腰をかけたが，こわばった雰囲気は目立つほど崩れなかった。「ところで，どうしたというんです」。私は工場長に話を向けた。というのは事情を聞きたいと思ったのだが，いままでにポールソンとスリングのいさかいを見ているので，両人のどちらかに尋ねるような剣呑な真似はしたくなかったのだ。

第1幕　第2場

　工場長の説明によると，ポールソンとスリンダはどのミシンをはじめに修理するかということで意見が合わず一悶着起こしたのだということであった。そのうえ女工の1人が根も葉もない噂をふれ歩いて両人をたきつけたというのである。これを聞くとスリンダの目は涙でいっぱいになり，驚いたことだが，ポールソンの方もやはりいまにも泣き出しそうな顔つきになった。私は女工のやりそうなことですよと言い，私が前に仕事をしていたほかの工場でもそんなことがあったということを話した。誰が何を言おうとたいしたことではないのだが，それを真面目に受け取った人がひどい目にあうのは困ったものだ，何ごとによらず人の口から口へと伝わった後にはずいぶん歪められるものだから，はじめに言った人がはたしてどんなつもりで言ったのか見当もつかないくらいだということを私は指摘した。それから私は時計を見て，ある女工とちょっと約束がしてあるのでいますぐ会ってこなければならないが，2, 3分ですむと思

うからみなさんとも問題の女性ともこのことについてくわしく話し合いたいと思う旨を述べた。私は噂をふれてまわった女工がこのもめごとの原因だと感じているような印象を与えるように努めた。

第1幕　第3場

　私はスリンダの方に向き直って、この約束がすみしだいお目にかかりたいと思うが忙しくはないだろうか、もし忙しければ、午後遅くでもいいのだが、と尋ねた。さらに、あなたもこれからすぐ階上の仕事場へ行ってみなければならないでしょうしねえ、と言葉を継いだ。話し合いについて、彼女はいつでもよろしいと答えたので、女工との面会後すぐに会うことに決めた。私はそれからポールソンの方を向いて、ミシン修理場で話をしたいがと尋ねた。彼は差し支えない旨を答えた。

第1幕　第4場

　私はスリンダと一緒に階上の仕事場まで歩いていった。彼女は早速口をきった。彼女を憤激させたのはポールソンが彼女のことでありもしないことをふれまわったことと、あの女が彼女の面前で彼女を嘘つきよばわりしたことである、と。私は自分もかつて同じような目にあったことがあるから、そんな出来事が彼女をどんな気持ちにしているかわかりすぎるくらいだ、すべてが誤解であることもよくわかる、と答えた。これ以上こんな調子で会話を続けることは断念して、私は例の「約束」を果たすために立ち去った。

第1幕　第5場

　それから4、5分して、私は工場長と面接した。彼から新しい情報を得ることはできなかったが、彼の話では、私が先に入ってきたとき、スリンダはいまにでも「出ていこう」という剣幕だったし、ポールソンはポールソンで、もう辞めたいと言い張っていた矢先だったのだそうである。工場長は万事穏やかに収めてくれるように希望し、こんな出来事はありふれたことなのだが、今度の

はかなり性(たち)が悪い，と語った。彼の意見では，こんないざこざが起こったのは，ポールソンが何でも独り決めでやってしまうのと，スリンダがすぐにカッとなる性質であるのとのせいであった——平常からお互いに毛嫌いしてきたのがこんな結果になったのだ，というのである。

　（読者は心理学者が，もう出ていくといきり立っている女監督と修理工とをなだめて，一方はミシン修理場へ，他方は彼女の仕事場へ，それぞれ引きとらせることに着々と成功を収めたことに気づいたであろう。）

第2幕

　スリンダとの面接の際，彼女は事情を次のように説明した。ポールソンははじめからそんなに腕利きの職人ではないのだ。しばしば彼はミシンのどこが傷んでいるのかわからなくて，何年間もヘマばかりやってきた。修理してもちっとも直っていやしない。彼は女工のミシンの取り扱いが乱暴だと文句を言い，糸が悪いのだとかなんとか言い訳をするのだ，と。

　スリンダによると，その日の午後，ある女工が彼女のところへやってきて，ポールソンがミシンを直してくれないのだと言った。彼女はポールソンのところへ行って彼にそのミシンを直してやるようにと言い，女工の話では直してくれないと言っているが，と注意した。これを聞いて彼は非常に腹を立て，私はそんなことを言った覚えはないといった。それから彼はその女工のところへ出かけていって，あとで直すと言っただけだのになぜスリンダにそんなことを言いつけたのかと詰問した。その女工は，私はスリンダにちっともそんなことを言ってやしない，スリンダは嘘をついているのだと答えた。そこでポールソンとその女工がスリンダのところへやってきて，彼女の面前で結局彼女がポールソンに嘘をついたことになるような言い方をした。スリンダはやにわにコートを引っつかんで工場長のところへ辞めたいと言いにきたのである。工場長は彼女の話を聞いてポールソンを呼んだ。

　（スリンダの下で仕事をしている女工たちは主として彼女に依存しているが，ミシンの修理のことではポールソンにも依存している。嘘をついたとかつかぬとかいうことがこんな大騒ぎになったのはそれがポールソンとスリンダとの権威に関わる問題だからである。スリンダにとっては，嘘をついたことを認めるのは面子をつぶすことになり，女

工たちに対する自分の位置をひどく弱体化することになるであろう。さらに，スリンダがとりわけ感情を害したのは，問題の女工が「嘘」だと考えたことは，明らかにスリンダがこの女工のために思ってしてやった行為だったからである。彼女はその女工が修理待ちのために時間と賃金とを損しないようにと思ってそうしたのであった。ポールソンにしてみれば，この出来事は彼の名誉を脅やかし，女工に対する彼の権威ある位置，スリンダに対する彼の対等の地位を脅かすものと思われた。)

第3幕　第1場

　私は，故障の起こる頻度はどうか，どの型のミシンに故障が多いのかというような事実的な問題をスリンダに質問しはじめた。しばらく話し合っているうちに，170台のミシン全部をたえず運転させておこうとすれば，ポールソンは非常に忙しくて休む暇もないくらいだということがわかった。こんなに修理が殺到しないで充分に時間があれば，彼がいらいらする原因の大半は取り除かれるであろうということにスリンダも同意した。私は彼女に向かって，もし女工たちと面接して彼女らがこの問題にどんな態度をもっているのかはっきりさせたら，解決の手がかりになると思うかと尋ねた。彼女はきっぱりとこう言った。いままで自分が名ざしで話をすると，女工たちはいつも不平ばかり訴えるので，他の連中にまで同じ態度をとらせることになった，だからあなた自身が彼女らと話し合っていただきたい，と。私はそのようにしようとスリンダに答え，女工たちの意見を知りたいと思うかと尋ねた。彼女は知らせてほしい旨を答えた。面接を終了するにあたって，私は彼女が修理工と女工とのいざこざの大部分を修理工の時間割の多忙すぎることに帰した点はまったく正しいと思うと述べ，彼女がそのような客観的態度を取りえたことを賞賛しておいた。

第3幕　第2場

　次に私はポールソンに面接した。ポールソンはどれほど激しい労働をせねばならないかを説明しはじめた。なにしろ手は2本しかないのだから，一度に1台しか直せませんよと彼は言った。1つ2つ冗談をとばしてその場を柔らげた後，いざこざの原因は大部分女工たちの性急さと修理時間が少ないことに帰せ

られるという点をポールソンに納得させるのは容易だということがわかった。彼もまた私が女工たちに話をすべきだと考えており，彼らの考えを知るのが解決に役立つであろうという意見であった。とりわけ彼は個人としての自分を彼女らがどう考えているか知りたがっていた。

（修理工との面接は女監督との面接といくらか類似の型に則っている。スリンダの場合もそうであったが，ポールソンの場合も状況に関する知覚は「正しいか誤りか」という側面によって支配されていた。すなわち，彼はスリンダを誤っていると見なし，自分自身は正しいと考えていた。この場合にも面接者はポールソンを導いて客観的状況を知覚させることができた。修理時間が充分でないということも強調されたが，この場合には女工たちの性質はいらだちやすいのだということが幾分余計に強調された。

「行動的面接」(action interview) ── 単なる「事実発見的面接」(fact-finding interview) とは区別される ── によって知覚を変容させるというこの試みは問題の処理における基本的要素の1つである。個人的な感情関係の分野から「客観的」事実という共通の分野へとスリンダおよびポールソンの知覚を方向転換させることによって，これらの人たちの行動を誘導する生活空間はいっそう類似性をもつようになった。もっとも当人自身はまだこの類似性に気づいてはいない。

2，3の点をつけ加えて述べておきたい。

（a）　面接者は数々の事実をポールソンやスリンダに「与える」ということによって彼らの見解を構造転換させたのではない。もっとも同じ認知構造をそのような仕方で「誘導」することもおそらく可能ではあろうが。ポールソンとスリンダはみずから進んで客観的状況を見つめるように慫慂されるのである。したがって高い程度までそれを「事実」として「受け入れる」ことになる。この手続きはスリンダに対しては充分に適用されなかった。

（b）　勢力関係に敏感なバヴェラスはスリンダの下にいる女工たちに近づく前に注意深く彼女の同意を得ておいた。スリンダは攪乱者たちが彼女を脅かしてきたところであったので，喜んで同意を与えた。このようにしていくつかの側面で明確な進歩が得られた。バヴェラスは監督の権威の完全な後ろ楯を得て，女工たちに近づくことができた。結果を報告した方かよいかどうかをスリンダに尋ねることによって，彼は次の行動を準備する。この行動は共同の仕事という性格を帯びることによってバヴェラスとスリンダとの間に好ましい結びつきを確立する。スリンダはかくして行動の計画に積極的に関与することになり，したがって後になって提出された解決策を進んでみずからのうちに取

り入れようとする。

(c) 同じような手続きを少し変えてポールソンにも用いた。バヴェラスはポールソン特有の動機に慎重に注意を向けた。例えば，バヴェラスは，女工たちが自分に好意をもっているかどうかを知りたいというポールソンの願望をすぐに受け入れる。修理工および女監督と緊密に協力したので2人とも同じ計画の参画者になった。もっともこの段階では，事実上そうであったというだけで，共同の決定を行った結果として彼らが参画するにいたったというわけではないが。)

第3幕 第3場

次に私は短時間の面接をするために女工たちを1人ずつ招じ入れた。ミシン修理について不行届の点があると思うかどうかを私は彼らに尋ねた。彼らは異口同音に，ポールソンはよくやるのだが，忙しすぎて手が廻らないのだということに同意した。私は女工1人ひとりに次のような質問をした。一番迷惑を被ってきた女工さんたち全部に集まってもらって，修理待ちの無駄な時間を減らすためになにかうまい方策はないものかどうか相談してもらうという考えはどうだろう，と。彼らはみんなこの種の試みをするということに熱心であった。

第4幕 第1場

女工たち一同を部屋に招じ入れて，私は問題を提出した。彼らはスリンダやポールソンと同様，1台以上のミシンが故障したようなときに修理の手不足が起こるということに同意した。ポールソンでさえ兵役の猶予が困難なくらいだから，別な修理工を雇い入れることなど思いもよらなかったので問題は現在いる1人の修理工の働きをどうすれば一番有効に利用しうるかということにあった。私はさらに進んで次のようなそれぞれの状況においてはどうするのが最も公平であるかということについての集団討議を行うように勧めた。すなわち，1台のミシンが故障した場合，2台のミシンが故障した場合，2台のミシンが同時に故障したがそのために手待ちになる女工の数の多少からいってどちらも優劣のない場合，1台以上のミシンが故障してそのうちの1つが上記のような意味でいっそう重要な場合，などである。

集団討議の結果，次のような案ができあがった。①いずれのミシンも重要さに差がなかった場合には，「早いもの順」を原則とする。②ミシンの重要さに差があった場合には，大切な方から優先的に修理する。③この案をポールソンおよびスリンダに提示し，彼らの解答を一同に報告する。

(以上の成果は次のように総括されるであろう。

1. 修理工と女監督とはいまにも出ていきそうな剣幕だったが，無事に工場へ戻った。

2. 互いに角を突き合わしている三派——修理工，監督，および最も批判的でアクティヴなグループの女工たち——はいずれも「嘘」騒ぎと面子の問題にこだわっていたのだが，この三派の知覚はいずれも生産の客観的な難点へと向けかえられた。

3. 三派を直接に接触させないで，生産隘路に関する彼らの見方をかなりの程度まで一致させることができた。

4. ここに関与した個人はすべて自由に，圧力を受けないで，今後のやり方に賛意を表明した。

5. この三派はいずれも心理学者と好ましい友好関係を保っている。

心理学者のやり方は永続的な葛藤が少なくとも一部分は何らか欠陥のある生産体制の結果であるという仮説に基づいている。したがって，その対策が見出されるに先立って生産のやり方をリアリスティックに充分深く分析して，困難の原因を究明しなければならない。

工場のヒエラルキーにおいて最も低位にある集団が事実発見のための基礎とされた。その理由はおそらくこれらの女工たちが最も直接に影響を被っており，最もリアリスティックに問題の少なくともある側面に気づいているであろうからである。また，女工たちは工場のヒエラルキーの中で低い位置を占めているから，会社側から示唆された規則はもとより，「事実」として会社側から示された見解でさえも，女工たちにはとかく押しつけられたものと感ぜられやすい。後ほど彼らの心からの協力を得るためには詳細な事実発見をこの層から始めるのが最上の策であると思われる。また新しい生産規則を定めるための最初の示唆はまずこの集団によってなされることが必要である。

女工全部ではなく，最も不平の多い連中だけが念頭におかれた。「いざこざを起こす」傾向の少ない連中の方が状況をより客観的に描き出すだろうということを考えると，このやり方は奇異に思われる。いざこざを起こす連中を研究の礎石として選んだのは，彼らが工場におけるグループ・ダイナミックスにとって特に重要だからである。さらに，つねづねいざこざを起こさない連中が解決のイニシアティヴを取るべきだということに

なると，いざこざを起こす連中はおそらくはじめには黙殺されたと感じ，後には片隅に押し込まれたと感じて抵抗するであろう。

　集団討議のリーダーとなった心理学者は生産のやり方についての客観的な問題のかたちで問題提出を行う。集団の注意を状況のこのような側面に引きつけるにあたって困難を感じなかったという事実を見れば，予備的面接がこのような知覚を生じさせるためのお膳立ての役割を果たしていたのだということがわかる。

　集団討議は数々の困難が戦争条件のもとでの生産という問題の一部であることを明らかにする。このような事実が個人討議よりもむしろ集団討議を通して明らかになってきたということは数々の重要な長所をもっている。原則として集団討議というものは状況について，より豊かな，平衡のとれた，詳細な像を浮かび上がらせる。個人の情報提供の特徴である秘密性に対するものとして，集団討議において生じうる開放性の雰囲気は，協力への心構えを生み出すにあたって非常に大切なものである。

　討議の中から生まれてきた諸規則は客観的な生産問題を解決するものと考えられた。勢力争いよりもむしろ個人的な関係を離れた事実がある状況での行動を決定する場合がある。これらの諸規則は最大の生産高をあげるために工場側から要求されていることと結局同じものである。心理学者は女工たちに修理の順番をどのように決めたら生産をあげるために最もよいかと質問してもよかったわけである。女工たちはその場合にもおそらく同じ規則を設定したであろうと思う。しかしその場合彼女らは何か「親分のために」一肌脱いでいるような気がするであろう。彼らの行動を動機づけているのは「気前のよさ」とかお国のためとかいった気持であろう。心理学者はこのような線を押さないで公平さということに基づく解決を求めた。それは女工同士の関係に関する事柄であり，賃金が減るという問題を含んでいたから，自分の利害に非常に関係が深かった。「公平」ということを集団における社会的行為の諸規則の指導原理たらしめることは疑いもなくアメリカ文化における最も強いモチーヴの1つである。

　これらの諸規則は女工たちみずからの手で生み出されたのであるから，それを受容するということは暗に前提されており，また強く支持されてもいるわけである。

　2つの問題か残っている。第1はその他の女工たちおよび上役たち，すなわち，スリンダやポールソンによってそれらの諸規則が受け入れられること，第2は，これらの諸規則の実施の任にあたる人を決めることである。）

第4幕　第2場

　私はポールソンに成り行きを報告し，女工たちが個人的にはなんら彼に対して含むところはないという事実を特に強調しておいた。それどころかみんなポールソンは1人の修理場には手がまわりかねるほどたくさんの仕事を抱えていると思っている旨を伝えておいた。私は彼に女工たちの案を示した。彼の言うところによると，「みんながてんでに」用事を言いつけるというようなことさえなくなれば，願ったり叶ったりだ，と。そこで私は，その時々にどのミシンを先にするかを決めることで彼がいちいちやっかいな思いをする必要はないはずだ，彼は修理工なのだからそんなことにまで責任をとる必要はないはずだと告げた。このことに彼は非常に強く賛成した。私はどれを先に直すかということを決める責任はスリンダがとるべきだ，女工たちがその決定に不服なら，彼女に抗議すればよいのだという意味のことを述べた。この点にも彼は賛成したが，スリンダが承知するかどうかを危ぶんだ。私は彼女に会ってよく話すつもりだ，もしポールソンが彼女の行動を命令でもされているように誤解しさえしなければ，彼女は喜んで引き受けると思う，と彼に告げた。

　（心理学者はます修理工に近づいていく。心理学者が面接のはじめに，女工たちは彼に対してなんら含んでいない旨を強調したのでポールソンの危惧は解消する。これでポールソンは気をよくし，いっそう状況を客観的に眺める気持ちになる。このような雰囲気の中では彼は同意を与えやすい状態におかれている。

　面接の後半は葛藤を永久に解消させるためにヴァイタルな諸側面を解決しておこうという心理学者の努力に終始している。このような永続的解決のためには生産の観点から正しい仕組みが確立されること，権威の位置にある人々がそれぞれはっきりした目的を心にもち，お互いにいざこざの起こらぬようにすることが必要である。いまの場合についていうと，葛藤は修理という分野において権威が重なり合っていることに基づいていた。いまや規則が見出され，責任はそれぞれに割り当てられた。

　心理学者の気持ちではミシンを修理する順番を決定するという役目は監督に担当させるのが納得のいく収まりのいい唯一のやり方である。というのは最大の生産を維持するのは彼女の責任である（修理工の責任ではない）から。

　バヴェラスが問題を修理工に提示する方法は第1場で女工たちに対して使用したのと

同じ原理に従っている。現実は歪められずに正しく提示されているのであるが，それは当事者の心理学的状況と結びついていて，好ましい永続的なモチベーションを生じさせる助けになるような側面が前面に押し出されている。権威の分割というようなことを正面切って語るよりも，心理学者はむしろ，修理の順番を決めたり，事実上修理工の仕事でないような責任を引き受けたりする重荷を修理工から取り除く可能性があるという点を指摘する。

　このことが，正しい，リアリスティックな近づき方であったということは，1つ以上のミシンの修理が要求されたときにいつも修理工が当面していた状況をもう少し仔細に考察してみれば明らかである。ポールソンにとっては，仕事場は快適な場所である。仕事をしている限りみずから大将でおれる一種の聖堂のようなものだ。彼はできるだけその領域の中に踏みとどまろうと試みてきた。修理のために作業場へ入っていかねばならぬときには，まるで監督の権威の下にある「異郷の土」を踏んでいるように思われる。3台のミシンが故障すると3台とも修理しようという願望に対応する力の結果として修理工は葛藤の状況におかれる。その力はそれぞれ異なる方向を指している。またそれぞれの女工たちによって誘導される力がこれらの方向に平行して存在している。それらの力の強度は幾分かはその女工の口やかましさによって決まる。その上，監督によって誘導される力がこれに加わる。監督は自分の希望を修理工の推測に委ねたり，はっきりと自分の好悪を表明したりする。

　こうした状況は，次の2つの理由で，高い感情的緊張の可能性を伴うところの決定の状況に特有なものである。ⓐ決定に反対する抵抗力は相当に大きいと考えなければならぬ。というのは，誤った決定は女工たちや監督とのいざこざを醸し出すおそれがあるからである。ⓑ修理工が甲乙いずれのミシンを先に修理した場合，最大のいざこざに巻き込まれることになるかを知らなければ，場は認知的に構造化されていないわけである。

　これらの要因が相俟って決定の状況はポールソンにとって最も好ましくないものになった。決定の時々が負の行動価をもつばかりでなく，その作業場にいることまで嫌になってきたほどである。だから修理工はこのいたたまれない状況から自分を救い出してくれる望みのあるような手段なら何でも非常に熱心に受け入れようとする。

　ポールソンに対する心理学者の問題提示は修理工をうまく「ごまかして」同意させる（そして監督の権威のもとに彼をおく）ために仕組まれたものではないということを指摘しておきたい。心理学者の問題提示は事実に一致するように行われたのである。新しい案は何をなすべきかということについて客観的な基礎に基づく明確な一般的規則を設

第8章　産業における慢性的葛藤の解決　137

定している。個々の状況においてそのつど誰かが事実発見を行わねばならないであろう。また，どのような修理の順番が女工たちの時間の無駄を最小限にとどめるかが疑わしい場合には，誰かがそれを決めねばならない。しかし監督が決定すべきことはそれだけである。彼女は修理工にさせたいと思うことを何でも口から出まかせに告げうるほど自由ではない。事実，彼女は彼に命令する人間だとは考えられていない。彼女がなしうることはミシンの相対的な重要性についての情報を彼に伝達するだけである。この情報に基づいて彼はみんなが進んで同意した規則に従うであろう。心理学者は修理工のプライドを傷つけるような思い違いが起こらぬように最後の注意の中でこの点を強調している。

　全体として第2場は短かく，修理工が新しい案を心から受け入れるという方向にスムースに進んでいる。スリンダが同意するかどうかという彼の危惧は両人の間の緊張が完全には消失していない証拠である。さらにそれは，修理工が彼自身一番貧乏くじを引くだろうとは思っていないことをも示している。)

第4幕　第3場

　私は女工たちの案をスリンダに示した。彼女もちょうどそのようにすべきだと考えていたところであった。そして私はそうしようと努力してきたのだが，まさかポールソンにそんなことは言えないと付言した。私はポールソンが修理の優先順位について彼女の決定を受け入れる気持ちがあるということを彼女に告げた。また女工たちもこの案に協力してくれそうだと言っておいた。彼女は半信半疑であったが，ともかくやってみる気になった。

　スリンダとの話し合いはポールソンとの話し合いと類似のパターンを示している。彼女はつねづね望んでいたものとしてこの案を快く受け入れる。彼女はポールソンが彼女の「優先順位の決定」を快く受け入れてくれるとはほとんど信じていない。このことは彼女が自分の勢力を放棄しつつあるという気持ちをもってはいないことを示す。他方，彼女の判断は修理順序の決定だけに制限されるであろうということが心理学者によって明らかにされた。

第4幕　第4～6場

　第4場　私はポールソンにスリンダがこの案を気に入ってやってみるつもり

でいると告げた。

第5場 それから女工たちを再び呼んで短時間の会合を行い，その席上私は先の案を再び取り上げ，そのやり方を注意深く復習した。

第6場 その後で私はスリンダとポールソンに，申し合わせは終わったから実行に移したいと思うが，御意見あれば喜んで承る旨の報告を行った。

（最後の数場は非常に短かい。諸派——修理工，監督，および女工——のそれぞれに対して，ほかの連中はいずれも申し合わせに同意したから，新しい手続きを即刻実行に移したいと告げる。なお，心理学者は新しい意見は喜んで聞くということを抜かりなく強調している。これは一種の安全弁で，後ほど変更が望ましくなった場合の役に立つ）

エピローグ

数週間の後，工場長は私に向かってポールソンの変わり方に気がついたかと尋ねた。私は気がつかないがと答えた。彼は説明を続けて，ポールソンの仕事がずっと少なくなって修理の時間がたっぷりあるようだと言った。スリンダとの関係も以前に比べてずっとうまくいっているし，女工たちとのいざこざもなくなった。1週間かそこら経って，ポールソンは自腹を切り，自分の部品を使って工場の中に拡声装置を設備し，日に2回レコード音楽を聞かせた。工場全体がこの音楽を楽しんで聞き，人々の関係はいっそう気持ちのいいものにさえなった。

このことがあってから3カ月後——その間に新しいいざこざは起こらなかった——第三者が修理工と面接した。

その報告はこうである。

　　ポールソンの見積もりでは修理の回数は以前の3分の1ほど少なくなった。いまでは1日平均10回ほど修理に呼ばれるが，以前には15ないし20回も呼ばれたものだ。主たる減少はちょっとしたことで呼びにくる数が減ったことにあると彼は信じていた。本当に修理を必要とするものの数はほぼ同じである。以前にちょっとしたことで呼びにくる数がべらぼうに多かったのは一種の「策動」だったのだと彼は非難する——「女工たちはいざこざを起こそうと願っていたのだ」。ポールソンはさらにスリンダに対する策動も減少したと言った。

「どうしてそうなったのか」と尋ねるとポールソンは言った——「音楽を聞かせたことがだいぶ効きめがあったと思う」と。そして彼が設備した拡声装置のことを話して聞かせた。これは女工たちをずっと親しい間柄にした。バヴェラスは女工たちのある者と話し合い，スリンダの立場からの見方を描いてみせ，どんなことを期待し，どんなことを受け入れたらよいかということを説明した，と。

1つの変化が一般の「策動」を封ずる助けとなった。とにかく前にはスリンダとポールソンは睨み合っているという印象をみんながもっていた。ところが実際に戦場の外では2人は最も仲のよい友達であったのだ。工場では「なるほど，われわれは口論し合うこともあったが，それは誰でもすることだし，別に何とも思ってはいなかった。それだのに彼らはわれわれが睨み合っていたような印象を受けたのだ」。その結果，ある女工たちはいざこぎを煽り立てようと試みた。ポールソンとスリンダとの間に敵対関係がないことがわかったので，女工たちはもう彼らを傷つけることができないのを覚り，さしもの策動もやんでしまったのだ，と。

だから全体として短期間の処理が現実に慢性的葛藤を解決したように思われる。それは以前に相角逐していた三者，修理工，監督，および女工たちの間によき関係を確立した。最後に，それは工場における修理件数を予期しなかったほど大幅に減少させた。

心理学者の行動を指導していた基本原理は次のように概括されるように思われる。**生産のリアリスックな要求はグループのダイナミックスの性質と一致するような仕方で満足されねばならぬ。**

永続的な解決をもたらすためには友誼的関係を作り出すだけでは充分でない。上記の葛藤は認知的にはっきりしない状況において，重なり合う権威が存在するというような生産の一側面から生じたものである。解決の手続きは生産への考慮と社会関係の問題への考慮との双方によって同じ程度に導かれている。

もう少し詳細に，次のような点を述べておきたい。工場での作業は1つの過程であると見ることができる。そのスピードは特定の推進力と抵抗力とによって決定されている。生産過程は特定の「通路」を通って進行するが，その通路は物理的ならびに社会的道具だてによって，またとりわけいろいろな「規則」や，権力を握る権威者たち（経営者）によって決定される。生産を増大させる

ためには，誘因や圧力を高めて推進力を増大させるということもできるし，生産を停滞させる力を弱めることもできる。ここに述べた手続きは後者の可能性に従う。それは集団内の葛藤を排除し，また肝心な位置を占める個人（修理工）に働きかけて，彼の努力を妨げている心理学的諸力を排除しようと試みている。

　永続性のある改良の試みは生産通路のある部分（ミシン修理）に関する現在状況の研究に基づいている。新しい規則や規定を設定することによって，生産通路は客観的に変容される。

　生産通路の再編成に関する最良のプランでさえ，その道具だての中に住みかつ反応する人間に適合するようなものでなければ価値はない。だからここに述べた手続きはグループ・ダイナミックスに関する考慮によって著しく影響されている。事実上，一歩一歩がすべてこの側面からの影響を受けているのである。

　事実発見は社会的行為そのものではなく，むしろ専門家のための科学的な課題であると見られやすいが，この場合にはその事実発見の最初の一歩からして社会的手続きの中にはめ込まれているのだ。このことは重要である。事実発見それ自身が変化を生じさせるための礎石とされたことは，この事例の顕著な特徴の１つである（またそれはこの心理学者の用いた方法の特色でもあると思われる）。

　主要な事実発見の母体として女工たちを選んだことは，彼らが生産の問題に最も近いという事実に影響されてのことである。厳格な専制的システムではなく，むしろ協力の友好的な一般的雰囲気を醸し出そうとするならば，また完全な協力を得ようと欲するならば，まず第１に最下位の集団が第一歩を踏み出すための計画を立てなければならない。というのはそれ以外の行動は会社側の決めたやり方に彼らを同意させる試みであると彼らは見なすであろうから。他方，修理工や監督のように権威の位置を占めている人々は，たとい女工たちによってまず最初に発展させられた案に同意するように求められたときにも，彼らと同じような反応は示さないであろう。というのは彼らは権威の位置にあるのだから場合によってはそれを拒絶することもできるからである。

　事実発見が女工たちの一部にだけ基づくものであるということは，先に論じた要因の結果にすぎないといえよう。おそらく他の女工たちを含めた方がよかったかもしれない。しかし少なくとも事実発見の適切さとミシン女工たちの協力を得るためにはその集団のうち最も手の焼ける部分を握っておれば充分であ

る。このタイプの取り扱いにおいては「事実」ということの定義でさえ，生産の面とグループ・ダイナミックスの面との双方をもっている。生産の通路およびその問題の「充分客観的な」像は研究を通して生まれてこなければならないというのは正しい。しかし生産に参加している人々の「主観的」な見解がこうした場合に最も大きく響くのだということを覚るのも同様に本質的な事柄である。

　事実を確立するということに加えて，事実発見はさらに2つの重要な機能をこの取り扱いにおいてもっている。事実発見は個人の**知覚**が進展するところの次元を変化させる最上の手段の1つである。次のようにいうのはおそらく正しい。**個人の行動は彼が状況を知覚する仕方に直接依存している**。理念や価値の変化が個人の行動に影響を与えるか与えないかということは彼の知覚が変化するかしないかということによって左右される，という理論を提出することができる。この理論の正しさは吃音や精神病学の諸分野を含むかなり多方面の分野での経験によって示唆されるように思われる。この方法の主たる特徴の1つは知覚を変化させることによって行動を変化させるということである。

　この方法における事実発見は意識的に行動の第一歩として用いられている。心理学者や専門家が事実を知っているということは，これらのデータが集団成員によって「事実として受け入れられる」のでない限り，なんらの影響をも及ぼさない。ここに事実発見を集団の仕事として行うということの特別な利点がある。事実を討議し，案を立てるために集まるということはすでに協力的行動における1つの努力である。それはこの手続きが得ようと努力している，協力，開放性，および信頼の雰囲気を確立するにあたってはなはだ効果が大きい。修理工と監督とは女工たちの集団討議には直接参加しなかったけれども，われわれが見てきたように，心理学者は非常に注意して彼らを事実発見や立案の全体計画の中へ積極的に関与させた。

　すでに強調したように，集団的会合は万能薬とは考えられていない。個人はどの段階においても集団全体の中における彼の位置に従って考察されるか，集団の会合は個人の心理学的状況を考慮に入れるところの歩一歩によって注意深く準備されている。このような個人的考慮は2つの線に沿っている。第1に，知覚および行動を変化させるためのモチベーションは，できる限りその人自身の状況に関するリアリスティックな判断に基づいている。第2に，この手続き

の一歩ごとに感情的態度の一般水準を低めることに努力が払われている。賞賛していいときにはいつもその個人を賞賛する。不安定や気づかいの気持ちはやわらげられる（ポールソンと女工たちの場合）。あまり見えすいたお世辞にならない程度で，人々がお互いに好意的な光の中に表れるようにあらゆる努力を払う。原則としてこのように感情的態度を静めることは間接的手段によって試みられている。一例をあげると，1人の女工との葛藤（嘘騒ぎ）が尖鋭化したとき，これを一群のいざこざを起こしたがる連中の問題におきかえて提出するということによって当事者の個人性を失わせるやり方がそれである。このようにすると，問題の個人的性格は少なくなり，またこの1人の女工を集団の中へ消失させることによって，それが集団の客観的な問題におきかわってしまうことは明らかである。

　本来の問題点——すなわち，嘘騒ぎとその結果として修理工と監督が出ていくと言い張ったこと——はあれ以来直接手をふれないでおいたので稀薄な空気の中に蒸発してしまったように思われる。このことは特筆する価値があるであろう。状況の知覚が勢力関係の問題から工場の生産という問題に変化していくにつれて，はじめのうち，順調に進展する工場の生活をせき止めるところの苦々しい事実であった嘘騒ぎは「事実」としての性格を喪失した。このこと自体，問題に関係した諸派の知覚と心理的状況が，深くまたリアルな変化を遂げたことを示す徴候であると考えられる。

第3部

集団間の葛藤と集団所属性

第9章

少数集団の心理社会学的諸問題（1935年）

　生活の安定に影響を与えかねないような変化に対して人ははなはだ敏感であるが，それはある程度まで生活の資を得ることができなくなるという怖れに帰することができる。しかしこの敏感さはおそらく飢えの怖れよりももっと根本的だとさえ考えられるようなあるものと結びついている。

　人の行う行動はすべてある特殊の「背景」をもち，その背景によって決定されている。プールで泳いでいる友達同士の間で至極適切なものとして取り交わされる言葉や身振りも，晩餐の席上では場はずれで礼を失するものとさえ考えられる。判断も理解も知覚もそれに関係する背景がなくては不可能であり，すべての出来事の意味は直接その背景の性質に依存している。

　実験の示すところによると，背景は知覚に対してきわめて重要な意味をもつ。背景それ自体はしばしば知覚されず，「図柄」や「出来事」だけが知覚されるということも実験によって証明された。これと同じように，すべての行動は人がたまたま立っているところの地盤にその基礎をおいている。行動の確固たること，決断のはっきりしていることは，このような「地盤」の安定性にはなはだしく依存している。もっともそのような地盤の性質は片鱗だに気づかれていないこともある。人がどんなことを行い，また行おうと欲するにしても，彼はよって立つ何らかの「地盤」をもたねばならない。このことはおそらくその地盤が崩れ出した途端に彼が極端な影響を被る第1の理由であろう。

　個人がよって立つ地盤の構成要素のうちで最も重要なものの1つは彼が「所属する」社会集団である。家族の中で成長する子どもの場合，家族集団はしばしば彼の主要な地盤を構成している。周知のように，少年期における背景が不安定であると，成人した後までも不安定な行動が消えないことがある。自分が

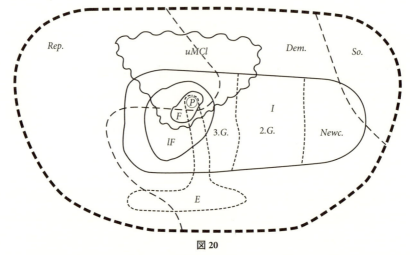

図 20

P, 人; *F*, 家族; *IF*, 大家族; *I*, アイルランド系アメリカ人; *Newc*, 新入者; *2.G*, アメリカでの 2 世; *3.G*, アメリカでの 3 世; *uMCl*, 中の上の階級; *Rep*, 共和党; *Dem*, 民主党; *So*, 社会党; *E*, エルク会.

集団に所属しているのかいないのかはっきりしないと，子どもは普通強い葛藤の状態に陥らざるをえないことになる．

　所属性の基本的な特徴の 1 つは同じ個人が一般に多数の集団に所属しているということである．例えば，ある人（*P*）は経済的には中の上の階級（*uMCl*）に属している——例えば，裕福な商人であるかもしれない．彼は大家族集団（*IF*）の一部たる 3 人家内の小家族（*F*）の一員である．大家族集団は東部の小都会に集まって住んでいる．この大家族集団はアイルランド系の 3 世アメリカ人（*I*, 3.G）である．政治的に見ると，この男は共和党員（*Rep*）である．宗教的に見ると，彼はカトリック教徒であり，教会のグループの中で指導的な位置を占めている．彼はまたエルク会[訳注1]（*E*）の北東地区支部長でもある．

　図 20 はトポロジーを用いて社会学的状況を表現したものである．人が所属する集団はその人を中に含むところの「領域」として表現されている．同じ人 *P* が所属している異なる集団 *A*・*B*・*C*……は 2 つの仕方で相互に関係し合っている．集団 *A* が他の集団 *B* の下位集団となっている場合，例えば 2 集団 *F* と *IF* のような場合，あるいは両集団が重なり合う場合，例えば *IF* と *E* のような

場合がそれである。

　生涯の大部分の間，成人は純粋に個人としてではなく，社会集団の成員として行動する。しかし人が所属している集団は，その時々にいずれも同じ重要さをもつわけではない。あるときは甲の集団への所属性が重要であり，あるときは乙の集団への所属性が重要である。例えばある状況では彼は政治的集団の成員として感じまた行動するが，別なときには家族や宗教的集団やビジネスの集団の一員として感じ行動する。普通どのような状況においても，人は自分がどのような集団に所属し，どのような集団に所属しないかということを知っているように思われる。彼は多少とも明瞭に自分がどういう位置にあるかを知っており，この位置は大きく彼の行動を決定する。

　しかし，個人にとって集団への所属性が疑わしくなり，明瞭さを失うような場合がある。例えば，人ごみの中へ入っていく人は一瞬みずからがそれに所属しているのかどうかを疑う。またそれほど瞬時的でない状況の例をとると，クラブの新加入者は数カ月の間，自分が受け入れられているのかいないのかが不確実な状態におかれる。状況がこのように明瞭でないとき，また彼が行動している地盤がこのように確実でないとき，普通行動の方も確実さを失うようになる。人はアト・ホーム（at home）な気持ちを覚えず，したがって多少とも自己意識的になり，気詰まりで，過度に動きすぎる傾向を示すようになるであろう。いずれの例においても，所属性の不確実さは個人が１つの集団の境界を横切って他の集団に向かいつつあるという事実（彼が外部の集団から人ごみやクラブの中へ入っていくという事実）によるものである。

　両集団の境界付近にいることの結果として，生活状況全体が，不確実な所属性からくる特徴を示すような人がある。それは例えば成り上がり者（nouveaux riches）やその他社会階級の間の境界を横切りつつある人々に特有な事柄である。それはさらに多数者の集団に入り込もうとする各地の宗教的国家的な少数集団の成員に特有な事柄である。

　これから入っていこうとする集団への所属性が不確実であるばかりでなく，出ていこうとする集団への所属性もまた不確実であるということが，社会集団間の境界を横切りつつある個人の特徴である。例えばユダヤ人がユダヤ人の集団に対する関係について著しく不確実な状態にあるということはユダヤ人問題の最大の理論的実践的困難の１つである。彼らはユダヤ人の集団に現実に所属

しているのかどうか，どんな面でこの集団に所属しているのか，どの程度まで所属しているのかということについて不確実なのである。

　ユダヤ人集団に所属しているのかどうか，どんな面で所属しているのかということを個人が理解し難く思う理由の1つは，人が所属している集団が幾重にも重なり合っているという一般的事実にある。みずからユダヤ人たることを強く意識しているユダヤ人にとってすら，疑いもなく，すべての人たちの場合と同じく，彼の所属する社会集団は数多くある。彼の行動を支配している集団がユダヤ人集団でないような状況も少なくない。先に述べたアイルランド人の例と同じく，ユダヤ人の店主はビジネスの集団の成員として，特定の家族の一員として，またクラブの一員としてしばしば行動し，また行動せねばならない。彼は，例えば，他のユダヤ人の家族の一員や，他のビジネス集団に属するユダヤ人とは違った仕方で行動する。

　特定の状況の性格とこの状況の中で個人の行動を支配する集団の性格との間には自然な関係が存在する。異なる状況の中では異なる所属性の感情が支配的でなければならぬ。個人が常に同じ特定集団の成員として行動するような場合，それは普通彼がいくらか調子はずれであるという事実の微候である。というのは，自然にまた自由に現在の状況の要求に応じていないからなのである。彼は特定集団の成員性をあまりに強く感じすぎている。このことはその集団に対する彼の個人的な関係が健全でないことを示している。

　ユダヤ人集団への所属性をこのようにあまりに強く意識しすぎている結果としてあるユダヤ人たちに現れるところの行動をわれわれは観察することができる。このような過大な強調は，別なある個人において過小な強調を生じさせるものと，同じ種類の関係の違った表現形式にすぎない。ユダヤ人として反応するのが自然であるような状況において，そのように反応しない人々がある。彼らはみずからユダヤ人であるということを抑圧または隠蔽しているのである。

　同じ個人の所属する数多くの社会集団が互いに重なり合っているということは，多くの個人がユダヤ人集団の成員性を維持し続ける必要があるのかどうかを再三自問する主要な理由の1つである。とりわけ彼らがこの成員性にまつわる嫌な事実を回避したいと努力するような場合，彼らはもはやこの集団には所属していないのだと考えることもしばしばある。

　少数集団や幸運な位置を占めていないその他の社会集団の成員の中には，み

ずからの集団と他の集団とを分かっている一線を横切ることに主たる望みを托している個人や一部の団体が存在する。彼らはその一線を個人的に横切るか，さもなくばまったく破壊しようと望んでいる。そうしたことと関連して「同化」への傾向ということがいわれる。個人のこのような傾向が集団の状況や集団内での彼の位置にどのように関係しているかということを尋ねるのは価値のある事柄である。

　ユダヤ人は離散の民（Diaspora）として生活しているから，ユダヤ人集団はどの国民の中においても数的には少数集団である。すなわち，彼らは大きな社会体制の中の比較的小さい部分を占めている。この集団の性格はさらにこの集団と他の集団とを分かっている境界の強さとこの境界の性格とによって決定されている。さらに，両集団の類似性と非類似性の程度が重要である。

　ユダヤ人集団の境界の強さと性格とは歴史の進展とともに著しく変化してきた。ゲットー（Ghetto）の時代にはユダヤ人集団と他の集団との間に明瞭な強い境界があった。ユダヤ人たちがその当時，国内のごく限られた地域や都市に，また都市の内部のある一定の地区に住まねばならなかったということは，その境界をすべての人に明瞭な疑う余地なきものにした（図21）。

　少なくとも1日のうち数時間は，ゲットーの壁がこの集団と他の社会集団との交通をまったく遮断した。このような物理的制限と並んで社会的な境界があり，集団内の個人の違いによってその程度に差はあったが，一般にそれは深刻な境界で，ユダヤ人と非ユダヤ人との双方の側から厳格に守られてきた。

　すべての社会生活において最も重要な事実の1つはおそらく「自由運動空間」と呼ばれるものの大きさであろう。ゲットーという境界はユダヤ人たちの「身体的移動」に厳しい制限を課していた。これと同じように強い制限が彼らの「社会的移動」を局限していた。ユダヤ人には開放されていない職業も少なくなかった。すなわち，もし可能なすべての職業を，諸領域を含む1つの全体として表現するならば，社会的な自由運動空間はこの全体中の比較的少数の部分に制限されていたわけである。

　全体としてゲットーの時代については次のようなことがいえるかもしれない。
　1. ユダヤ人集団は空間的にも社会的にもまとまりのある集団であった。だから，この集団を1つの「連結された」領域［訳注2］（"connected" region）として，あるいは比較的少数のまとまった領域として表現することができる。これらの領

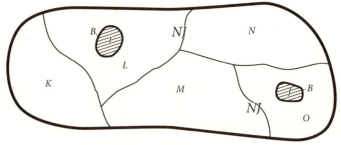

図 21

J,ユダヤ人集団；NJ,非ユダヤ人集団；B,ユダヤ人集団と非ユダヤ人集団を分かつ障壁；K, L, M, N, O,……地理的領域または職業的分野を表す。
ここに色彩を用いることができなかったので，非ユダヤ人集団は空白の領域として表現し，ゲットー時代のユダヤ人集団は密な斜線を引いた領域として，また解放後（図22）のユダヤ人集団は粗い斜線を引いた領域として表現することによって，集団間の類似性の程度を示した。

域はごくまれにしか異質部分を含んでいなかった。

2. 集団への所属性ははっきりと烙印を付されていた。外部から強制された黄色のバッジや内部から発展した特異な行動形式（衣服や言語）のおかげで誰にでも容易にそれと見分けがついた。だから自分自身に対しても他人に対しても彼がユダヤ人集団に所属しているということは疑問の余地がなかった。

3. ユダヤ人集団と他の集団との境界は，強い，ほとんど通過不能な障壁の性格をもっていた。多くの事実が証明するように，このような障壁の強さはユダヤ人集団の側からも障壁の外部の集団の側からも同じく積極的に維持されていた。

4. ユダヤ人集団の生活に対するこのような状況の効果は集団に作用する社会的諸力とともに変化した。自由運動空間が厳格に制限されているということは，個人の場合にもそうであるが，集団にとっても高い緊張を発生させる。実験心理学は緊張がそのような牢獄様の状況から発生することを証明した。外部からあまりにも高い圧力が集団に加えられると，児童の発達に及ぼす過度の圧力の効果にも似た発達の欠如が生ずることがある。圧力のもとにおかれたこのような孤立的集団は普通極端に保守的で，退嬰的といってよいことさえある。他方，このような保守主義が集団の崩壊を防いでいるともいえる。

ゲットーの時代におけるユダヤ人集団のこのような状況と，例えば第 1 次大

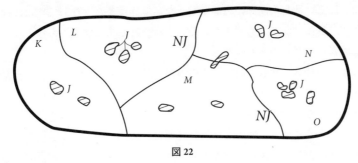

図 22

文字の意味は図 21 に同じ。

戦前のドイツに住んでいたユダヤ人集団の近代的状況とをおおざっぱに比較してみよう。第 1 次大戦前のドイツでは，

1. ユダヤ人集団はもはやまとまっているとはいえなかった。ユダヤ人たちは特定の地区に強制的に住まわせられたわけではない。近代においても彼らはしばしば都市の一部分に密集して住んでいたことは確かである。しかし彼らは多かれ少なかれ国中に分散していた。トポロジー的にいうとその当時のユダヤ人集団は 1 つまたは数個の連結された領域として表現することはできず，むしろ多数の分離された部分からなる連結されていない領域として表現される（図 22）。

ユダヤ人の諸個人たちが相互に近く住まっている場合でも，ユダヤ人の領域には異質的な集団が含まれていたであろう。それはもはや等質的ではなかった。ゲットー時代（図 21）と比べると，われわれがいま取り扱わねばならない集団はずっと結合度の弱い，散在している集団（図 22）である。

職業分布においても同じ結果が見られる。ドイツでは家族の伝統やその他の要因の結果として，ユダヤ人が特殊の職業にいくらか集中する傾向はあったが，ほとんどどんな職業にもいくらかはユダヤ人がいた。職業的分野のトポロジー的構造は地理的分野の有り様と同じく相交錯する様相を呈している。

2. 集団の諸部分間の結合がこのように弱く，分布が広範囲にわたっていることはユダヤ人集団とその他の集団との境界の性格が変化したということをも意味した。この境界は「解放」以後法律による境界——これは比較的強く明確に決められていて容易に察知することができる——ではなくなり，ずっと不明瞭

な察知しにくい社会集団間の境界となった。境界はまだ存在していたけれども，その強さと具体性は著しく喪失された。少なくともある個人たちにとってその境界は通過可能なものとなった。

3. これと同じく，社会行動のための自由運動空間もずっと大きくなった。一般に外部から強制される若干の制約は事実上残存していたが，全体として見ればずっと多くの社会活動の可能性があった。この集団に対する圧力はずっと弱くなった。その結果，大幅の文化的発展が見られ，どのような解放された集団にも見られるように，保守主義の色彩がはるかに減少した。進歩主義と急進主義への著しい傾向が認められ，それに伴うところの数々の長所や短所が現れてきた。

4. 集団の境界が弱まり，またその境界が拡大すると，常にその集団と他の集団との接触点は多くなる。接触が緊密になる結果として両集団間の性格の違いはいくらか減ずるであろう。個人がその集団に所属していることは黄色のバッジのような人目に立つシンボルによって印づけられてはいない衣服や習慣の区別もほとんど消えてしまう。

5. 自由運動空間が拡大し，外部から加えられる圧力が弱くなるにつれて，この集団全体が経験していた緊張は疑いもなく減少した。

ところで，はじめは奇妙なことだと思われるかもしれないが，このような緊張の減少はユダヤ人の生活に実質上の緩和をもたらさず，むしろある面ではおそらく緊張の上昇をさえ意味するものとなった。このパラドクシカルな事実は科学上の問題であるばかりでなく，現代のユダヤ人生活において人々を最も当惑させる要素の1つである。このパラドックスがどういう意味をもっているのか，なぜそれは起こるのか，ということは，ユダヤ人集団でなく，個人としてのユダヤ人を考察し，個人としてのユダヤ人の上にどんな諸力が作用し，諸力の強さと方向が彼の集団内での位置の変化によってどのように影響されたかということを問うならば，最もよく理解されると思う。

ゲットー時代のユダヤ人個人の位置（図23a）を現代生活における彼の状況（図23b）と比較すると，いまではユダヤ人はずっと孤立した状態にあることがわかる。ユダヤ人集団が広範囲に散らばっていくにつれて，家族も個人も機能的に見ていままでよりも相互にずっと分離されてしまうことになる。力学的心理学の用語を用いると，個人は，ユダヤ人であるということに関する限り，ゲ

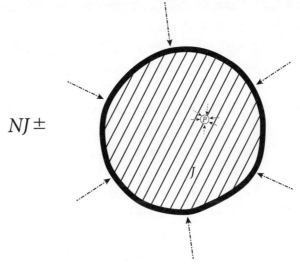

図 23a　ゲットー時代（図 21 に対応する）

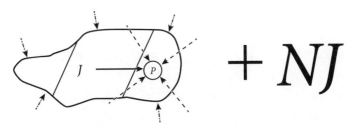

図 23b　解放以後（図 22 に対応する）

P, 個人；J, ユダヤ人集団；NJ, 非ユダヤ人集団.
──▶　個人の願望に対応するものとして個人に作用する力
⋯⋯▶　外部から個人に加えられる力
─・─▶　集団それ自体に加えられる力

図 23　個人および集団に作用する諸力

ットー時代よりもずっと高度に「分離された全体」になるといえよう。その当時には彼は圧力が本質的にはユダヤ人集団全体にかかってくるものと感じていた（図 23a）。ところがいまでは，集団が分かれてしまった結果，いままでよりもずっと多く個人としてその圧力に身を曝すようになっている。ゲットーの時代以来，集団としてのユダヤ人に加えられていた圧力は弱まったが，一方では

第 9 章　少数集団の心理社会学的諸問題　　155

分散の過程が進展した結果，外部からの諸力の作用点が集団から個人に移行することになった。そこで外部から集団全体にかかってくる圧力は弱まっているにもかかわらず，個人としてのユダヤ人にこのような圧力は相対的に増大するというような現象が起こってくることとなった。

ゲットー時代には，ユダヤ人は集団の外で行動するときには，とりわけ高度の圧力に曝されたが，他方では自分たちだけの領域ともいうべきものがあって，そこでは文字通り「アト・ホーム」な気持ちを味わうことができ，かつ自分の集団の一員として自由に行動することができ，また外部からの圧力に対しても独りで立ち向かう必要はなかったのである。いいかえれば，圧力が高い場合でも，この圧力が個人としてのユダヤ人1人ひとりに作用する圧力という性格をもたないような領域があった。ユダヤ人集団と非ユダヤ人集団とが相互に混ざり合った結果，ユダヤ人に加えられる圧力に対して個人的に立ち向かわねばならないような場合が相対的に見ていっそう頻繁になった。

このパラドクシカルな結果を生じさせた要因はほかにもある。心理学でもそうだが，社会学も個人に作用する2種類の力を区別しなければならないであろう。1つは個人の願望や希望から生ずる力であり，他は何らか別個の行為者によって外部から社会的に個人に加えられ「誘導」される力である。ゲットー時代には後の力の方が大きく，またそのために生ずる圧力も大きかった。他方，その当時には，個人みずからの願望に対応するものとして非ユダヤ人集団の方向に向かう力は事実上存在していなかった。ある個人がこの集団の境界を踏み越えようという秘かな願望をもったとしても，この境界は事実上通過不能な強い障壁という性格をもっていたので，そのような望みは一瞬にして消し飛んでしまった。その当時のユダヤ人には彼の集団の外部の領域はおそらくさほど強い魅力をもたなかったであろう。心理学的用語を用いれば，強い「正の行動価」（positive valence）をもたなかったであろう。そのような行動価がかりに存在していたとしても，それはただ数々の夢を生み出すことができるだけで「現実の水準」での強い力を生じさせることはできなかったであろう。

現代においては個人に対して非常に異なる状況が存在している。障壁はその具体性と強さを失った。境界は少なくとも通過可能であると思われる。というのは，習慣，文化，および考え方の相違は多くの点で非常に小さいものになったからである。集団間の距離はほとんど存在しない，少なくともそのように

見えることがしばしばある。児童や成人の実験心理学の結果から，目標が「もう少しで達成される」というような状況が，人に作用する推進力に対して，どのように大きい効果をもつものであるか，ということをわれわれはよく知っている。数多の例の1つとして，例えば，3年の刑期をほとんど終えた囚人が，出所する4，5日前に脱走してしまうというような事実をあげよう。これと同じようなことだが，数週間もすれば感化院から出られることになっている青年が，その頃になって以前の悪習に逆戻りしてしまうことも珍しくない。仔細に観察してみると，この場合のようにもう少しで手が届くというような多くの状況のもとでは，個人は非常に強い葛藤の状態におかれていることがわかる。このような葛藤は一部分そうした近い目標がその方向に非常に強い力を生じさせるという事実から生ずる。さらに，出所直前の囚人や青年は，やがて獲得されるべき集団成員の資格をもうすでに得たような気持ちでいる。彼が以前の集団の成員であるという気持ちでいる限り，彼はその集団の規則に従って行動する。しかしもうほとんど別の集団の一員になったのだという気持ちでいるいまでは，彼もまたその集団の有するすべての特権を獲得する権利と必要とを感じるのである。

　解放以後は，高いパーセンテージを占めるユダヤ人たちの間にも，いくらかこれと似たような状況が存在している。多くの点で他の集団よりも少ない権利と可能性をもつ集団の一員として，個人ははじめの集団への所属性が疑わしくなればすぐにでもこれら他の集団へ移行していこうとする傾向を表すのは当然である。彼の集団と他の集団とを隔てる境界が弱まる度ごとに，この方向に向かう力の強さは増大するであろう。換言すれば，完全な解放，したがってまた集団の崩壊が近づくと，集団の個々の成員は，それぞれの事情のもとで，増大する葛藤に身を委ねることになるであろう。その結果として生ずる行動はこの葛藤の状況から誘導されるであろう。

　葛藤はいずれも緊張を生み出すものであるが，その緊張は落ち着きのない，均衡のとれない行動を生じさせ，また特定の方向のみを過度に強調させることになる。事実，ユダヤ人の特徴として普通よく落ち着きがないといわれる。落ち着きなさということの最も生産的なタイプは，仕事をしすぎることである。前世紀のユダヤ民族の最良の仕事のあるものは，一部分このような過度の活動のおかげで成し遂げられたものである。

この落ち着きなさはユダヤ人の生まれながらの特性ではなく，彼のおかれている状況の結果である。多くの観察者によると，パレスチナにいるユダヤ人の顕著な特徴の1つはこのような落ち着きなさが見られないということである。非常に異なる国の生活に順応するということには数々の困難が伴うものであるが，移住後わずか4，5カ月ほどの間に成人までがこの点ですっかり変わってしまうように思われるのはとりわけ興味が深い。これを見れば，以前の行動がどれほどまで以前の状況によるものであったかがわかる。その状況では個人は自分の仕事に対する不評判が，仕事自身に価値がないためなのか創作者がユダヤ人であるためなのか不確実なのである。このような不確実さを味わう機会はたといごくまれにしか起こらぬとしても，それは彼の能力の範囲と限界とを測るべき標準を彼から奪い，その結果自分の価値に自信をもてなくするという持続的な効果を及ぼすであろう。

　離散の民であるユダヤ人のこのような落ち着きなさを生じさせている葛藤は，ユダヤ人集団に対する個人の所属感の中に集中的に現れる。一般的な規則として，社会的により高い位置を占める集団への境界を横切ろうとする個人は，ほとんど不可避的な内的葛藤に当面する。社会的に高位を占める集団の成員はその集団に所属していることを誇りとし，この集団の理想や標準に従って判断し行動することを不自由とは感じない。ところが高位の集団へ入ろうとする人は彼がかつて所属していた集団の理念との結びつきを覚られないようにとりわけ気を配らねばならない。このような理由からも彼の行動は不確実なものとなる。アカド・ハーム[訳注3]（Achad Haám）はこのような解放の状況を「自由の中の奴隷状態」と呼んだ。

　裕福な家庭の若い成員たちにとっては葛藤はとりわけ厳しいように思われる。このことはわれわれの供述，すなわち，葛藤状況の強さは当の二集団を隔てている境界が弱まるにつれて増大する，ということとよく一致する。こうした社会的水準では，ユダヤ人の家庭と非ユダヤ人の家庭とを分かっている境界は機能的に見ても比較的弱い。ところが，若いユダヤ人たちはみずからの成功を証明することによって自信をつけるような機会には恵まれなかったであろう。

　われわれはユダヤ人問題と少数集団のおかれている状況の一例として論じた。しかしその特殊性を無視することはできない。宗教，国籍，および人種上の少数集団の間には重要な相違点があり，同化する傾向の強さもすこぶるまちまち

である。それは集団それ自身の性格に依存するばかりでなく，周囲の集団の性格や状況全体の構造にも依存する。

ユダヤ人は時には宗教的な集団として，また時には人種的な集団として見なされてきた。彼ら自身も集団の性格についてかなり不確実であった。自分の生国に対する普通のユダヤ人の所属感は，ある国（例えばドイツ）ではユダヤ人集団への所属感よりもはるかに強いものであった。同様な他の少数集団とは違って，ユダヤ人は1000年以上もの間「母国」と見なすことができるような彼ら自身の地理的領域をもっていなかった。このことは明らかに，集団の一体性を幾分「抽象的」なもの，現実的でないものと思わせる結果になった。そのために集団成員たちの気持ちはいっそう不確実なものとなり，周囲の集団の意見では彼らはどこか「常軌を逸したところ」があると思われるようになった。パレスチナにユダヤ人の母国を建設するということが成功すれば，各地におけるユダヤ人の状況はその影響を受けてずっと正常さを増すような方向に向かうであろう。

われわれはここでトポロジーおよびベクトル心理学の概念を社会学の問題に応用した。この方法はとりわけ次のような長所をもっている。すなわち，社会学内集団を**全体**として取り扱うことが適切であればそのような取り扱いをすることもできる。社会集団のもつ一体性の**程度**，あるいは他の集団と比較してそれらの集団のもつ異なる**構造**や**分布**を考慮に入れることができる。そして最後に，必要とあれば，別な新しい一組の概念に応援を求めなくとも，**集団**の問題から**個人**の問題へ（あるいはその逆の方向に）移っていくことができる。

訳注
[1] アメリカの愛国的慈善団体。
[2] 領域内のあらゆる点が，その領域内にある通路によって相互に結合されうるような場合，これを「連結された」領域という。
[3] 本名 Asher Ginzberg。ユダヤ人作家，シオニスト。

第10章

危機にのぞんで（1939年）

I

　世界は平和と戦争との間に揺れている。時には戦争は結局忌避されるであろうという希望が存するように思われ，時には，いまにも戦争が始まるといった形勢に見受けられる。たいがいの人たちは戦争を憎んでいる。それは破壊的な馬鹿げた事柄だからである。他方，民主主義に関心を寄せる人々は，ファシズムのもとに奴隷として生きるか，民主主義のために喜んで死ぬか，2つに1つしか道がないことを自覚している。こうしてすべての自由を愛する人々の心は2つの相反する極の間を動揺している。ユダヤ人の心はなおさら大きく動揺している。ユダヤ人が夢想家でない限り，戦争からも平和からも，彼がさらにどんな怖るべき事柄を期待せねばならないかということをよく知っている。ヨーロッパのどんな戦争においてもユダヤ人たちはその国のために戦って死んだ。その上彼らは敵からも味方からもとりわけて冷遇されてきた。このように相次ぐユダヤ人の苦境が以前にも増して悪化するだろうことを私は怖れる。ドイツのユダヤ人はいままであらゆる生活の手段を奪われ，いまでは注意深く軍隊から排除されているが，それにもかかわらず，次に戦争でも起こることになれば，前の大戦のときと同じように，ほかならぬこの「祖国」ドイツのために死すべき機会をあり余るほど与えられるであろうということは疑いをいれない。すでにドイツの新聞――ドイツ政府といっても同じである――はとりわけ大きな危険を伴う場所で使うために，ユダヤ人の特別大隊の編成をほのめかしている。ドイツ軍の機関銃を背後にひかえて，彼らは前線で敵と戦わねばならないであ

ろう。イタリアやハンガリーでのユダヤ人の状況もこれと遠く異ならない。きっと彼らは食糧の不足を最初に感じさせられる人たちであろう。現在戦線の彼方にある国，ポーランドの多数のユダヤ民衆の状況もさほどよくはなかろうと危ぶまれる。

　しかし，一国一国と次々にナチの支配圏，ファシスト・イデオロギーの圏内に引き込まれていくように思われるとき，そのような平和がユダヤ人の目にどのように映ずるであろうか。今日ナチ・ドイツは疑いもなくヨーロッパ最大の強国であり，オーストリアやチェコスロヴァキアを併呑している。すべての実際目的からいってドイツのゲシュタポの支配下にあると見なされるイタリアをこれに加えることもできるであろう。ハンガリーを含めてこれらすべての国々においてはいうまでもなくユダヤ人に対する法律の保護剝奪が確立されている。ナチ・イデオロギーの蔓延もその害はけっして少なくはない。平和の時代にはそれは容易に弘布される。今日では世界の各国において，影響力のあるナチの出先ばかりでなく，市民たちの有力なグループでさえファシストの綱領を信じており，これらの国々の経済的困難が大きくなるほど，この福音に帰依するものの数も多くなっている。ユダヤ人のことについていうと，ファシズムというものは必然的にユダヤ人の迫害か，少なくともゲットーの設置を意味する。ユダヤ人はアメリカおよびフランスの革命の理念，なかでも人間の基本的平等の理念が支配的なものとなったとき以来，やっと人間であることを認められたのである。ユダヤ人の権利はこの平等の哲学と分かち難く結びついている。ナチズムの基本原理は人間の不平等ということである。したがってそれはユダヤ人の平等の権利を否定する。

　このように戦争と平和を考えてくるとき，ユダヤ人はいったい何を希望したらよいのか。ユダヤ人の虐待と破壊を覚悟の上で，ファシズムの蔓延のおそれある平和を望むべきなのか，あるいは戦争の悲惨を望むべきなのか。ユダヤ人は動乱の世界の中では小さなアトムにすぎない。彼らの運命はその影響圏外にあると思われるこの上なく強大な諸勢力によって決定されている。かくしてユダヤ人がこう自問するのはもっともなことであろう。われわれはどうすればよいのか。父祖たちが死と破壊に臨んで繰り返し叫んだように，身を投げ出して「イスラエルよ，聴け」（Shema Yisroel）と叫ぶべきなのか。ヨーロッパのある国々ではユダヤ人に残された道はそれ以外にないように思われる。しかしその

他の国にいるユダヤ人にはまだ思考と行動のための時間がある。

　多くの人々は，行動こそ今日のユダヤ人の生活に必要なものであるということを私と同じように感じていると思う。ヨーロッパにいる私の世代の人々は4年の戦争とそれに続く数年の深刻な経済的混乱および革命を通り抜けてきた。この先10年間がもっと平静で快適な時代になるというような気配も見えない。ユダヤ人問題もきっと深刻さを減ずることはないであろう。

　ユダヤ人問題は個人的な問題か社会的な問題かということがたえず問題にされてきたが，その明確な答えはウィーン街頭でナチの突撃隊員たち (S. A. men) によって与えられた。彼らは鉄棒をもってユダヤ人と見れば過去の行為と地位との見境もなしに殴りつけた。世界中のユダヤ人たちはいまではユダヤ人問題が社会的な問題であることを認識している。こうしてこの問題の解決のために科学の助けを借りようとするならば，われわれは社会学と社会心理学とに立ち向かわねばならないであろう。科学的にはユダヤ人問題は特権の少ない少数集団の一事例として取り扱われねばならない。離散の民としてユダヤ人は多数者と同等の機会を享受してはいない。彼に課せられる制限の種類と程度は，国の差異，時代の差異に応じて著しく異なる。時には彼は事実上法律の保護を剥奪されていることもある。また時には制限は社交上の性質をもつものに限られ，職業生活や政治生活には支障がないこともある。ユダヤ人のある部分はしばしば非ユダヤ人のある部分よりもよい条件を享受している。しかし，一般にユダヤ人集団は全体として特権の少ない少数集団の地位に甘んじている。

　特権の少ない少数者は多くの特権をもつ多数者によってそのような位置にとめおかれているのだということを理解せねばならない。ユダヤ人をゲットーから解放することはユダヤ人の行動によって達成されたのではなく，多数者の要求と感情の変化によって招来されたのである。今日でも多数者の経済的困難の増減がいかにユダヤ人の少数集団に対する圧力を増減させるかということを証明するのは容易である。このことは各地のユダヤ人が彼らとともに住んでいる多数者の暮らしむきに関心を寄せざるをえない理由の1つである。

　反ユダヤ主義の基礎は一部分スケープゴート (scapegoat) を求める多数者の要求であるということは，ずっと以前から認められていた。近代の歴史においては，大衆の心を転ずる手段としてスケープゴートを必要とするのは，多数者それ自身ではなく多数者を支配する専制集団である。最近における最も顕著な

例はイタリア系ユダヤ人に対するムッソリーニの唐突な攻撃である。それまでは事実上彼らに対する反ユダヤ的感情は存在していなかった。ほんの4，5年前まではシオニズムに好意を寄せていた当のムッソリーニがヒトラーの例に倣うのを賢明と考えた，ヒトラーによってそうするように強要されたのかもしれない。たしかにイタリア系ユダヤ人の行為においてこのような変化を引き起こす原因となるようなものは寸毫も存在していなかった。この場合にも多数者あるいはその支配者たる選良の要求のみがユダヤ人社会の運命を決定したのである。

ユダヤ人はこうした出来事が彼自身の善行や悪行と事実上関係がないということを認識した方がよいであろう。ユダヤ人の1人ひとりが正しく行動しさえすれば反ユダヤ主義はなくなるであろうという一部ユダヤ人の信念ほど誤っているものはない。反ユダヤ的衝動に原動力を与えているものはユダヤ人の善行であり，働きすぎであり，ビジネスマン，医師，法律家としての彼らの有能さと成功とであるとさえいえるであろう。反ユダヤ主義は個々のユダヤ人の善行によって食い止めうるものではない。それは個人的な問題ではなく1つの社会問題だからである。

ユダヤ人の行為と反ユダヤ主義との間にはほとんど関係がないということは，多数者が虐待のための公式の理由を次々とすりかえていくやり方を見ればよくわかる。何百年もの間ユダヤ人は宗教上の理由で迫害された。今日では人種論が口実に使われている。何によらずその時々に最も有効な論拠であると思われるものに従ってその理由は容易に変更される。この国では最も有力な経営者団体の1つが2つのタイプのパンフレットを使い分けているという話を聞いたことがある。そのパンフレットの1つは労働者や中級幹部連と掛け合うときに使われるもので，ユダヤ人を資本家あるいは国際的銀行家として描いている。ところが，この宣伝家が経営者の聴衆に向かって話をするときにはユダヤ人を共産主義者として描いたパンフレットを使うのである。

これらの非難に答えるユダヤ人はそれらが単に物事の表面にすぎず，その底にはもっと深い社会問題が隠されていることを覚らねばならない。大真面目に論拠が提示されるような場合ですらも然りである。犠牲を求める多数者の要求は，例えば経済不況から生ずる緊張を通じて増大してくる。科学的実験の証明したところによると，この要求は専制的体制から生まれる緊張において特に強

烈である。どんなに「論理的」な論拠でもこれらの基底にある諸力を打ち砕くことはできないであろう。人ごとにユダヤ人の善良さを説いてまわっても，コフリン神父 [訳注1]（Father Coughlin）と戦って成功を収める望みはまずない。

この社会的現実を変化させるには自己弁護の言葉以上のものが必要である。たしかにユダヤ人は真剣にファシズムと戦っている他の勢力と結ぶためにあらゆる努力を払わねばならないであろう。数が少ないのだから他の集団の援助を得ることはどうしても必要である。だかしかし，ユダヤ人は特権の少ない他の集団の場合と同じく次の言葉が彼にもあてはまることを覚らねばならないであろう。すなわち，集団自身の努力のみが集団の解放を成し遂げるであろうということである。

その結果が主として彼自身に依存しているような1つの活動分野がユダヤ人に残されている。それはユダヤ人の生活の分野である。

II

ユダヤ人を1つの集団たらしめているものは何か，個人をユダヤ人集団の一員たらしめているものは何か。多くのユダヤ人たちはこの問題に深い関心をもち，そのために迷っていることを私は知っている。彼らはこの問いに対するはっきりした答えを得ず，ちょうど，理由もわからないままにその運命に当面せねばならなかった何千ものドイツ系ユダヤ人——片親や，祖父母の一方がユダヤ人であるような人々——にとって生活というものがまったく無意味なものとなってしまったように，彼らの生活全体は，まったく無意味なものとなる危険に瀕している。歴史的に見るとこの問題はユダヤ人にとって比較的新しいものである。ほんの150年ほど前には，ドイツにおいてさえ，ユダヤ人集団への所属性ということが人々によって容認された，疑問の余地のない事実であった時代もあったのである。ゲットーの時代にはユダヤ人は集団としては圧力を加えられていたでもあろう。しかし個人としてのユダヤ人ははっきりと所属する社会的単位をもっていた。ポーランド，リトアニア，その他の東欧諸国にいるユダヤ人は，個人に「社会のふるさと」を与えるところの国民生活とも呼ぶべきものを維持していた。アメリカへ移住するとき，東欧のユダヤ人たちはこのような集団生活を多分にもち越してきた。彼らは集団の内的凝集力をまだ生き生

きと保っていた。

　すべて特権の少ない少数集団はその成員たちの間に存する凝集力のみによって1つにまとまっているのではなく，個人が少数集団から多数集団へ移ってくることを防ぐために多数者が築いている境界によっても1つにまとめられているのである。このことを認識するのはよいことである。少数者を特権の少ない地位にとどめおくことは多数者の利益のためなのである。ほとんどこのように張りめぐらされた壁があるということだけで1つにまとまっているような数々の少数集団がある。このような少数集団の成員はこのような状況の結果として典型的な特徴を表す。どの個人にも社会的地位を少しでも高めたいという気持ちがある。だから特権の少ない集団の成員はもっと特権の多い多数者の一員となるためにみずからの集団を抜け出ようとするであろう。いいかえると，黒人の場合に「パシング」[訳注2]（passing）といわれ，ユダヤ人の場合に「同化」（assimilation）と呼ばれていることをやってのけようと試みるであろう。個人の同化を通してかたがつくことならばそれは少数者の問題の容易な解決策であろう。しかし現実には特権の少ないどのような集団にもこのような解決は不可能である。婦人の男子に対する同権は1人ずつの婦人が次々に選挙権を許されることによって得られたものではない。黒人の問題は個人の「パシング」によって解決のつくことではない。少数のユダヤ人は非ユダヤ人によって心から受け入れられるでもあろう。しかしこのようなチャンスは今日では前よりもずっと少なくなっている。1500万のユダヤ人全部が1人ずつ目立たぬように境界を乗り越えていけるだろうと信ずることはたしかに馬鹿げた事柄である。

　それでは多数者からの拒否によってのみ1つにまとまっている少数集団の成員の状況はいかなるものか。彼の生活における基本的な要因はこの越えることのできない境界を乗り越えたいという願いである。したがって彼はほとんど絶えることなき葛藤と緊張の状態の中で生きている。彼はみずからの集団を嫌い，憎みさえしている。それは彼には重荷以外の何ものでもないからである。いまさら子ども扱いはされたくなし，さりとて一人前の大人として受け入れられていないこともよく知っている青年のように，このような人は彼岸にも此岸にも安住しえなくて集団の境界線上に佇んでいる。彼は快々として楽しまず，いずこに所属すべきかを知らない境界人（marginal man）の典型的特徴を表す。このタイプのユダヤ人はユダヤ人特有のものを何によらす忌み嫌うであろう。とい

うのは彼は憧れの的である多数者から自分を遠ざけているものがその中にあるように思うからであろ。彼はユダヤ人丸出しといった人間には嫌悪を示し，しばしばまた自己嫌悪に陥っていくであろう。

　みずからの集団に対する肯定的な態度をもつ少数集団の成員と違って，外部からの圧力だけで1つにまとまっている少数集団に特有な性質がもう1つある。前者の集団はそれ自身の有機的な生活をもっているであろう。それは組織と内的な力を示すであろう。外部からの力だけで1つにまとまっている少数者はそれ自身混沌たる状態にある。それは相互に内的な関係をもたぬ諸個人の集合からなる組織のない弱い集団である。

　歴史的に見ると，離散の民として生活してきたユダヤ人は，一部分は集団の内部的な凝集力によって，また一部分は敵意ある多数者からの圧力によって1つにまとまってきた。この2つの要因の重要さは異なる国，異なる時代によっていろいろに変化した。東欧のある部分では環境に対する文化的優位によって肯定的な態度が強められた。そのような国では肯定的態度はいまなお強く残っている。しかしかなりの数のユダヤ人にとっては「やむをえず1つになっている」ということが彼らのユダヤ主義に対する内面的関係の支配的な面，あるいは少なくともその重要な一面となってきたことに目を覆うべきではない。

　私は中西部のユダヤ人学生がニューヨークから来たユダヤ人よりも中西部の非ユダヤ人に対していっそう近しい感情を抱くといっているのを聞いたことがある。宗教問題がユダヤ人にも非ユダヤ人にも同じく重要性を失って以来，両集団の間には容易に見分けのつくような相違点は存在していない。かようなユダヤ人にユダヤの宗教や国家主義を説くことが深い効果を及ぼすとも思えない。ユダヤの民の光栄ある歴史と文化とについて語ることが彼らを説得することもないであろう。彼らは過ぎ去った事柄のために生活と幸福とを犠牲にしようとはしないであろう。ユダヤ人の数が少ない場所，またとりわけ青年たちの間では，なぜ，また，どんな面で，自分たちがユダヤ人集団に所属しているのかまったくあやふやな気持ちでいる人々を多く見かける。集団を構成するのは個人の類似性，非類似性ではなく，運命の相互依存性であるということを説明して彼らの一部を救うことができるかもしれない。正常な集団，よく発達し体制化された集団は非常に性格の異なる個人を含んでおり，また含まねばならないであろう。同じ家族の2人の成員が別な家族の成員同士よりも似ていないことも

あろう。性格や関心の違いにもかかわらず，運命が相互に依存し合っている場合には2人の個人は同じ集団に所属するであろう。同様にして宗教上政治上の理念についてかけ離れた意見をもっていても，なお，2人の人間が同じ集団に所属することは可能であろう。

すべてのユダヤ人の共通の運命が彼らを現実に1つの集団たらしめているということを看取するのははなはだたやすい。この単純な理念をつかんだ人は基本的なユダヤ人問題に対する態度がどれほど変わっても，ユダヤ主義と手を切らねばならぬとは感じないであろうし，ユダヤ人の間の意見の相違にもっと寛大になるであろう。そればかりではない。みずからの運命が彼の集団全体の運命にどれほど依存しているかを看取しえた人は，集団の福祉のために責任の公平な割り当てを自分に引き受けようという気持ちになり，また熱心にこれを希望するようにさえなるであろう。社会学的事実のこのようなリアリスティックな理解は，とりわけユダヤ的環境の中で成人しなかった人々には，強固な社会的地盤を樹立するために非常に重要なものである。

III

すでに述べたように，特権の少ない少数者の問題は直接多数者の条件と関係している。多数者の側に友好的な態度をもってもらいたいと望むあまり，ユダヤ人のうちでも大きな部分が攻撃的態度を避け，嫌な出来事も内々に揉み消そうと努めている。この政策の背後にある動機は一部分——もっとも一部分だけではあるが——正しい。ユダヤ人は2つの状況をはっきりと区別せねばならぬ。1つは味方と中立者とに関係する状況であり，他は敵に関係する状況である。あらゆる事柄をユダヤ人問題に関係づけ，あらゆる状況でユダヤ人問題をもち出すということは，その人が不適応の状態にあることの明らかな徴候である。しかしユダヤ人問題を論ずるのが自然であるような場合にそれについて沈黙を守るということもやはり不適応のしるしである。経験の示すところによると，全体として非ユダヤ人は非ユダヤ的な事柄を猿真似しようとする傾向には敏感であるが，ユダヤ人がユダヤ人であることを強調しすぎることにはそれほど敏感でない。少数集団への所属性を強調するような成員が，こっそり境界線を乗り越えるような真似をしないのは明らかである。だからこれを拒否する必

要はないわけである。ところが多数者の一員として「パス」しようという努力を裏面に含んでいるような行為を見せる少数集団の成員は，たちまち彼らの反撃を喚起することになるであろう。

　ユダヤ人集団に対する忠誠はしたがって非ユダヤ人との友好関係を妨げるのでなくむしろ助長することになる。人間同士の自然な関係からいってもユダヤ人の政治的利害からいっても多数者のできるだけ多くの集団および個人との間に友情の絆を打ち立てることが必要である。

　しかしユダヤ人は友好的な近づきが場所柄に合わぬような状況に対してもはっきりした態度をとるべきであろう。友愛は攻撃者に対しては適切な反応ではない。最近数年間の世界政治において，攻撃者を宥めるという政策が，いかに権威のない，道徳上悪趣味な，賢明でないやり方であるかということをわれわれは見てきた。あなたを破滅させようと決心している人に話しかけるということは恥ずべき，間の抜けた事柄である。敵に対してこのように友好的な話しかけをするということは，あなたが弱すぎるか臆病すぎるために戦うことができないのだということを意味するにすぎない。われわれは次の点について誤解してはならない。偏見に煩わされていない傍観者は，力をつくして攻撃者に反撃を加える個人や集団には心をひかれ同情を示すかもしれないが，侮辱の前に叩頭する人々にはあまり同情を示さないであろう。イギリスはこの単純な観察の真理を過去2年の間に痛感してきたのである。

　私はアメリカにいるユダヤ人が手遅れにならないうちにこの真理を認識してくれるように希望する。今日われわれの間には必要な節度をつけないで，ただむやみに「了解を求め」たり，「調子を合わせ」たりするような態度をとる人がある。このような態度は味方や中立者に対してはまったく正しい，推賞に値する事柄であろうが，われわれを破滅させようと心に決めている連中に対する場合には話は別である。

　ナチやその同盟者と戦うとき丁重な態度をとることは何の役にも立たないということをユダヤ人は覚らねばならない，しかも早く覚らねばならないであろう。敵と戦う道はただ1つ，殴打には殴打をもって答え，即刻，できればいっそうこっぴどく叩き返すことである。ユダヤ人は自衛の戦いのために立ち上がる勇気と決意をもっていることを示す場合にのみ他の人たちからの積極的な援助を期待することができる。ユダヤ人は日常の行動において新しい規模の危険

に身を処していかねばならないであろう。世界のユダヤ人の状況はただ1つの選択点を残すのみであるように思われる。ドイツ，オーストリア，チェコスロヴァキアのユダヤ人のように生活すること——これは奴隷として生活し，飢餓と自殺の運命を甘受することである——を選ぶか，さもなくば，必要な手段をあげて戦い，要すれば，自由のために，また，撲殺に抗して，この戦いに死する覚悟をするかのいずれかである。

　この選択は愉快なものではない，とりわけ若い人たちには憂鬱なことと思われるであろう。しかし敵が力に頼ってその意志を押しつけるほど強力なものに成長するのを待つよりも，最初の侮辱を迅速かつ強烈にやり返す方が，ずっと立派な，威厳のある態度であり，ユダヤ主義，アメリカ主義の精神にもいっそうよく一致するものであるということを若い人々は理解するであろう。学問をかじった者の心には侮辱を見逃してやるということが寛大なことと思われるかもしれない。しかしユダヤ民族の存亡をかけた，われわれのような状況におかれている場合に，そのような贅沢なジェスチュアは許されない。道徳上の問題はしばらくおき，バックボーンの強靱さを示さないのは賢明な行動とはいえない。それはモッブの獣性に迎合することになるからである。モッブというものは常に残忍な慰みに食いついていこうと身構えているが，抵抗を受けるだろうということがわかると，首筋をシャンと伸ばすことを怖れるものなのである。

　このような自衛のための戦いは自分中心の行為以上のものである。それは多数者が彼らの経済的政治的問題の解決のためにする戦いと直接関係をもつであろう。先に強調したようにユダヤ人の運命は多数者の経済的福祉と結びついている。残念ながら，特権の少ない少数者が低賃金労働と政治的スケープゴートを提供することができる限り，その経済的な問題を解決することは不可能であろう。今日の情勢では，集団としてのユダヤ人は，ファシズムの勢力がユダヤ人の弾圧を踏み石として他の人種的宗教的集団や人民大衆一般の弾圧へと向かうのを食い止めること以上にはほとんどなに1つ国の経済的福祉に貢献することはできないのである。

　運命が彼のためにとっておいた危険や行動に喜んで立ち向かっていこうと心に決めた人はたえず緊張と不安と圧力とに曝されながら生きるのだ，と信ずることは誤まりであろう。本当はその反対である。不安というものは混乱に陥ってどうしたらいいかわからない人の特徴なのである。敵の蹄の下に踏みにじら

れるのを待っているのでなく，むしろ進んで危険に立ち向かっていく人は再び澄みきった大気の中に住み，危険のただ中にあってさえ生活を楽しむことができるようになるのである。

訳注

[1] 1929年のアメリカにおける大不況，それに続く社会不安の情勢の中に現れて，無神論者，ユダヤ人，コミュニスト，ルーズベルト政府，銀行家，国際主義者等々こそ社会悪の根源だとぶってまわった。彼は聴衆無慮1200万を集め，その著『社会正義』は20万部を売りつくしたという。1936年の大統領選挙にはレムケをかつぐ反動家たちと結んでプロパガンダの一翼を引き受けたが，ルーズベルトの政策が成功してきたために大敗を喫した。

[2] 淡色の黒人が白人として通用（pass）することをいう。

第11章

ユダヤの児童の養育（1940年）

　自由国家の数が少なくなるにつれて，アメリカに住むユダヤ人の次の世代の態度や行動は，アメリカにいるユダヤ人のみならずヨーロッパやパレスチナに住むユダヤ人をも含めた，ユダヤ民族全体にとってきわめて重要な意味をもつものとなるであろう。次代の行動は成長しつつある子どもたちが獲得するところの態度によって著しい程度まで決定されるであろう。したがってユダヤ人の親たちや教師たちがそこに含まれている心理学的教育学的な諸問題をリアリスティックに理解することはきわめて重要な事柄である。子どもたちが当面している社会的道具だてを論ずることによってこの問題を解明することに努めよう。このような道具だてをつまびらかに検討するような教育のみが問題の解決に成功を収めることを望みうるのである。

I

　中西部にある中くらいの大きさの町を考察してみよう。そこでは小さいユダヤ人集団が非ユダヤ人と友好的な関係を結んで生活している。ユダヤ人は主として中流階級の人々で，慈善事業の問題は自分たちの手で賄っているが，町の経済，政治，社会上のいろいろな企画には心から協力している。ユダヤ人の慈善院に多数の非ユダヤ人が寄進することも珍しくない。
　非ユダヤ人の環境が，成長しつつあるユダヤの子どもに対して，非ユダヤ人の子どもと分け隔てされているというような気持ちを起こさせる機会ははじめのうちさほど多くないであろう。ナースリー・スクールや幼稚園を終えて小学校の4年生頃になると，おそらく子ども同士の喧嘩の場合に，「汚わしいジュ

ウ奴」と罵られるような経験を彼ははじめて味わうであろう。

　しかし，子どもが成長して，少年少女の友達づき合いが結婚にまで発展するかもしれないと親たちが考えるような年頃に近づくと，彼が社交上の催しに非ユダヤ人の家庭へ招待されていくことは少なくなる。しかしこの境界線はいつもはっきり鋭く引かれるとは限らない。しばしばこのような制限はその子どもがユダヤ人であるために加えられたのか，そのほかにも理由があるのかいずれとも決めかねる場合もある。職を得ようとするときまで，若いユダヤ人が個人的に厳しい制限にぶつかることがないような場合もあろう。

　しかし大学入学を希望するユダヤ人の男女ははっきりユダヤ人として分類された上で入学する。すなわち，これという大学にはたいがい非公式ながらはっきりした割当制があってユダヤ人学生の数を制限している。専門学校では特にこの制限が厳しい。ユダヤ人のフラタニティやソロリティ[訳注1]だけしかユダヤ人の学生には開放されていない。こうして，自分がユダヤ人として分類されていることがこのように強調されると，それによって加入したいという学生の願望の方が凌駕され抑圧されてしまうことも少なくない。

　ユダヤ人学生はこのような状況に対していかに反応するか。それを「我慢」しうる人もいくらかはある。すなわち，彼らはよく順応して平衡のとれた行動を示し，愉快に暮らしてユダヤ人とも非ユダヤ人とも交際する。

　しかし適応性に著しく欠けている多数のユダヤ人学生がいる。ヒトラー以前のドイツからアメリカへやってきた人にとっては，過度の緊張，不作法，過度の攻撃性，異常な働きすぎ —— 時々はアメリカの方がドイツよりその程度が高いことさえある —— といったユダヤ人の不適応の典型的な表れに接するのはきわめて印象深い事柄である。

II

　それでは個々のユダヤ人が平衡のとれた行動を示したり，平衡のとれない行動を示したりすることを決定する要因はいかなるものであるか，また平衡のとれた行動を確保するために教育はいかなることをなすべきであろうか。

　反ユダヤ主義は子どもがやがて当面すべき多くの困難のただ1つにすぎないとすらいいたいくらいである。学校には学校なりの困難があり，両親や親戚に

対しても，また友人たちに対しても，それなりに数多くの困難がある。事実，上述のような事情の下では，子どもが反ユダヤ主義に遭遇しそうな機会は他の問題の頻度に比較すればよほどまれである。だから反ユダヤ主義から生じてくる困難と集団としてのユダヤ人の見地からではなく，個々のユダヤ人の見地から眺めるならば，反ユダヤ主義に当面するために児童に特別な準備をしてやる必要はないという議論も成り立つのではなかろうか。それは一見リアリズムの主張であるとさえ思われる。困難に立ち向かう児童の一般能力，とりわけ彼が社会的蹉跌に耐える能力を強化するだけで充分ではないのだろうか。少なくとも幼少の頃にはなんら特別な準備をする必要はないように思われるといえないこともない。現実の問題が生じたときに子どもを助けてやれば充分なのかもしれない。

　このような態度を生じやすくするような要因はユダヤ人の親たちの側にある。余計な問題で年のいかぬ子どもに重荷を負わせることは常に不愉快なものである。子どもにユダヤ人意識をもたせることはとかく非ユダヤ人の学友や遊び仲間と自分とが違うのだという気持ちを子どもに起こさせやすい。それは彼の心に数々の問題を生じさせ，彼らとの間がなんとなく疎遠になってしまうこともあろう。だから子どもがそれを「平気で我慢」できるほど強くなるまで，できるだけ長い間そっとしておいた方がよくはないだろうか。少なくとも年のいかぬ子どもが反ユダヤ主義的な困難にぶつからずにすむほど一般の環境が充分友好的な場合には，常にそうするのが適切な教育方針ではなかろうか。

　しばしば親たちのこのような態度の基底には第2の感情が存在する。それはヒトラー以前のドイツにいたユダヤ人の大部分に特有なものであった。ユダヤ人問題を，絶対的な必要が存在しないような場合にまで投影することは，ユダヤ人の位置を危殆に陥れ，ユダヤ人と非ユダヤ人との疎遠さを増大させるきらいがあると考えられた。この問題をいわばできるだけ長い間，できるだけ多くの状況において，強調しないでおくことによって，ユダヤ人問題は漸次消滅するであろうと期待された。

　このようなやり方は子どもを助けることにはならないで，むしろその反対に逆効果をもつ可能性がおおいにあると私は信ずる。それは拙い教育方針で，子どもを不必要に深刻な葛藤に陥れることになりかねない。それは彼が困難に処していく能力を弱めるのみならず，彼の行動が反ユダヤ主義を減少させるので

はなくむしろ増大させることにもなりかねない。

　この点を明瞭に看取するために，成長の途上にある子ども自身の観点から，そこに含まれる心理学的諸問題の性質をもう少し詳しく論じなければならないであろう。

III

　その基底に横たわる問題は，けっして単にユダヤ人だけの問題とは限らない。特権の少ないどのような集団の成員もそれに当面しなければならない。例えば，アメリカの黒人に対する差別待遇のように，特権の欠如が社会的な原因から生じているような場合だけでなく，聾のように身体的な欠陥から生じているような場合にも，このことは驚くほど高い程度まであてはまるのである。一般問題に対して，基本的な問いはこうである。集団への所属性は個人にとっていかなることを意味するのか，またそれは特定の状況において彼の行動にどのような影響を与えるのか。この問題を明らかにするために，ユダヤ人のでない例を2つ引用したいと思う。

　北部のある工業中心地で家事に携わっていた若い黒人の娘が彼女の白人教師から公務員試験を受けるように勧められる。彼女はトップで合格して公立プールへ配属される。いままでこのプールに黒人を採用することは禁止されてきた。所長も黒人を採用したがらない。彼の反対は人事院当局によって却下される。彼は黒人の娘を彼女の資格以下の位置──清掃の仕事──に雇い入れる。娘は不平もいわずに働く。数週の後，彼女は自分もプールで泳いでみたいと思う。泳ぎ出すとただちに一群の白人の男たちが彼女のところへ近づいてきて，あまり丁寧でない態度で彼女を取り扱い，泳ぐことをやめさせてしまう。ショックがあまり大きかったので，彼女は職を辞しただけでなく，公務員職の中で彼女が応募しうる他のどんな仕事に応募することもやめてしまった。この事実を私に話してくれた白人教師の話では，その後しばらくしてあるデパートのエレヴェーター・ガールをしているこの黒人の娘にひょっこり出会ったそうである。教師はもう一度公務員の位置に戻るように勧めたが，この娘は隷従的な位置以上の地位に就くことには自信も関心もすっかり失ってしまったように思われた。

　これほどひどい打撃を受けたことを聞いて私はこの黒人の娘が子どものとき

には白人の子どもたちと対等の立場でとりわけ友好的な関係を結んできたのだろうと思った。よく調べてみると，彼女は実際に白人と黒人との差別待遇をしない子どもたちのグループの中で成長してきたことがわかった。

　さらに他のある例を考察すると基本問題がもっとはっきりするであろう。この例はちょっと見ると少数者の問題とほとんど関連をもたないように思われる。

　里子の身の上話はしばしばかなり悲劇的な展開を示すことがある。非常に幼くして引き取られた子どもは里親たちを自分の本当の親だと思って大きくなる。里親たちは子どもが自分たちを実の親だと思ってくれるようにと願って，子どもに本当のことを語らない。しかし15，6になると彼が「単に」里子にすぎないのだということを誰からともなく聞いてくることも珍しくない。その結果がこの子どもの心を荒廃させることはしばしば想像に余るものがある。学校で模範生だった子どもの席次が下がり，どんな勉強も真剣にやらなくなり，無頼の徒に身を落とすような場合もよくある。里親たちが相変わらず子どもに対して変わらない愛情と誠実さの証拠を示し続け，家庭の「客観的」な関係にもなんら変わったところがないような場合でさえ，このような反応が観察された。そうした場合，この嘆かわしい効果は度はずれに大きな比重をもっているように思われる。というのは里親に対する子どもの所属感のほかには何も変化していないのだから。

　このような経験の結果，里子の斡旋を引き受けている筋では里親に対して，ずっと幼い年頃から児童に本当の事情を知らせておくようにと忠告する方がよいと考えるようになった。里子には普通次のように告げられる。たいがいの子どもたちは選択されずに親たちに授けられる。ところが彼はずいぶんたくさんの子どもたちの中から親たちに**選ばれたのだ**。だから，「選ばれた子」であることをとりわけ誇りに思っていい，と。その結果，里子はしばしば自分が選ばれた子であるということを本当に自慢にしている。青年期に入っても彼はこのような問題にぶつかって困難を経験することはない。もし彼がその時期になってはじめて真実を学んだのであれば，おそらくその存在の根抵そのものを揺るがされたことであろう。

IV

　里子が 3 歳のときに本当の事情を学ぶのと 15 歳のときにそれを学ぶのとで，どうしてそんなに大きい差異が生ずるのか。

　その答え，少なくとも答えの一部分は，次のような事実の中に見出される。個人が所属している集団は，彼がよって立つ地盤である。それは彼に社会的地位を，また，安定性と援助を与えたり奪ったりするものである。この地盤の堅牢さや脆弱さは意識的に知覚されていないこともある。ちょうどわれわれが必ずしも自分たちの歩んでいる物理的地盤の堅牢さを考えながら歩いてはいないように。しかし力学的に見れば，この地盤の堅牢さと明瞭さは，個人がしようと欲すること，彼がしうること，および彼がそうしようとする仕方を決定する。このことは物理的な地盤についても社会的な地盤についても等しく真実である。

　実験心理学の発達とともにますますはっきりと示されてきたところによると，人と彼の心理学的環境とも呼ぶべきものとは別々の存在として取り扱うことができず，力学的に見ると 1 つの場を形成している。例えば，最近行われた数々の実験は児童の知能が異なるタイプをもつ周囲の諸条件によって著しく変化することを示した。周囲の諸条件の安定や不安定が，成長しつつある児童の安定や不安定を助長することを示すたくさんの証拠がある。母親の気分や緊張が子どもの気分や緊張にどんな影響を与えるかということは誰でもよく知っている。

　これと同じ事実をもう少しテクニカルな別の言い方で述べると，児童が分化された，安定度の高い人に成長するということは，児童を取り巻く心理学的諸条件が発達して，分化された安定度の高いものになるということと機能的に同じであるか，または少なくともそれと非常に深い関係をもっている。子どもの目を通して見ると，はじめのうち彼の世界は未分化で，食事の経験というような 2, 3 の領域だけがはっきりした形と色合いをもっている。そのうちに彼の世界の中で，はっきりと輪郭づけられた部分の広がりがだんだん大きくなってくる。「子どもは自分自身の存在について学び，かつ知識を得，自分自身への方向づけをもつようになる」といわれる。しかしこの学習がそれ以上のものを意味していることを覚らねばならない。すなわち，子どもは自分の住む世界を築き上げ，自分の立つ地盤を築き上げるのだということである。幼い子どもの

頃から，社会的事実，とりわけある集団への所属感はこの成長する子どもの世界の最も基本的な構成要素の1つであり，また個人の考える正否の規準，彼の願望や目標をも決定するものである。

　このように見てくると，先に述べた黒人の娘の行動はもっとよく理解される。彼女はお互いに対等の立場で相手を取り扱う黒人や白人の友達の間に成長した。この娘は文字通り人権の平等を信じていた。アメリカの憲法はすべての市民にこの権利を許していることを彼女は学校で学んできたのである。かいつまんでいうと，この娘は黒人と白人の平等というイデオロギーをもって成長し，未来に対する彼女の展望もこのイデオロギーに基づいていた。この信念が幻想にすぎないとわかったとき，娘の世界がその奥底までぐらつかざるをえなかったことは察するに難くない。

　この娘がプールで手荒い扱いを受けたか受けなかったかというようなことはそれほど大きな問題ではない。大切なことは彼女が自分の所属している集団と他の集団との相互関係についていままで抱いてきた気持ちを変化させる上に，このような仕打ちがどんな意味をもっているかということである。娘は永年の間こつこつと築き上げてきた彼女の心理学的世界の中で社会構造が突然瓦解するのを見た。いまや彼女は方向づけを失ってしまった。行動の方向を決めるための基礎を失ってしまった。彼女がいままである目標に近づくつもりで行っていた行動が本当にその方向に向かっているのかどうかわからなくなってしまったのである。それだけではない。世界の安定性に対する信頼は手ひどくぶち壊された。そのような安定性がないとなれば，これから先どんな計画を立てても無意味である。

　「客観的には」何の変化も起こらなかったにもかかわらず里子が絶望に陥る，ということの背後にも同じような原因がひそんでいる。集団への所属に関していままで自分が占めていた位置に変化が生じ，したがって，自分の世界の中に存在する事実の全体に対して彼がいままでもってきた関係に変化が生じた。彼もまた長年築き上げてきた世界が一瞬にして崩れ落ちるのを見た。そして，彼が立っている地盤の安定性に対する信頼，したがって未来のために計画しようとする意志が失われてしまったのである。

　ここからユダヤ人問題に対して次の2つの点を容易に演繹することができる。
　(1)　社会集団に対する所属性やその中での地位に関する経験，あるいはそ

の他われわれが立っている地盤の構成要素に関する経験の重要性を判定するにあたって，このような経験の頻度や不愉快さそのものにあまり大きな重みをおいてはならない。むしろ個人の生活空間の構造がどれほど大きな変化を被っているかという点からこの経験の意味を考察せねばならない。すなわち，子どもがどれほど頻繁に偏見を経験するか，あるいはまた，そのような偏見を荒々しい仕方で経験するか丁寧な仕方で経験するかというようなことはあまり大きな問題ではないのだということを，ユダヤ人の親たちはよく覚らねばならない。大切なことは非ユダヤ人集団に対するユダヤ人集団の位置を決定するにあたって，また，数々の状況中ユダヤ人集団への所属性がその主たる要因であると考えられるような側面を決定するにあたって，上記の経験がどういう意義をもつかということである。

(2) 安定的な社会的地盤は非常に幼少の頃におかれるということはとりわけ重要なことである。「里子」と呼ばれる経験は本当の事情に気づかずに15歳にもなった少年の心を根底から覆す場合がある。ところが，3歳頃から適切な仕方でこの本当の事情を知らされている子どもには，同じような経験もほとんどまたはまったく影響を及ぼさないであろう。成長の途上にある子どもが比較的安定的な仕方で順応しうるような社会構造の種類は驚くほど多様である。しかし一度躓いた後に新たに安定的な社会的地盤を築き上げるということはきわめて困難なことであると思われる。

V

人が所属する集団は援助や保護の源として役立つだけではない。それはまたある種の統制やタブーをも意味している。いいかえれば，集団は個人の「自由運動空間」を狭める。個人の集団に対する順応という問題を論ずる場合にこのことは非常に大切である。かくして，基本問題は次のように述べられる。集団の生活や目的を不当に侵害しないで，個人は自己の個人的要求を充分な程度まで満足させることができるか，と。

集団への所属性が個人の支配的目標の達成を援助しないでむしろ妨害するような場合には，個人と集団との間に葛藤が生じ，熱心に集団を離脱しようとする態度が生まれることさえある。一部のユダヤ人が反ユダヤ主義をもっている

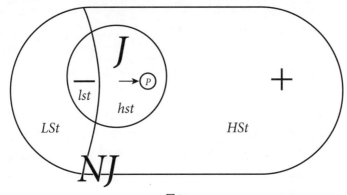

図 24

J, ユダヤ人集団；*NJ*, 非ユダヤ人集団；*LSt*, *HSt*, 非ユダヤ人の低い社会層と高い社会層；*lst*, *hst*, ユダヤ人の低い社会層と高い社会層；*P*, 人；→, *lst* から遠ざかる方向に向かって個人に作用する力．

特権の少ない少数者（*J*）の成員（*P*）が彼の集団のうちで多数者（*NJ*）の高い社会層（*HSt*）に類似していないような部分（*lst*）に対して示す嫌悪は，この部分があるために少数者が多数者から低い社会層の一部と見なされる危険があるのだという気持ちによって増大してくる．

ということはよく知られているが，これは個々のユダヤ人がユダヤ人集団への所属性を好ましく思っていないことの1つの表現である．ドイツにおいてはドイツ系ユダヤ人と東欧系ユダヤ人との関係においてこのことがはっきりと看取される．アメリカではスペイン系のユダヤ人とドイツ系のユダヤ人，最近ではドイツ系ユダヤ人とポーランドまたはロシヤ系のユダヤ人との関係においてそれが見られる．同じような傾向は学園における富裕なユダヤ人のフラタニティと貧困なユダヤ人のそれとの間にきわめて明瞭に認められる．

　また，すべて特権の少ない集団には，その社会で大きな特権をもっている集団の価値を受け入れようとする傾向が存在しているように思われる．特権の少ない集団の成員はしたがって自己の集団の内部にあってそのような価値に同調しないような者に対しては，何によらず極端に敏感になる．なぜならそれは彼が一段低い標準をもつ集団に所属していることを感じさせるからである．自己の集団に対するこのような感情はその集団をひいきにする個人の自然な傾向と葛藤する．その結果特権の少ない集団の成員の側には自己の集団に対する典型的な両価的態度（ambivalent attitude）が生まれる．

VI

　里子の受けた打撃にも比すべき現象は次の事実の中にも見出される。ナチの反ユダヤ政策の結果として生じた最も深刻な打撃は，みずからよきカトリック教徒あるいはプロテスタントをもって任じていたユダヤ人──片親または祖父母の一方がユダヤ人であるような人々──の間に起こった。こうした不幸な人々は生まれ落ちて以来ずっとその一部だとばかり思ってきた当の集団への所属の権利が突然否定されたとき，自分たちの社会的地盤が崩れていくのを経験した。最もよく啓蒙され，最もよく教育の行き渡った国の1つであると考えられていたドイツが激しいユダヤ人迫害の挙に出たとき，世界中のユダヤ人の生活の基礎は彼らほどではなくともはなはだしく動揺させられた。それは多くのユダヤ人が好んでもっていたイデオロギーに対して加えられた一撃であった。彼らは反ユダヤ主義を1つの「偏見」と見なすべきだとし，そのような偏見は「よく教育された人々ならもたない」はずだとか，「啓蒙」を通じて克服の望みがあるとか考えていた。ドイツのユダヤ人迫害はこの問題が個人内私的な基礎に立って取り扱いえないものであることを明らかにした。それは集団間の社会的な問題と見なされねばならない。

　アメリカにおける多くのユダヤ人の間に観察される適応性の欠如ということについては，しかし，別な要因がおそらくいっそう重要であろう。それは多くのユダヤ人が「境界人」としての位置をもっていることである。

　最近ある東部の大学の女子学生，才気煥発で，美しくて，よくできる，したがって全体としてとりわけ望ましい位置にある女子学生はこの気持ちを次のように表現した。

　　あなた方は私が中間的な立場で喋っていることに気づかれたかもしれない。それは私に打ってつけの位置だと思う。といっても私が両者の中道をとっているからではなく，むしろ高見の見物をしているからなのだ。私は何を考えるのか，なぜそう考えるのかということについてまったく決心をしたことがない。その点私は典型的なユダヤ人なのだ。

　　私をご覧なさい。私は右にも左にも組みしない。ユダヤの女としても，私は一人

前ではないのだ。必要とあれば私は礼拝にも行く。私の家系はよい家柄だそうだが，それがどんなものだか考えてみたこともない。イギリスの詩人ならあまり重要でない人の名までずいぶんたくさん知っている——しかしユダヤ人の詩人となると，一番すぐれた詩人が誰だかも知らないくらいだ。私の教育は徹頭徹尾キリスト教的であった。私が美徳と思っているものはキリスト教的な美徳である——少なくとも私が頭で考えることはそうなのだ。ときおり自分の心の中にまったくユダヤ的な特徴を見出すことがある——私はびっくりしてほとんど気が遠くなるほどである。私がユダヤ人であることに気づくのは人がそういうからであり，私がユダヤ人の友達をもっているからだ。それ以外にはユダヤ人であることが私にはたいした意味をもたない。

　これで私がユダヤの女として一人前ではないことがおわかりでしょう。ところでアメリカ人としてはずっとましな人間かというと，そうでもない。この学校にいても私はユダヤ人という魔法の輪の中で動いている。もう1つの輪，すなわち非ユダヤ人の方では私のいることなど忘れてしまっているし，私の方でも彼らのことを忘れている。ときおり2つの輪が，あるときは多く，あるときは少なく，互いに触れ合うことがある。私は他の輪にいる人の1人と友達になる。しかしそれは自意識の強い友達づき合いなのだ。相手が男の子だと私の方では彼が私をどう思っているだろうと気になるし，彼の方ではフラタニティの連中がどういっているだろうと気になるのだ。相手が女の子だと私たちはお互いに人種的偏見の束縛を乗り越えたことを心の中で祝福し合う。私はファイ・ベータ・カッパ会[訳注2]の会員名簿を見るときには，どれほど多くの選ばれた人がユダヤ人であるかということを抜け目なく指摘する。私は自分がユダヤ人であることを隠しているときでも，あるいはまた，他人に強く印象づけようとしているときでも常にユダヤ人であることを意識しているわけだ。

　それではいったい私は何者だろう。ユダヤ人にいわせれば，私はアメリカ人である。アメリカ人にいわせれば，私はユダヤ人である。そんなふうでいるのはよくないことだ，本当によくないことなのだ。だからユダヤ人が反ユダヤ主義から解放されたいと思うなら，私のような人間をどっちつかずの位置から離れさせるほかに道はない——曖昧な位置から離れていえすれば，どちら側につくかということはさほど重要なことではない。われわれはみずからの目の梁木（うつばり）を取り除かねばならないのである。

　このような不確定な態度は多くの若いユダヤ人にはかなり特徴的なことであるが，それはユダヤ人の個人がユダヤ人であるとともにアメリカ人でもあると

いう事実によるものとばかりはいえない。ブランデイス（Brandeis, L. D.）はその有名な言葉の中で，二重の忠誠ということが曖昧な態度を生じさせるのではないと説いたが，このことは社会学的に見て正しい。アイルランド人，ポーランド人，ドイツ人，スウェーデン人など多少ともその国民性を背景にもつ数々の少数集団をその中に含んでいるアメリカでは，それはとくに明瞭な事柄である。さらにまた，どのような個人でも普通数多くの重なり合う集団に所属している。家族，友人，職業あるいはビジネスの集団等がそれである（p. 148, 図20を見よ）。彼はたえざる葛藤や不確定の状態に投げ込まれないで，それらすべての集団に対する忠誠を守りうるのである。

　多数の集団への所属ということではなく，所属性の**不確定**ということが困難の原因なのである。

　事実上すべての特権少なき集団において，自分たちは本当ならこんな特権の少ない集団などに所属する人間ではないのだと思っている人々が相当多数見出されるであろう。ところが特権をもっている多数者の方では彼らを自分たちの仲間だとは見なしていないのである。しばしばこのような人々は特権の少ない集団の中では比較的多くの特権をもつ連中であり，境界を踏み越えることを陰に陽に企図している連中であって，彼らは社会学者のいう「境界人」の位置を占めている。彼らは甲の集団にも乙の集団にも所属せず，両集団の「中間」に立っている連中である。境界人が当直する心理学的困難——彼が陥る多少とも永続的な葛藤状態から生じてくるところの，行動や態度の不確定，不安定，またしばしば自己嫌悪——は社会学徒にもよく知られている。

　特権の少ない集団の中に「境界的」な人が発生する頻度は，特権の多い集団と特権の少ない集団との差異が小さくなればなるほど増大する傾向がある。したがって集団の地位がよくなると個人の不確定と緊張が増大するという逆説的な結果が生ずる。

　現代のユダヤ人には，その行動の不確定を増大させるような別個の要因が存在している。彼は自分がどんな仕方でどの程度ユダヤ人集団に所属しているのかということについてしばしば確かでない。とりわけ宗教というものが社会的にあまり重要な問題でなくなって以来，ユダヤ人集団全体の性格を積極的に叙述することはかなり困難である。多くの無神論者を含む宗教的集団というか。成員相互の人種的特質がすこぶるまちまちなユダヤ人種というか。国家もなく，

人民大衆を住まわせる自己の領土というものをももたない国民というか。1つの文化と伝統のゆえに結ばれていながら，現実にはおおむね彼らが住む国々の価値や理想を受け入れている集団というか。ユダヤ人集団の性格を積極的に決定するということほど困惑させられる仕事は少ないと思う。なにゆえにこの集団が他と異なる単位として保存されねばならないのか，なにゆえにこの集団は生きんとする意志をまったく放棄しなかったのか，またなにゆえに諸国民がユダヤ人たちに完全な同化を許すことを拒否してきたのか，このような諸事実が生じた理由を看取することは容易でない。
　ユダヤ人集団に所属しているとはどういう意味か，また彼らが個人としてユダヤ人集団と同一視すべきか訣別すべきかということについて，多くのユダヤ人が不確定の状態にあるのは不思議ではない。しばしばユダヤ人はユダヤ人集団が自分にとってどんな意味をもっているのかということについての態度を変えることもあろうが，それも異とするには足らない。もしユダヤ人が宗教への信仰を失い，いままでユダヤ人独特の理想や使命と考えてきたものに対する信念を失ったとすれば，彼が集団からまったく離れ去る強い傾向を示すのももっともなことである。
　2つの集団間の境界上に立ちどまり（「高見の見物」），両方の集団に関係していながら実はどちらにも所属していないというような位置は，生物学的半ユダヤ人にとっては自然なことでもあろう。しかし「社会的半ユダヤ人」ともいうべき人たち，ユダヤ人への所属性に関して完全に決意しかねている人たちにも，これと同様の少なからず困難な状況が存在していることをわれわれは覚らなければならない。このような境界的位置にある男女はある意味で青年と同様の位置にある。青年というものはもはや子どもではなく，もうこれ以上子ども扱いされることもたしかに嫌なのであるが，それと同時に自分が大人として現実に受け入れられていないということも知っているのである。自分が立っている地盤についてこのように不確実であり，自分の所属している集団についても確かでないために，青年は不作法で落ち着きがなく，臆病であるかと思えば攻撃的となり，過度に敏感で極端から極端へと走るきらいがあり，また，他人にも自分にも過度に批判的な態度をとることになるのである。
　境界的な位置にあるユダヤ人はそれと同じような状況に一生涯とどまるように運命づけられている。ユダヤ人問題が起こってくると彼はユダヤ人と非ユダ

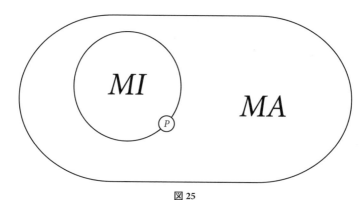

図 25

境界人。人 P は少数集団 MI と多数集団 MA との境界上に立っている。

ヤ人との双方の目でものを眺める。彼が問題をはっきり見極め、みずからの個人的価値をはっきりとわきまえていたならば、それはなんらの混乱をも生じさせない。そうした場合、彼は納得のいく公平な決定を行うための堅固な地盤の上に立っているだろうからである。境界的な位置にあるユダヤ人はしかし原則として自分の見解やそれぞれの側に対する個人的関係について明瞭に理解し自信をもつほどにはこれらの集団のいずれに対しても充分に根を下ろしていると感じていない。したがってかなり曖昧で不確定な、しかし永続的な内的葛藤の状態にとどまらざるをえないのである。彼は「永遠の青年」なのである。その行動には青年と同じような不幸と不適応とがはっきりと表れている。

VII

歴史が充分に示していることであるが、ユダヤ人の側の「よい行い」はけっして反ユダヤ主義が起こらぬことの保証にはならない。全体として見ると、ユダヤ人に反対する力は主として非ユダヤの多数者の内部的事情、例えばスケープゴートを求める状況によって生ずる。このような力は高い程度までユダヤ人の行為とは関係がない。ところでユダヤ人集団の行動に関する限り、重大なトラブルは結局彼らの劣等な行いよりも高等な行いから発展してきているといってもいいくらいである。ドイツでは反ユダヤ主義の原動力となったのは、経済、

社会，文化の面におけるユダヤ人の成功であった。ユダヤ人の性質に統制を加えるという試みが少しでも意味あるものだとすれば，むしろ次のように指図しなければならないであろう。反ユダヤ主義を避けようとするならば，ユダヤの青年がすぐれた性質を発揮するような訓練を施すな。彼らをすべて人並みの人間にするようにはからえ，人並み以下にできればなお結構である！と。

　ユダヤ人問題をそっとしておき，いわばそれを私的な問題にしておくことが，個々のユダヤ人の遭遇しそうな反ユダヤ主義の程度を軽減することにははなはだ好ましい効果をあげるとは思えない。ユダヤ人を分類すると3つのグループに分かれるであろう。すなわちユダヤ人であることを過度に強調する人々，正常の行動をする人々，およびユダヤ人であることを隠したり，強調したがらない人々，がそれである。どのような状況でどの程度までユダヤ人たることを強調すべきかということをわきまえている真ん中のグループの個人はおそらく最もうまくやっていくであろう。他の二者のうちでは，ユダヤ人であることを隠す人々よりもどちらかといえばそれを過度に強調する人々の方に，非ユダヤ人は，敵意をもたずに反応するようである。非ユダヤ人がユダヤ人の完全な同化を欲していない限り，第3のタイプに対して疑念を抱きやすいのは明らかである。しかし第1のタイプに関してはむしろ安心感をさえ覚えるであろう。第3グループの諸個人のあやふやな行動を見ていると，その位置やしでかしそうな行動がまったく見えすいている諸個人よりも，彼らの方がひょっとすると自分たちと対等の特権を手に入れることになるかもしれないと思われるのであろう。ユダヤ人が踏み越えてくることを人々が望んでいないような分野においても，なんとかしてその境界線を踏み越えようとの目的から，ビジネスや政治等の職業生活における彼らの対等の地位を利用するというような気配は，後者の場合にはあまり見られない。

　かくしてユダヤ人問題に関しては，ユダヤ人の親たちの行動は性教育その他あらゆる教育の問題におけると同様でなければならない。すなわち，**真実**で，**開放的**で，かつ**リアリスティック**でなければならないと結論されよう。次に実行にあたって考慮すべき諸点をあげよう。

　(1) 基本的な事実は彼らの子どもが特権の少ない少数集団の一員になろうとしていることである。子どもはやがてこの事実に立ち向かっていかねばならないであろう。

(2) この問題をできるだけ長い間子どもに知らさずにそっとしておこうとする試みは，おそらく後年の適応にあたってより大きな困難を生じさせるであろう。

　(3) 子どもが幼時の生活において幸い反ユダヤ的な困難に遭遇しないようなコミュニティにおいてもこのことは同じである。親たちはこの問題がいつかは起こるのだということを覚らねばならぬ。この問題に当面するのは早いほどよい。

　(4) ユダヤ人集団へのはっきりした積極的な所属感をこのように早くから築き上げることは，ユダヤ人の親たちが子どもの後年の幸福のためにしてやれる数少ない効果的な助力の1つである。このようにして親たちはユダヤ人の少数集団の状況に内在している曖昧さと緊張とを最小限に食い止め，そこから生ずる種々の形式の不適応に対抗することができるのである。

　(5) 親たちが使用すべきやり方のうちでも特に顕著なものは，ユダヤ人問題を個人の私的な問題として取り扱わず，社会問題として取り扱うということである。例えば，普通非ユダヤ人の多数者の間に見られるよりも以上に，厳格な仕方で子どもに善行を要求し，いっそう高い水準まで彼の個人的野心を高めさせるということは，子どもをいっそう厳しい緊張状態に陥れて，ますます順応を容易でなくするにすぎないことになる。親たちははじめから状況の社会的側面を強調すべきである。これはいっそうリアリスティックなやり方であり，反ユダヤ的経験の結果，ともすれば生じがちな，個人的不確定，自責，自己憐憫の防止に役立つ。

　(6) ここに含まれる社会学的問題をもっとよく理解することはユダヤ人の青年にとって特に価値のある事柄である。それは先に述べた最も手におえないパズルの1つ——ユダヤ人とはいかなる種類の集団であるか，ユダヤ人は個人的にこの集団に所属しているのかどうか——を解決する助けとなるからである。しばしば彼は自分が一部のユダヤ人よりは非ユダヤ人の友達の方によく似ていると感じるであろう。そしてこの似ているとか似ていないという感じを集団所属性の測定規準にしたがる。一部の社会学者が成員間のある種の類似性を集団を定義するための目印にしていることは真実である。しかし人々の間の類似性は彼らの分類，すなわち，同じ抽象概念のもとに彼らを包摂することを許すにすぎない。ところが，同じ社会集団への所属ということは，人々の間の具体的

力学的な相互関係を意味するのである。夫，妻，および幼児は1つの強固な自然的集団ではあるが，それにもかかわらず，幼児が他の幼児に対し，夫が他の男性に対し，妻が他の女性に対するよりも，相互にわずかしか類似していない。体制化の行き渡った強固な集団は完全に等質的であるどころではなく，むしろ多様な下位集団や個人をその中に含まざるをえないのである。2人の個人が同じ集団に所属しているのか，異なる集団に所属しているのかということを決定するものは，類似性や非類似性ではなくて，**社会的相互作用またはその他のタイプの相互依存性**である。集団というものは，**類似性よりもむしろ相互依存性に基づく力学的全体**として定義するのが最もよい。

　原則として青年はこの事実をよく理解することができる。それは彼がユダヤ人集団に所属するとか所属しないということが主として類似性非類似性によって決まる問題でもなく，好悪によって決まる問題ですらないということを看取する助けとなるであろう。彼はユダヤ人集団が人種，宗教，国民，あるいは文化等，いずれの意味の集団であるにもせよ，多数者によってはっきりと別個の集団として分類されていることが問題なのだということを理解するであろう。彼はユダヤ人集団の内部における意見や信念の相違その他のいろいろな非類似性を，どの集団にも見られるところのきわめて自然な事柄として受け入れる気持ちになるであろう。所属性の主な規準は**運命の相互依存性**であるということを彼は理解するであろう。若いアメリカ生まれのユダヤ人の中にはユダヤ国民という神秘的な考えを嫌うものがある。彼らは充分に呑み込めない，また嫌なものだとさえ思っているところの宗教的文化的価値のためにあえて悩もうとはしない。しかし彼らが他のアメリカ在住のユダヤ人や事実上世界中あらゆる国のユダヤ人との間に運命の相互依存性を担っているのだということをはっきり見通すほど充分に即事的な心をもつことが必要である。

　このような社会学的立場からのリアリスティックな相互依存性の理解に基づく所属感は，ユダヤ人の行動に適切なバランスを与えるのに大きな貢献をするであろうと思う。それは個人がユダヤ人問題を過度に強調するのを防止するとともに，自己の集団に対する責任の公平な割り当てなら進んで引き受けようという気持ちを生じさせるであろう。今日多くのユダヤ人の行動を麻痺させている不確定と葛藤的感情のもやもやした状態を，それは一掃するであろう。

　(7) 親たちはいわゆる「二重の忠誠」を怖れてはならない。1つ以上の重な

り合う集団に所属するということは誰にとっても自然な、また必要な事柄である。本当の危険は、しっかりと足を踏まえる「場所がない」こと――「境界人」であり、また「永遠の青年」であるということにあるのである。

訳注

[1] 大学における一種の社交クラブ。男子学生が作っているものをフラタニティ、女子学生が作っているものをソロリティという。

[2] アメリカの大学における最古かつ最も有名なギリシア文字クラブ。会員資格は優等生にだけ与えられる。ファイ・ベータ・カッパ（φBK）は φιλοσοφία βίου κυβερνήτης（生活を導くもの、哲学）の頭文字をとったもの。

第12章

ユダヤ人の自己嫌悪（1941年）

　ユダヤ人の間に自己嫌悪があるということは，非ユダヤ人には信じられないことであろうが，ユダヤ人自身には周知の事実である。それはユダヤ人が解放されて以来，観察されてきた現象である。レッシング（Lessing）教授は『ユダヤ人の自己嫌悪』（*Der Judische Selbsthass*）という書物の中でドイツにおけるこのトピック（ただし1930年のもの）を取り扱った。ルトヴィビ・レヴィゾーン（Lewisohn, L.）の小説「内部の孤島」（Island Within, 1928）は1930年頃のニューヨークにおけるユダヤ人を描いたものであり，シュニッツラーのものは1900年当時のオーストリアのユダヤ人問題を取り扱ったものであるが，このような小説はそれらがえぐってみせる問題の類似性ということにおいて目立っている。これらの異なる国々において同じような葛藤が発生し，種々の社会層や職業に関係するユダヤ人がいずれも似たりよったりの仕方で解決を試みているのである。

　ユダヤ人の自己嫌悪は集団現象でもあり，個人現象でもある。ヨーロッパにおいては，ユダヤ人集団のある者が他の者に対して敵対感情を表すことがあるが，その顕著な例は東欧のユダヤ人に対するドイツまたはオーストリアのユダヤ人のそれである。もっと最近の例としてはフランスのユダヤ人がドイツのユダヤ人に対する態度に見られる。ドイツにおいてユダヤ人が経験するトラブルはすべて東欧のユダヤ人の悪い行いによるものだという意見は，ドイツのユダヤ人の間で一再ならず聞かれたものである。アメリカではスペインのユダヤ人が移民として渡ってきたドイツのユダヤ人に反感を覚え，さらに後者は東欧のユダヤ人に敵意をもっているが，これはちょうどヨーロッパでの状況そのままである。

集団よりもむしろ個人の立場に立っていうならば，ユダヤ人の自己嫌悪はユダヤ人全体，ユダヤ人の特定部分，自己の家族，あるいは自分自身等，いろいろな対象に向けられることがある。またユダヤの制度，ユダヤの因習，ユダヤの言語，あるいはユダヤの理想等に向けられることもある。

　ユダヤ人の自己嫌悪が現れる形式はほとんど際限がないほど多様である。そのうちのたいがいのもの，そして最も危険な形式は一種の間接的な陰蔽された自己嫌悪である。ユダヤ人同士の間で，あけすけな，率直な軽蔑に出くわす場合だけを勘定に入れるならば，その数はわずかであろう。私が経験した最も顕著な例は，オーストリアから亡命してきた教育のあるユダヤ人が他のユダヤ人亡命者の夫婦に出会ったときの行動である。彼は激しい嫌悪の調子を言葉に表して，ドイツのユダヤ人の気に食わぬ特徴を語っていたが，突然われを忘れてヒトラーの弁護を始めたのである。

　しかしこんなのはまれな出来事である。たいがいの場合，ユダヤ人の同胞やユダヤ人としての自己自身に対する嫌悪の表現はもっと陰性である。この嫌悪はよく他の動機と絡み合っているので，1つひとつの場合に自己嫌悪が含まれているのかいないのかを決定するのは困難である。ある教育のあるユダヤ人の無神論者を例にとろう。彼は寺院で講演をするということにしぶしぶ同意した。彼の話が始まる前の勤行の間，彼は**タリス**（talith ―― 祈禱の際につける袈裟のようなもの）を見せつけられるのが我慢ならないと私に話していた。この嫌悪はユダヤ人の会堂に対する彼の親父の否定的態度によってはじめて彼の心に植えつけられたという。われわれはこれを反ユダヤ的感情の一形式として扱うべきなのか，無神論者の宗教に対するはなはだしい嫌悪として扱うべきなのか。また，ユダヤの慈善院にはビター文も寄進しようとしない金持ちのユダヤ人があるが，彼らはみずからと同じユダヤの民衆を嫌悪しているのかあるいはただのケチン坊にすぎないのか。デパートや商店をもっているユダヤ人の店主がふんぞりかえってユダヤ人を雇わぬようにしているように思われることがある。しかし彼のやっていることは正直なところ諸種の事情を考慮してなしうる精一杯の事柄であるかもしれない。

　ユダヤ人が同じユダヤ人たちとは一緒にいたくないのだということを率直に認めるような場合は ―― 時たま起こることはあるが ―― 頻繁には起こらない。ユダヤ人の集まりを避ける人たちはたいがい「もっともな理由」をもっている。

彼らは非ユダヤ人の集まりで忙しくて、「暇がないだけ」なのである。ユダヤ教信仰よりも「倫理的教化」[訳注1]（Ethical Culture）や「キリスト教信仰療法」[訳注2]（Christian Science）の方を好む若者は、ユダヤ的なものから逃れようというわけではなく、他の集団のもつ諸々の価値に心をひかれているのだというであろう。

　いうまでもなくある場合にはこれらの「理由」が本当に掛け値なしの理由であることもある。しかし疑念を抱かせるような事実もないではない。ユダヤ人と非ユダヤ人との結婚においてはユダヤ人でない片親の方が子どもの教育に関してしばしばはるかにリアリスティックであろう。彼は子どもがユダヤ人集団の内と外とどちら側にいるのかということをはっきりわきまえながら成長することが必要なゆえんを見通しているように思われる。ユダヤ人であるもう一方の親は、アメリカでは子どもたちは終始人間として成長することができるのだという立場をしばしばとるのである。オーストリアやドイツの金持ちのユダヤ人の多くは子どもに洗礼を受けさせたり、その他いろいろの仕方でできるだけ彼らを典型的な非ユダヤ人の集団に結びつけようとするが、もちろん彼はそうした連中と同じような気持ちに動かされていることを否定するであろう。

　ところで、先に述べた無神論者がユダヤ宗教のシンボルに対して抱いたような嫌悪がもし彼の唯一の動機であったとすれば、他の既成宗教のシンボルに対しても彼は同じような嫌悪を感ずるはずであろう。そうでないとすれば、それは彼の行動の背後に何か別なものがひそんでいる証拠である。正統のユダヤ教を信奉していないユダヤ人の家庭の子どもが母親に向かって「年寄りのユダヤ人が**タリス**をつけて礼拝しているのを見ていると気持ちがよくなる。まるで私自身がお祈りしているような気がする」と言うのを聞くと、宗教に冷淡であるということが必ずしもこのような嫌悪を生じさせるとは限らないのだということがわかる。ユダヤ人に関係のある事柄には寄附したがらない商人が、非ユダヤ的な活動となるとなぜこうも見境なしに無駄銭を注ぎ込むのか。ユダヤ人の子どもたちだけを対象としている伝道キャンプがなぜ非ユダヤ人の先生ばかりを雇い、キリスト教の日曜勤行を行って、ユダヤの歌も歌わずその他のユダヤ的活動もしないのか。

社会現象としての自己嫌悪

　ユダヤ人の自己嫌悪を，深層に座をもつ人間本能の現れとして説明しようという試みがなされてきた。この行動はフロイトが自己破壊への衝動または「死の本能」と呼ぶものの好例であると思われる。しかしこのような説明はあまり価値がない。ユダヤ人がユダヤ人に対してもっているほど強い嫌悪を，イギリス人がその同国人に対してもたず，またドイツ人がドイツ人に対してもたないのはなぜか。かりに自己嫌悪が一般的本能の結果であるとすれば，自己嫌悪の程度は個人のパーソナリティにのみ依存するものと期待すべきであろう。しかし個々のユダヤ人が示す自己嫌悪の程度は彼のパーソナリティよりも，ユダヤ的なるものに対する彼の態度にずっと大きく依存しているように思われる。

　ユダヤ人の自己嫌悪は特権の少ない多くの集団にもその対応者をもつような現象である。自己嫌悪の最も極端な，よく知られた事例の1つはアメリカの黒人の間に見出される。黒人はその集団の内部で肌の色の濃淡に応ずる4つないし5つの層を区別している――肌の色が明るいほど高い層に属するのである。彼らの間のこの差別視は非常に顕著で淡色の肌をもつ娘は色黒の男とは結婚したがらないほどである。これほど強くはないが，それでもはっきりそれと認められるような自己嫌悪の要素が，ギリシア，イタリア，ポーランドその他の国からアメリカへの移民として渡ってきた連中の第2世の間にも見出されることがある。

　自己嫌悪のダイナミックス，および，それと社会的諸事実との関係は，もう少し詳細に検討してみることによって明らかになる。中西部のあるハイカラな大学にいるユダヤ人の娘が打ち明けて話したところによると，彼女はいつも友達に向かって両親がアメリカ生まれであるということを強調して語って聞かせた。ところが実をいうと，彼女の父親は東洋から渡ってきた第1世移民なのである。彼女はいまでは，心から愛している父に対して悪いことをしたと思っている。それで，もうこの大学をやめるつもりなのだ。どういうわけがあって彼女はそんなことを言ったのだろう。もし素性が知れたら，彼女は学校でもハイカラな連中の社交サークルには仲間入りさせてもらえないような気がしたのである。

家族集団に対するこのような行動の原因はかなり明瞭に突き止められる。個人は未来に対してある期待や目標を抱いている。ところがこの集団に所属していることはこのような目標を達成するための手足まといになると見られる。そこでこの集団から離れていたいという傾向が生まれる。この女子学生の場合には，それが家族への心理的つながりと葛藤することになった。彼女はこの葛藤に堪えることができなかったのである。ところで，そうしたフラストレーションが，その源泉たる自己の集団に対して嫌悪の情を生じさせることになったのは容易に納得できる事柄である。

　あるユダヤのレディがユダヤ人でない友達と気のきいたレストランで食事をしていたが，他の2人連れの客が明らかに少々聞こしめして不作法に振る舞うので，彼女は非常に迷惑がっていた。どういうわけか，彼女はこの連中を，ひょっとするとユダヤ人かもしれないと思っていたのである。友達は彼らがユダヤ人でないということをはっきり示すような言葉を述べた。このレディはホッと胸をなでおろし，それから先はこの連中の大騒ぎを迷惑がるよりもむしろ面白がって見ていた。こうした事柄は日常茶飯の出来事である。ここで特に目立つ現象は，他のユダヤ人の行動に対してこのユダヤ婦人が極端に敏感であるように思われることである。それは自分の子どもが人前で振る舞うときの行動に対して母親が示す敏感さに似ている。この例や先の女子学生の例に共通して見られることは集団と同一視されることによって，自分の地位が脅かされるとか未来が危険に曝されるという気持ちを個人が抱いている点である。

　同じ集団の他の成員の行動に敏感であるということは，集団生活の基本的事実，すなわち，運命の相互依存ということの1つの表現にすぎない。自分はユダヤ人とのつながりによって左右されないと揚言するユダヤ人が，なおしばしば大きな敏感さを示すのは，この間の消息を明示するものである。彼らの言葉にもかかわらず，この連中が社会の現実に何らかの仕方で気づいていることをそれは示している。事実，アメリカにおけるユダヤ人のあらゆるコミュニティ，アメリカにおけるユダヤ人のあらゆる個人の生活や自由や幸福の探究は，集団としてのユダヤ人がアメリカのもっと包括的なコミュニティの中でもっている社会的地位に特別な仕方で依存している。万一ヒトラーが戦争に勝った場合には，このような特別な運命の相互依存は個々のユダヤ人すべての生活において最も重要な決定要因となるであろう。かりにヒトラーが敗れた場合にも，この

相互依存性はやはり子どもたちの生活にとって支配的な要因の1つとなるであろう。

集団成員性に向かう力およびそれから遠ざかる力

　分析的に見ると，集団成員に関して2つのタイプの力が区別される。その1つのタイプは成員を集団の中へ引き入れ，彼をその内部にとどめておく力であり，他は成員を集団の外部へ駆り立てる力である。集団に向かう諸力の源泉にはいろいろなものがある。個人がその集団の他の成員に魅力を感ずる場合もあり，他の成員が彼を集団の中へ引き入れる場合もあり，個人が集団の目標に関心をもっている場合もあり，そのイデオロギーに共感を覚える場合もあり，1人でいるよりはこの集団に入った方がましだと思う場合もあろう。これと同じように集団から遠ざかる力は集団がある種の嫌な特徴をもつ結果として生じている場合もあり，外部の集団がより大きな魅力をもつことを表現している場合もあろう。

　集団に向かう力と集団から遠ざかる力とのバランスがマイナスになるとき，他の要因によって妨害されない限り個人は集団を立ち去るであろう。したがって出入り「自由」の条件下では，集団は彼にとって正の力が負の力よりも強いような成員のみを含むであろう。集団が充分大きな数の個人に対して充分大きな魅力をもたないならば，集団は消滅するであろう。

　しかし集団に向かう力およびそれから遠ざかる力は必ずしも個人みずからの要求の表現であるとは限らない。外部の支配力によってそれが個人に加えられることもある。いいかえれば個人が立ち去りたいと思う集団の内部に，意志に反してとどまるように強制されることもあり，加入したいと思う集団の外部にとめおかれることもある。例えば，独裁者は誰1人脱走させないように国境を閉鎖する。社交上のサークルは入れてほしいと思う多くの人々に門前払いを食わせる。

特権の少ない集団における凝集力と分解力

　集団に向かう力および遠ざかる力の強度を決める重要な要因は，集団におけ

る成員性によって個人自身の要求充足がどの程度促進または阻止されるかということである。商工会議所や労働組合のような集団は成員の利益を促進するという明白な目的のために存在する。他方，集団の成員性はある程度まで個々の成員の行動の自由を制限する。結婚して快活有能な妻をもつということは夫の宿望を成就するにあたって非常な助けになることもあるが，一方，結婚が大きなハンディキャップになることもありうる。全体として個人目標の達成が集団によって促進または抑制される程度が大きいほど，集団に向かう力と遠ざかる力とのバランスはそれだけ大きくプラスまたはマイナスの値をとる傾向がある。

このように分析すると，社会的に特権を有する集団と特権を有しない集団との成員について一般的な供述をすることが許される。地位を得るということはわれわれの社会において個人の行動を決定する顕著な要因の1つである。さらにまた，特権を有する集団は特権の少ない集団よりもその成員に対して与えるところ多く，妨げるところ少ないのが普通である。このような理由から，どの国においても選良に所属する成員は選良の集団に踏みとどまろうとする方向に強いプラスのバランスを保つ。のみならず，個人がこの選良から離脱しようと思うならば（例外はあるが）普通には妨害なしにそうすることができる。

特権の少ない集団の成員は集団所属性によってむしろ抑制を受ける場合の方が多い。のみならず地位を得んとする傾向とは，そのような集団から遠ざかっていく力が存在するという意味にほかならない。同時に，社会的に特権の少ない集団では，境界を踏み越える自由な移動が，能力の欠如や外部的な力によって制限されたりまったく阻止されたりするのが認められる。特権の多い多数者やこの多数者のうちの影響力ある一部の者は自由な移動ということを禁止する。社会的に特権の少ないすべての集団においては，したがって，みずからの集団に向かう力と集団から遠ざかる力とのバランスの関係で集団から離脱したがる成員がかなりの数に上る。彼らは自分自身の要求から進んで集団の内部にとどまっているのではなく，彼の上に加えられた力によって引きとめられているのである。このことは特権の少ないすべての集団の雰囲気，構造，および体制の上に，また成員の心理の上に少なからぬ影響を及ぼす。

集団への忠誠とマイナスのショーヴィニズム

　あらゆる集団において文化的により中心的な層とより周辺的な層とが区別される。中心層は集団にとって最も本質的で代表的なものと考えられるような価値，習慣，理念，および伝統を含む。音楽家についていうと，それは理想的な音楽家を意味し，イギリス人についていうならば，それはイギリス人が典型的にイギリス的と考えているようなものを意味している。

　集団に忠実である人々はより中心的な層をより高く評価する傾向がある。いいかえれば，普通のイギリス人はイギリス的であることに「誇り」を覚え，イギリス的でないといわれることを好まない。しばしば中心層は過大に評価される傾向がある。そうした場合，「骨の髄までのアメリカニズム」（100% Americanism）とか，もっと一般には，ショーヴィニズム[訳注3]（Chauvinism）というようなことがいわれる。しかし中心層を積極的に評価するということは集団への忠誠ということの論理的な結果であって，集団を1つにまとめていく上に非常に本質的な要因である。このような忠誠がなければ，いかなる集団も進歩し繁栄することができない。

　集団から離脱したいと思っている個人はこのような忠誠の気持ちをもっていない。特権の少ない集団ではこのような個人の多くが，それにもかかわらず，集団の内部にとどまることを余儀なくされている。その結果，特権の少ないすべての集団において，多数の個人が自分たちの成員性を恥ずかしく思っているのが認められる。ユダヤ人の場合，そうしたユダヤ人はできるだけユダヤ的なものから遠ざかろうとするであろう。彼の価値尺度では，彼がとりわけユダヤ的と考えているような習慣，風采，あるいは態度をそれほど高い位置にはおか**ない**であろう。彼はそれらに低い位置を与えるであろう。すなわち，「マイナスのショーヴィニズム」を示すであろう。

　このような状況は次のような事実によってはるかに深刻なものとなる。諸力のバランスがマイナスになるような場合，その人は外部の多数者によって許される限り，できるだけユダヤ人の生活の中心から遠ざかっていくであろう。多数者によって立てられたこの障壁にぶつかると，彼は立ちどまってたえざるフラストレーションの状態におかれることになるであろう。心理学的に集団の内

部で安住している少数集団の成員たちに比べると，彼は事実上ずっと大きなフラストレーションを経験するであろう。実験心理学や精神病理学からも知られるように，このようなフラストレーションは全般的な高い緊張状態を生じさせ，アグレッション（攻撃的行動）に向かう一般傾向を伴う。少数集団の成員が自己の集団から離脱するのを妨げているのは多数者なのであるから，論理的に見ると，アグレッションは多数者に向けられるべきものである。ところが，この連中の目には，多数者の方が高い地位をもつものとして映る。それだけでなく，多数者はあまり強力すぎて攻撃の相手にならない。実験の示すところによると，このような条件下では，アグレッションはともすれば自己の集団または自己自身に向けられるのである。

特権を有する集団の態度がもつ力

　自己の集団に対するアグレッションへと向かう傾向は，このような事情のもとでは，もう1つ別な要因によって強められる。マーク・トゥエイン（Twain, M.）は白人の子どもとして育てられた黒人の物語を書いている。この子がはなはだ意地悪な卑怯なやり方で母親にたてつくと，母親は言う。「黒人のような真似はしないでおくれ」と。いいかえれば，彼女ははなはだよくない特徴を黒人特有のやり方だとする白人の口癖を受け入れていたわけである。

　低い社会層の成員が高い層の流行，価値，および理想を受け入れる傾向をもつということが社会学において認められている。特権の少ない集団の場合には，多数者が彼らに対して低い評価を与えることによって，成員たちの自分自身に対する意見が大きな影響を受けることをそれは意味している。モーリス・ペカースキー（Pekarsky, M.）が「門番」（gate-keeper）と呼んだ連中の見解や価値がこのように浸透していくことになると，マイナスのバランスを保つユダヤ人たちがユダヤ的なものから離れていこうとする傾向は必然的に強められる。ある人が典型的なユダヤ人であるほど，また文化的シンボルや行動のパターンが典型的にユダヤ的なものであるほど，この人には悪趣味なものと思われるであろう。自分をユダヤ人との関係やユダヤ人としての過去と完全に切り離すことができない場合には，嫌悪は自分自身にはね返ってくる。

特権の少ない集団の体制

　多数者の成員は少数者を「ユダヤ人」とか「黒人」とかいうステレオタイプによって特徴づけることができるところの，等質的な集団と考えることに慣れている。このようなステレオタイプは子どもがその中で成長をとげる社会の雰囲気によって成長途上の子どもの心に植えつけられるものであり，その偏見の程度は，個人が少数集団の成員との間にもってきた現実の経験の大きさや種類とは実際上独立なものであるということが明らかにされてきた。

　経済的その他の点で特権の少ない集団をもすべてその中に含めて，事実上**あらゆる**集団はいくつかの社会層を含んでいる。しかし，特権を有する集団と特権の少ない集団とに典型的な構造を比較すると，次のような差異が存在している。特権を有する集団の個々の成員（m）に作用する諸力はその集団の中心層に向かって方向づけられている。特権の少ない集団の成員に作用する諸力は中心領域から遠ざかる方向に，すなわち集団の周辺部に向かって方向づけられ，できれば，多数者のもっと高い地位に向かうべく方向づけられている。この成員は多数者によって設定された障壁が彼を阻止しないならば，集団を離脱するであろう。こうしたいきさつは根本においてマイナスのバランスを保っている特権の少ない集団の成員たちの心理学的状況を表している。それは根本において自分たちの同胞に対立するような立場をとっている人々の集団が表す構造である。

　集団の効果的な体制の維持が困難になるにつれて，集団の中にはマイナスのバランスを保つ成員が増大し，またこのマイナスのバランスがそれだけ強化されることは明らかである。経済的その他の点で特権の少ない集団を体制化するという課題が，集団を前進させるよりもむしろそれを離脱するということを現実の目標としているような成員たちによって，深刻な妨害を被るということは周知の事実である。特権の少ない集団の内部にこのように深く根ざしている目標の葛藤は，成員自身にとって必ずしも常に明瞭に把握されているとは限らない。団結して行動すれば対等の権利を獲得することができるくらい大きな集団でありながら，特権の少ない集団がとかく低い地位にとめおかれやすい理由の1つはここにある。

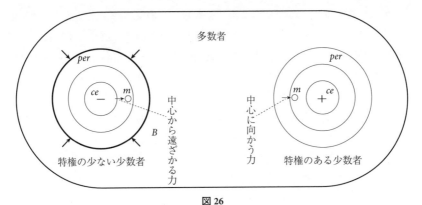

図 26

m, 個々の成員 ; *per*, 集団の周辺層 ; *ce*, 集団の中心層 ; *B*, 移行を禁止する障壁。

周辺層からのリーダー

　少数集団では，特別なタイプのリーダーが立たざるをえない。このことは，その集団の組織と行動にとってとりわけ有害なことである。どのような集団においても，もっと一般に成功を収めるような連中がリーダーシップを手に入れる傾向がある。ところが少数集団では普通経済的な成功を収めているとか，それぞれの職業において名をあげているような個々の成員たちが多数集団によって受け入れられることが多い。そのために文化的に見ると彼らは特権の少ない集団の周辺部におかれることになり，ともすれば「境界人」になりがちである。彼らはしばしばマイナスのバランスに身を委ねる。そして特権の少ない集団のうち多数者に受けないような連中と緊密に接触しすぎて，せっかくの「よいつき合い」がふいにならぬようにととりわけ気を配る。それにもかかわらず，彼らはその地位と権力のゆえに，特権の少ない集団からリーダーシップをとることを求められる。彼らの方でも普通少数集団の中での指導的な役割を引き受けることに熱心である。それは一部分多数者の中で地位を得ることの代償になり，また一部分はそのようなリーダーシップを得ることによって，新たに多数者と接触を保ち，またそれを維持することができるようになるからでもある。

　その結果，「周辺層からのリーダー」ともいうべきかなりパラドクシカルな

第12章　ユダヤ人の自己嫌悪　　201

現象が生ずることになる。集団に誇りをもち、その中に踏止まってこれを前進させていくような人たちの手で集団が指導されるのではなく、集団に対してどっちつかすの態度をもつような少数集団のリーダーが現れる。彼らは忠誠の外被に隠れて本心は集団を離脱することに熱心であり、マイナスのショーヴィニズムともいうべき行動に公然とその権力を用いようと試みる。非ユダヤ人の間で比較的満足すべき地位が得られると、これらの個人は主として現状の維持に汲々とし、非ユダヤ人の注意を喚起するような行動はできるだけ揉み消すようにと努める。このようなユダヤ人はクヌートセン[訳注4] (Knudsen, W. S.) が在米デンマーク人大会の議長をしたといってその「二重の忠誠」を非難することなどは考えもしないだろうが、ユダヤ人のことになると反ユダヤ主義者の目でものを見ることに慣れているので、あまりおおっぴらなユダヤ人的行動をすると二重の忠誠を難詰されはしないだろうかと怖れるのである。ユダヤ人が大審院の判事に任命されるような「危険」がある場合には、彼らはそのような処置を思いとどまるように大統領に進言することを躊躇しないであろう。

　はじめに述べたように、所定の事例について、ユダヤ人のショーヴィニズム、正常な忠誠、およびマイナスのショーヴィニズムを区別する境界が正確にはどこにあるのか、ということを決定するのは困難であるかもしれない。しかし男らしくない、賢明でない（なぜならリアリスティックでないのだから）緘口政策 (hush-hush policy) はユダヤ人の自己嫌悪と同じく、マイナスのショーヴィニズムや怖れの力から生じているのだということをわれわれの分析は明らかにするであろう。事実それはユダヤ人の自己嫌悪のうちでも最も有害な一変種である。

　第1次大戦以来、アメリカのユダヤ人コミュニティの指導的メンバーの間でそうした人々の占める割合が増大してきたことを示す事実がある。このような政策がドイツのユダヤ人に悲惨な結果をもたらしたにもかかわらず、1910年よりも今日の方が、マイナスのバランスに身を委ねているアメリカのユダヤ人の数はおそらくより多いであろう。

　他方、パレスチナの発展、最近のヨーロッパにおけるユダヤ人の歴史、およびヒトラー主義の脅威はこの問題をもっとはっきりさせた。ドイツの悪名高きナウマン大尉（Captain Naumann）のごとき少数のユダヤ人は、ファシズムの脅威のもとにみずからファシスト的な振る舞いをするようになった。しかしユダヤ主義との接触を失っていた多くのユダヤ人は、ヨーロッパにおけるナチズム

の脅威のもとにユダヤ主義にカム・バックした。革命の歴史の教訓によると，特権少なき集団の最もアクティヴで効果的なリーダーシップは，特権を有する集団を離脱してみずからの運命を自発的に少数集団の運命に結びつけた人々によってもたらされた。こうした人々においては，ある理由によって，集団に向かう力と集団から遠ざかる力とがとりわけ強いプラスのバランスを保たねばならなかった。意識の高いユダヤ人の列に再び加わったこれらの人々の中に有能なリーダーが万一見出されるとすれば，それは歴史の経験と一致することになるであろう。

ユダヤ人の自己嫌悪についてどんなことをなしうるか

　自己嫌悪は精神病理学的な現象であって，これを予防するのは主として精神病医の務めであると思われるかもしれない。しかし，現代の心理学は多くの心理学的現象が個人のおかれている社会状況の一表現にすぎないことを知っている。少数の場合については，ユダヤ人の自己嫌悪は神経症その他の異常なパーソナリティから生じたものであるかもしれないが，このような事例の大多数にあっては，むしろそれは正常な精神的健康をもつ人々の現象なのである。言葉を変えていうと，それは普通パーソナリティ全体に深い影響を与えるものであるが，やはり社会心理学的な現象なのである。事実，ユダヤ人における神経症的傾向はしばしばその集団が直面している諸問題に対して，彼らが適応性を欠いている結果である。

　ユダヤ人の自己嫌悪は非ユダヤ人との間に現実に地位の対等が得られるようになったときにはじめて消失するであろう。そうした暁にはじめて自己の集団に対する敵意は減じ，多数集団にも見られるほどの比較的重要でない割合にとどまることになるであろう。健全な自己批判がこれにとって替わるであろう。もっともそれまではどうしようもないと言っているのではない。所詮，反ユダヤ主義者として分類するわけにいかないようなユダヤ人もすいぶん数多いのであるから。

　ユダヤ人に見られるさまざまな形の自己嫌悪を避けるための唯一の道は，ユダヤ人集団に向かう力とそれから遠ざかる力とのバランスがマイナスであるのを，プラスのバランスに変化させることにある。すなわち，マイナスのショー

ヴィニズムの代わりにユダヤ人集団に対する忠誠を生じさせることにある。今日ユダヤ人の同胞や成長途上にある子どもたちを，ユダヤ人なるがゆえのハンディキャップから守ることは不可能である。しかし，マイナスのバランスを生じさせる最も重要な源泉であるところの**劣等感**や**恐怖感**に対抗するためのユダヤ人教育を，児童，成人双方の水準において確立するということは可能である。

　ユダヤ人の劣等感はユダヤ人がユダヤ的なるものを友情のない多数者の目で眺めている証拠である。私が青年の頃，ユダヤ人は建設的な仕事をなしえないという非難が真実かもしれぬという考えに深く悩まされたことを思い出す。偏見の雰囲気の中で成長した多くのユダヤ青年たちが同様の感情を抱いていたことを私は知っている。今日パレスチナができあっていくのを目撃してきたユダヤ青年は以前とは比較にならぬほどよい状況におかれているのである。政治上のプログラムとしてのシオニズムについてどんな意見をもっているにしろ，ヒトラー政権獲得後の運命的な1週間におけるドイツのユダヤ人を仔細に観察してきた人なら，何千ものドイツのユダヤ人が自殺から救われたのはただ「ユダヤ人であることを肯定する」(Jasagen zum Judentum) という標語を掲げた有名な1論文が『ユダヤ展望』(*Judische Rundschau*) 誌に掲載されたからであるということを否定しないであろう。そこに述べられた考えはシオニストにとっても非シオニストにとっても，元気を取り戻す拠点となり，また新たな力を生み出す源泉となったのである。

　怖れに抗するためには，また，どのような未来に遭遇しても尻ごみしないほど個人を強めるためには，その運命が積極的な意味をもっているような集団に対して，明瞭に，心から納得して所属するということほど重要なことはない。ユダヤ人の生活の過去と未来とを含み，少数者の問題の解決を全人類の福祉の問題と結びつけて考えるような広い視野は，こうした力の源泉と考えられるものの1つである。集団の一部であり一片であるという強い感情や集団に対する肯定的な態度をもつということは，子どもにとっても大人にとっても，自己嫌悪に基づく態度を避けるための充分な条件である。

　ユダヤ人同胞に対する積極的な責任感に基づいてこのような集団所属性の感情を築き上げるということはユダヤ人教育における著しい政策の1つであろう。もっとも，日曜学校，いわゆる**ヘーデル**[訳注5] (Heder) へ行くように**強制する**ことによって，子どもたちの心に所属感を植えつけることができるというので

はない。そうしたやり方はマイナスのショーヴィニズムを表す人たちの心理学的状況の特徴たる強制された集団所属性と同じようなパターンを幼ない子どもたちに植えつけることになり，ゆくゆくはそれと寸分違わぬような態度を生み出すこと必定である。あまりにも多くの若いユダヤ人たちが，あまりヘーデル攻めにあったためにかえってユダヤ的なものから離れていった。「あの人はユダヤ人らしい」とか「ユダヤ人のように振る舞う」という言葉が否定的な響きでなく肯定的な響きをもつような仕方でユダヤ人の生活に接触させつつ子どもたちを養育すべきであろう。いいかえればユダヤの宗教学校はほかの学校の教育標準に少なくとも比肩しうるような水準で運営されねばならない。

　組織の面からいうと，マイナスのショーヴィニズムを表す連中を除去することができれば，集団全体はおそらくおおいに強化されるであろう。ところがそうした除名は実際上不可能である。しかし——少なくともユダヤ人自身の問題としては——集団に対する積極的な責任と犠牲とを喜んで引き受ける個人の意志に基づいてユダヤ人集団への所属性が打ち立てられるごとき事態に向かって，なおいっそう接近していくことは可能であろう。私の意見では，ユダヤ人は，幅の広い成員性を維持するために個人に対する要求はできるだけ小さくせねばならないと仮定することによって，大きな誤りをおかしてきた。強固な集団はそのような仕方ではなく，むしろ反対の方針によって樹立される。この点では，例えばカトリックの集団に学ぶべきものがあろう。事実，個人に自己犠牲の精神を要求する方が，自己嫌悪を減ずるのにずっと大きな効き目がある。

　最後に次の1点を述べておくのは無駄ではない。多くのユダヤ人は，もし1人ひとりの個人が正しく振る舞えば，ユダヤ人に対する偏見は消えるであろうと信じているように思われる——ところが実をいうと，この2つの事実がほとんど相互に関連をもたないことを示す事実はたくさんあるのである。ユダヤ人の親たちはほかの親たちと比べて，人前でよく見られるということの大切さを強調することに慣れている。こうした強調は前にも述べたように同胞たるユダヤ人の行動に対して過度の敏感さを示す原因の1つであり，たえざる自己意識と緊張の源泉でもある。ユダヤ人の問題はよい行為というような個人の問題ではなく1つの社会問題であることを見きわめて，2つの重荷を両肩に振り分けるならば，個人はそれだけもっと正常に自由に振る舞うことができるようになろう。緊張水準をこのように正常化するということは，おそらくユダヤ人の自

己嫌悪を排除するための最も重要な条件であろう。

訳注

［1］生活のあらゆる分野で倫理的要因が最も大切であるとし，諸々の形式を排する宗教運動。

［2］心身の病の原因をすべて精神的なものに求め，イエスの教えを完全に理解することによって疾病の治療が可能であるとする一種の宗教的信仰。

［3］ナポレオンを神のごとく崇拝した Nicolas Chauvin の名前から来ている。盲目的愛国心をいう。

［4］デンマーク生まれのアメリカ実業家，自転車工から身を起こして後にジェネラル・モータース会社の社長になった。

［5］ユダヤ人学童のための宗教学校，モーゼの5つの書や祈禱書などをヘブライ語で読ませる。

第13章

アクション・リサーチと少数者の諸問題 (1946年)

　この1年半の間に私は集団関係の分野において協力を求めてきた数々の団体，公の機関，および個人と接触する機会を得た。その中にはいろいろな背景や目標をもったコミュニティ，学校システム，個々の学校，および少数者の団体の代表者が含まれていた。また労使の代表者や中央および地方の官庁などもその中に含まれていた。

　このような接触から2つの基本的事実が明らかになった。すなわち，問題に真正面からぶつかっていき，また実際にもなんとか手を打とうという心構えや善意は充分にある。これだけ衷心からの善意が組織立った有効な行動に移されるならば，アメリカにおける集団相互間の関係も安泰であろう。ところがちょうどその点に困難があるのである。これら熱心な人たち自身が五里霧中の気持ちでいるのである。ところで，彼らが霧中にあるという気持ちを抱くのは次の3点についてである。①現在の状況はいかなるものか，②危険はどのようなものか，そして，これが一番重要な点であるが，③われわれは何をなすべきであるか。

　われわれはコネチカット州の集団相互関係の調整に携わっている人々に面接調査を行った。彼らの考え方，行動の仕方，および彼らが当面している主な障害について知りたかったのである。彼らは集団相互関係の改善ということを本職としている人たちなのだが，彼らのうちで，仕事の最大の障害はおそらく何をなすべきかということについてはっきりした見通しが欠けていることだろうと答えた人が少なくない。一般問題の用語で考えるのではなく，1人ひとりのグループ・ワーカー (group worker) が実際に仕事をすると思われる大小の町々の目貫き通りや裏通りや袋小路の住民の言葉で考えるとして，経済的社会的な

差別待遇はどのように研究していったらよいのか。

このような不明瞭さから生ずる結果の1つは，進歩を測定する標準がないということである。

グループ・ワーカーは彼の肝煎りで開かれることになった善意の集いから帰ってきて，目の前に居並んでいた名士たちのこと，どよめくアッピール，印象的な舞台の飾りつけ，上等の御馳走のことなどを考えるとき，その全体の雰囲気や取り巻く友人たちの賞賛の言葉によって胸のふくらむ思いを禁じえないのである。ところが数日後，差別待遇の新たな事例が起こったのを知ると，これらすべてのことが単なるうわべの粉飾ではなかったのかどうか，友人たちの感謝の辞を，彼の仕事の進展の度合を測る尺度として受け取ることが正しいのかどうかということを，彼はしばしば疑うようになる。

業績の客観的標準がないということは2つの重大な結果を伴う。

1. それは集団相互関係に携わるワーカーからリアリスティックな基礎に立って満足を味わいたいという正当な願望を奪い去る。このような事情のもとでは，みずからの業績に関する満足と不満足とは主として気質の問題となる。

2. 業績の客観的標準を欠くような分野では，学習というものは起こりえない。行動が前に進んでいるのか後に退いているのかを判定しえないような場合，また，努力と業績との関係を評価する規準をもっていないような場合には，誤りの結論を下すのを阻んだり，正しい作業習慣を助長したりするものは何1つ存在していない。リアリスティックな事実発見と評価とは学習のための前提条件である。社会研究は集団相互関係を改善するという実践的な仕事を遂行するために第1に考慮されるべきものの1つである。

集団相互関係の実践に対する研究の性格と機能

社会的実践のために必要な研究は社会管理または社会工学（social engineering）のための研究として最もよく特徴づけられる。それは一種のアクション・リサーチ（action research），すなわち，社会行動の諸形式の生ずる条件とその結果との比較研究であり，社会行動へと導いていく研究である。書物以外のものを生み出さない研究は満足なものとはいえないであろう。

そうはいってもここに必要とされる研究が何らかの点で社会事象の分野の純

粋科学に要求されるものより科学性が少なく，また「低級」なものであるというのではけっしてない。私はむしろその反対が正しいのだという気持ちに傾いている。マサチュセッツ工科大学のような工学に関心をもつ研究機関は基礎研究と呼ばれるものにますます目を向けるようになってきた。社会工学についても，その進歩は社会諸科学の基礎研究が社会生活を支配する諸法則への深い洞察を発展させうる比率如何に大きく左右されるであろう。このような「基礎的な社会研究」は理論的分析の数学的ならびに概念的諸問題を含まねばならないであろう。それは大小の社会体制に関する記述的な事実発見の全般を包含せねばならないであろう。とりわけ，それは社会的変化に関する実験室および現場の実験を含まねばならないであろう。

社会諸科学の統合

集団相互関係を改善するという試みは，広範囲にわたる多様な課題に当面せねばならない。それは自他の集団に関する態度やステレオタイプの問題，少年期や青年期における態度や行為の発達の問題，住宅問題，コミュニティの法律的構造の変化の問題を取り扱い，また，地位やカーストの問題，経済的差別待遇の問題，政治的リーダーシップの問題，コミュニティの生活の多くの面におけるリーダーシップの問題を取り扱う。それは家族，クラブ，あるいは友人集団のような小さい社会体制を取り扱い，また，学校や学校システムのような大きい社会体制，近隣，コミュニティ，州，国，というような大きさの社会体制，および国際問題を取り扱う。

このような集団相互関係のどの1つをとってみても，他の諸側面を考慮しないでは研究の望みがないということをわれわれは覚りはじめている。このことは問題の実践的側面にも科学的側面にも等しくあてはまる。心理学，社会学，および文化人類学は，それぞれ他の助けを借りないで遠く先まで進むことはできないだろうということを認識しはじめた。この5カ年ほどの間に，はじめはおどおどと，いまでは非常にはっきりと，統合研究への要求が具体化してきた。このような統合が一々の場合にどんな意味をもつかということはまだなんともいえない。それは社会諸科学を1つの社会科学に融合することを意味するかもしれない。また他方，社会管理の改善という実践的目的のために諸々の科学が

協力することを意味するにすぎないかもしれぬ。とまれ，次の10年間にはきっと社会研究への統合的な近づきの試みが見られるであろう。私の意見をいうと，集団相互関係をもっと効果的に理解し処理しようとすれば，経済学もこのシンフォニーの中に含まれねばならないであろう。

研究目的の2つの型

　社会研究は2つのかなり異なった型の問題，すなわち，集団生活の一般法則の研究と特殊状況についての診断とを取り扱う。このことをはっきりと理解するのが大切である。

　一般法則の問題は起こりうべき条件と起こりうべき結果との関係を取り扱うものである。それは「もし……ならば」という命題に表現される。法則の知識は特定の条件のもとで特定の目的を達成するための指針として役立つ。しかし正しく行動するためには，技師や外科医が物理学や生理学の一般法則を知っていれば充分であるということにはならない。彼は手がけている状況の特殊的性格をも知らねばならない。この性格は診断と呼ばれる科学的事実発見によって確定される。どのような行動の分野にもこの2つの型の科学的研究が必要なのである。

　最近まで集団相互関係に関する事実発見は調査（survey）によって大きく支配されてきた。ところが，われわれは集団相互関係のこのような調査にいくらか批判的な態度をとるようになってきたのである。それらの調査はおそらく重要なものであろうと思うが，原則として世論調査（poll taking）のかなり皮相な方法を採用し，表明された感情の背後にあるモチベーションに対して若干の洞察を与えてくれるようなタイプの面接法——リカート（Likert, R.）が用いたような——をもっと深く追究するということをしなかった。

　不満の第2の原因は単なる診断——調査は一種の診断である——だけでは充分でないという認識が成長してきたことである。ほかの社会管理の分野と同じく，集団相互関係の分野においても，診断というものは変化を生じさせる種々のテクニックの有効性を判定するところの実験的比較研究によって補足されねばならない。

社会計画と社会行動の内部における研究の機能と位置

　集団相互関係の研究内容と少なくとも同程度の重要性をもつのは，それを社会生活の内部の適切な場所に配置するということである。いつ，どこで，誰によって，社会研究が遂行されるべきであるか。
　われわれはここで社会管理に興味を抱いているので，計画（planning）の過程をもう少し詳細に検討してみよう。
　計画は普通一般的構想ともいうべきものから出発する。何らかの理由で特定の目的に到達することが望ましいと思われる。この目的をどのように厳密に確定し，どのようにしてそれに到達するかということはしばしばあまり明瞭でない。だから第1段階は，その構想を利用可能な手段と睨みあわせて注意深く検討することである。しばしば状況についてもっと多くの事実発見が要求される。このような計画の第1期が成功すると，2つの事項が浮かび上がってくる。すなわち，いかにして目的に到達するかという「全般計画」（overall plan），第2には，行動の第1段について決定を行うことである。普通このような計画がもとの構想をいくらか修正する場合もある。
　次の時期は全般計画の第1段を実施するということに捧げられる。
　現代の工場管理や戦争遂行のような，高度に発達した社会管理の分野では，この第2段の結果としてある種の事実発見が生ずる。例えば，ドイツの爆撃において，効果の優劣を注意深く考慮し，目標を処理する最上の手段と方策とをよく考えたうえで，ある工場が目標に選ばれたとしよう。攻撃が本国へ急報されると，できるだけ正確かつ客観的に新状況を確認する目的をもって，ただちに偵察機が飛び立っていく。
　この偵察または事実発見は4つの機能をもっている。第1にそれは行動の評価を行わねばならぬ。それらは実際に遂行された事柄が期待よりも上まわっているのか下まわっているのかということを明らかにする。第2に，それは計画者に学習の機会を与える。すなわち，例えば，特定の武器または行動のテクニックの長所短所について新たな一般的見通しをもつ機会を与える。第3に，この事実発見は第2段を正しく計画するための基礎として役立つはずである。最後にそれは「全般計画」を修正する基礎として役立つ。

次の段落もやはり，計画，実施，および，偵察または事実発見――これは第2段の結果の評価を目的とし，第3段の計画の合理的基礎を準備し，そしておそらく再度全般計画の修正をもたらすために行われる――の循環過程からなるものである。

　合理的社会管理はしたがってその一段一段が，計画，行動，および行動の結果についての事実発見という循環過程からなるところの螺旋として進行していく。

　このことを頭において，しばらく集団相互関係がどんな仕方で取り扱われているかということを検討してみよう。善意の集いを成功裏に終えて帰宅した人の話を思い出すと，私は彼があるとんまな船長に似ているような気がしてならない。この船長はふと船が右に舵を取りすぎているような気がしたのでハンドルを鋭く左へまわした。舵がハンドル通りに動いていることを船長はシグナルによって確認する。彼は快心の笑みをたたえて食事にいく。いうまでもなくそのうちに船は円周上をぐるぐるまわりはじめる。集団相互関係の分野においては，「船の中で」なされた観察に基づいて行動が行われることがあまりにも多く，船の運動と到達されるべき目標との関係に関する客観的規準に基づいて行われることはきわめてまれである。

　正しい方向に動いているのかどうか，またどれくらいの速度で動いているのかということを知るには偵察が必要である。社会的な問題についていうと，大学の研究機関が新しい科学的洞察を生み出すだけでは不充分である。事実発見の手段，いわば社会的な目と耳が社会行動体制自体の中に設置される必要があるであろう。

　集団相互関係の改善に捧げられる機関に研究または事実発見のための部門をおくという構想は別段新しいものではない。しかし，いままでそのような部門の一部のものは新聞の切り抜きを集めること以上にはほとんどなにもしなかった。ここ4, 5年の間に数々の非常に重要な発展が見られた。2年ほど前，アメリカ・ユダヤ人会議（American Jewish Congress）はコミュニティ相互関係委員会（Commission on Community Interrelations）を設立した。これはユダヤ人および非ユダヤ人の団体のために，主として集団相互関係の分野のサービス機関として活動するように企画されたアクション・リサーチのための一機関である。それは個人本位の接近法（individual approach）や新聞・ラジオによる大衆本位の接近

法（mass approach）に対して，集団本位の接近法（group approach）に主として関心をおいている。前二者も重要な研究方向であるが，それはアメリカ・ユダヤ人委員会（American Jewish Committee）という研究部門の注意の焦点となっている。

　種々のプログラムが集団相互関係の改良のために教育システムを利用しようと試みている。例えばアメリカ教育会議（American Council on Education），教員養成諸大学における大学集団相互関係研究班（College Study in Intergroup Relation），デトロイトの市民教育研究会（Citizenship Education Study），さらにもっと全般的には文化関係教育局（Bureau for Intercultural Education）のプログラムがそれである。それらはすべて，もっとリアリスティックな，すなわち，もっと科学的な評価および自己評価の手続きに対する一般の感受性が増大したことを示している。同じことは程度こそまちまちであるが，とりわけ黒人・白人関係のために捧げられた数々の企画にもあてはまる。その例としては，シカゴのアメリカ人種関係会議（American Council on Race Relations），都市連盟（Urban League），その他があげられる。ニューヨーク州の差別待遇防止州委員会（State Commission Against Discrimination）が諸種の研究プロジェクトと協力するための下部委員会をもっていることやコネチカット州の人種関係委員会（Inter-Racial Commission）が積極的に問題の研究に携わっていることは意義の深いことである。最近各地の大学に大きな研究所が設立されてきたことも，多くの既設実行機関の見通しを拡大する助けとなり，彼らの目的を遂行するために科学的なテクニックを使用する可能性についていっそう信頼をおかせることになった。

　このような研究の企画から生まれつつある多くのプロジェクトや知見については概観の形式でさえ論ずることができないほどである。例えば『統一への行動』（Action for Unity）[1]に報告されているような，従来使用されてきた諸方法の概観のほかに，児童の態度発達の研究，政治的信念や自己の集団内での位置というような要因と集団相互間の態度との関係に関する研究，偏見の線に沿う言語的攻撃が生じた場合の最もよい反応の仕方についての実験，犯罪ギャングやコミュニティに関する変化実験，多くの診断テストの発達，そして最後に見逃すことができないのは，社会的変化に関するもっと精密な理論の発展，それらすべてがその中に含まれるのである。これらのプロジェクトの結果のうちで公刊の見通しがついているものはあまり多くない。しかし今後4，5年のうちには重要な実践的研究の結果が急速に増大してくるのが認められるであろうと

信ずる。

少数者の問題に関する変化実験の一例

1つの例をあげれば実際家と社会科学者との協力の可能性がよく示されると思う。今年のはじめ，コネチカット州の人種関係諮問委員長で，コネチカット州の人種関係委員会の指導的メンバーの1人がわれわれのところを訪ね，コネチカット全州から選ばれた集団相互関係の分野の50人のコミュニティ・ワーカーのためにワークショップを指導してほしいといってきた。

3つの機関，すなわち，コネチカット州の集団相互関係諮問委員会（Advisory Committee on Intergroup Relations），アメリカ・ユダヤ人会議のコミュニティ相互関係委員会，および，マサチューセッツ工科大学のグループ・ダイナミックス研究センター（Research Center for Group Dynamics）が協力して1つのプロジェクトが生まれた。州諮問委員会の構成はコネチカット州の人種関係委員会のメンバーたち，コネチカット州の州教育部から1人，そして，キリスト・ユダヤ両教徒連合会（Conference of Christians and Jews）のコネチカット渓谷部担当員からなっている。コネチカット州は正規の官庁機構の一部として人種関係委員会が設置されている点でユニークなものであると思われる。この戦略的な中心機構との結びつきをもちうることによって諸々のテクニックの改良は広範かつ永続的な効果を発揮するためのずっとよい機会に恵まれることになる。いろいろな可能性を討議しつくした後，次のような変化実験が共同で計画された。

最近における研究の知見の示すところによると，集団相互関係を支配するイデオロギーやステレオタイプは個人的な性格特性（character traits）と見なすべきものではない。むしろそれは文化的標準に根ざしているものであって，その安定性と変化は集団における集団的な出来事に著しく依存している。リーダーシップの訓練についての経験から，われわれはワークショップという道具だてが集団相互関係を処理するにあたって必要な技能の改善をもたらすための最も強力な道具の1つであると確信するようになった。

ところが，好ましく成功裏に行われたワークショップでさえ，集団相互関係の分野で長期にわたる改善を生じさせるというような機会をもつことはまれであると思われる。熱意と新しい洞察に溢れてワークショップから帰ってきた個

人は，再びコミュニティに立ち向かわねばならない。おそらく10万人対1人の割合である。彼の成功がその新しい要求水準にまで達しないで，やがて失望が彼を再びもとの木阿弥に逆戻りさせてしまうチャンスが高いのは明らかである。ここでわれわれは社会的変化にとって最も重要な問題，すなわちその永続性という問題に当面しているのである。

　集団的道具だてと個人的道具だてとが対比的な効果をもつであろうという仮説を検討するために，実験的ワークショップに次のような条件変化が導入された。参加者の一部は例によって1つの町から1人の割合で選ばれた。しかしいくつかのコミュニティに対しては，数人の参加者が割り当てられ，できればワークショップ期間中に彼らの間のチーム関係を発展させて，ワークショップ終了後もそのチーム関係が維持されるように努力しようという決定が行われた。このことは成員の熱意と集団生産性とが永続するためのより大きな機会を与えるはずであり，また，望ましい変化を招来するにあたって参加者の力を倍加することになるはずであると考えられた。ワークショップ参加者の第3のグループはコミュニティへ帰った後もある程度専門家の援助を受けることになった。

　このような計画を実施する第一歩として，諸種のコミュニティが当面すべきいろいろなタイプの集団相互関係の問題について広範な事実発見が必要である。数々のコミュニティやコミュニティでのグループ・ワーカーのチームを選ぶときには，上記3つの条件変化の結果が比較できるようにしなければならないであろう。いいかえればこのプロジェクトも計画の過程（planning process）一般に特有なものと考えられる諸問題に当面せねばならなかったのである。

　コネチカット州の人種関係委員会の州諮問委員たちの豊富な経験のおかげで，もっと精密に研究すべき町々はどこかということを決定する充分なデータが急速に得られた。ワークショップの効果を評価するためには，ワークショップに先立って診断が行われ，とりわけ，コミュニティ・ワーカーの考え方の方向，主たる行動の方向，および彼ら当面すべき主たる障害を確定することが必要であろう。また，これと類似の再診断がワークショップの数カ月後に遂行されねばならないであろう。

　何らかの変化が認められるにしろ認められないにしろ，ワークショップがなにゆえにこのような結果を生じさせたのかということを理解しようとすれば，ワークショップの間に起こった本質的な出来事を科学的に記録することが必要

なことは明らかである。ここにおいて研究は最も困難な課題に直面するのであると私は考える。講義やプログラムの内容を記録するだけではけっして充分ではないであろう。リーダーシップの形式を叙述するには，個人や下位集団によって示されるイニシアティヴの程度，被訓練者たちが下位集団へと分かれる仕方，下位集団の内部およびそれら相互間の軋轢，危機的状況とその結果，そしてとりわけ日々に変化する全体的な管理のパターンを考慮に入れなければならない。他の側面にも増して，このような大きな尺度で測られた側面がワークショップの成果を決定するように思われる。このようなデータを客観的に記録するにあたって，社会科学者が当面せねばならない課題は歴史家のそれとあまり異ならない。われわれは行動の比較的微視的な単位や活動の何分何秒というような短かい期間を心理学的な立場から記録することに慣れているが，その場合の妥当性や信頼性の標準を下げないで比較的大きな単位の期間や社会体制を取り扱うことを学ばねばならないであろう。

　ワークショップの本質的な出来事を記録する方法の中には毎日の終わりに行われる評価のためのセッションが含まれていた。いろいろな下位集団のセッションに出席した観察者たちは，彼らが観察したリーダーシップのパターンとか，個々人の寄せ集めの状態からまとまりのある「われわれ」にいたる集団発達の面において，進歩が見られるとか見られないとか，等々を（記録機にとって）報告した。集団のリーダーたちも同じセッションについて彼らの見解を表明し，幾人かの被訓練者がそれぞれこれに注釈を加えた。

　このような評価のための集いは科学的記録を行うという目的のために計画されたものであるが，それが訓練の過程に及ぼした驚異的な教育的効果を見て私は深い印象を受けた。客観性を尊ぶ雰囲気，自分の位置が危うくなるというような気持ちはみじんもなくて，研究員たちが率直に自分の誤りを論じ合おうとする心構え，これらは認識の適切さを高め，ゆとりのある客観的態度を生み出すように思われた。このようなことは集団相互関係の分野においてとりわけ獲得し難いものである。この分野は感情的色彩を帯びやすく，いわゆる自由人や集団相互関係の前進を職とする人々の間にさえ固定的な態度を発生させやすいのである。

　これと同様な経験を重ねた結果，行動（action），研究（research），および訓練（training）は1つの三角形の頂点のようなもので，どの1つも他の2つを抜き

にしては考えられないものだということを私は確信するようになった。行動のパターンは訓練者を抜きにしてはほとんど改善することができない。事実今日において有能な訓練者の数が少ないということは，もっと多くの実験を設定していこうというときにあたって進歩を阻んでいる最大の障害の1つである。科学的な問題を取り扱うこともできるが，同時に実際家との間に生産的な，強靱なチームを作るというデリケートな課題をも巧みに裁いていける社会科学者を多数訓練するということは，集団相互関係の分野で社会管理と社会科学との双方が相共に進歩するための先決条件である。

　コネチカット全州のいろいろな町々から集まってきた参加者たちは，お互いに無関係な人間であり，しばしば正反対の見解や関心をもつ多数の諸個人にすぎなかったが，このワークショップの間に彼らは変化して協力的ないくつかのチームを形成するようになった。このような変化はけっして面白さということに基づいて生じたのではなく，リアリスティックに困難に立ち向い，真剣に事実発見に打ち込み，困難の克服に力を合わせようという心構えに基づいて生じたものである。やがてロール・プレイング (role-playing) のような方式が生まれ，主要な責任は研究員の手から計画通り被訓練者の手へと徐々ながら移っていった。最後のセッションでは州諮問委員会が全州の教員養成大学をコミュニティでの集団関係のある側面と結合するという案を出したが，これは参加者たちの支持を受けた。いろいろの町々から来ている参加者や参加チームは諸都市でのワークショップ，その他数々の計画をただちに実行に移すことを提案した。このような成り行きを親しく見聞して，私は，行動，訓練，および研究を緊密に統合するということが集団相互関係の分野において驚異的な可能性をもつことを感じないわけにはいかなかった。この気持を読者諸氏に伝えることができれば幸いである。

　集団相互関係は国内および国際的舞台において疑いもなく最も重要な側面の1つである。それがやがてダイナマイトとなって爆発しかねないものであることを今日われわれは以前にも増してよく知っている。社会研究の戦略はそこに含まれる数々の危険を考慮に入れなければならない。

　社会科学に対する外部的な苦難や障害と研究手続きの内部的危険とを区別することができるであろう。第1のものの中にはこれ以上社会科学はいらぬという考えに署名すると思われる一群の人々がいる。このような常識の賛美者の中

にはあらゆるタイプの実際家，政治家，学長などがいる。残念ながら社会科学を強力に進展させることに反対する人々の中にはかなりの数に上る自然科学者がまじっている。社会科学はいままで社会管理の実践に実質的な価値をもつようなものを生み出さなかったから，今後もそうであろうという気持ちを彼らはもっているように見受けられる。このような人々を説得する道はよりよき社会科学を生み出すこと以外にはないと私は思う。

　社会科学に対する第2の脅威は「権力を握っている連中」によって加えられる。このような連中はあらゆる水準において管理の衝にあたっている人々，例えば，労働者のリーダー株，政治家，政府のある部局，代議士等の中に見出される。彼らはどういうものか自他ともに本当の事実を知ったならばやりたいことができなくなるだろうという怖れにとりつかれているように思われる。社会科学者はこの怖れの背後にある正当な要素と正当でない要素とを注意深く区別すべきであると私は考える。例えば，ギャラップ世論調査によって見出された事実が，アメリカにおいてどんな法律を作りどんな法律を作らないかということについての政策を自動的に決定するようなことになれば，不健全極まりないといわねばならぬであろう。われわれは事実発見と政策決定との差異を認識し，立法という社会機制の中へ事実的知見を注入して民主的な効果をあげさせるような手続きについて注意深く研究すべきであろう。

　とまれ，権力的な位置にある若干の人々が社会科学を敵視していることの背後には，現実に対して直面したくないという気持ちが多分に動いていることは疑いえない。

　実際家の側に見られる第3のタイプの非常に切実な不安は次のような例によって示されるであろう。私はある地方議員たちに集団相互関係に関する研究結果の報告をする機会をもったことがあるが，彼らはこれに対して，大学や国家機関の研究部門にいる社会科学者たちは早晩アメリカ全土の地方コミュニティ・ワーカーたちに対してなすべきことやなすべきでないことをいちいち勧告するような位置を占めることになるであろうとの感想を洩らした。

　明らかに彼らは一種の社会科学「テクノクラシー」を認めたのである。このような怖れは「法則」という用語に基づく非常にありふれた誤解であると思われる。コミュニティ・ワーカーたちは，自然科学においても社会科学においても，法則性とは「もし……ならば」という関係，すなわち，仮説的条件と仮説

的結果との結びつきにほかならないということを覚ることができなかったのである。このような法則は，局所的に，特定のとき，特定のところにおいて，**どのような条件が存在しているのかということを告げるものではない**。換言するならば，法則とは局所局所についてなされるべき診断の仕事を行うものではない。また法則は変化を生じさせるための戦略を決定するものでもない。医学の場合と同じく，社会管理においても実際家は普通いろいろな処理の方法の中からいずれかを選ぶであろう。そして医者の場合と同じく，彼もまた診断および処理の双方について豊富な技能と器用さとを必要とするであろう。

　実際家が社会科学によって，またそれによってのみ，よき仕事を遂行するに必要な力の獲得を望みうるのだということを理解するのは社会科学の進歩のために重要なことであると思われる。残念なことだが，社会法則や社会研究の中には実際家が善に向かうことを強制するような要素は存在していない。科学は医師にも殺人者にも，また民主主義にもファシズムにも，より以上の自由と力とを与えるのである。社会科学者はこの点についてもまた彼の責任を認めなければならない。

多数者と少数者に関する研究

　集団相互関係の分野における社会研究の詳細な知見を論ずることはこの論文の意図ではなかった。しかし基本的側面を例示すると思われる2つの点を述べておかねばならないと思う。

　集団相互関係は相互的な事柄である。このことは集団間の関係を改善しようとすれば，相互作用を行っている集団の双方が研究されねばならないということを意味する。

　最近の数年間に，いわゆる少数者の問題は事実上多数者の問題であること，黒人の問題は白人の問題であり，ユダヤ人問題は非ユダヤ人の問題であること等々をわれわれは認識しはじめた。いうまでもなく少数集団の行為と感情のある側面を変更しないでは集団相互関係の解決はおぼつかないということも真実である。改善の途上に横たわる最も深刻な障害の1つは周知のようにたいがいの少数集団が自信と自尊心を欠如していることであると思われる。少数集団はその判断が自分に不利な方向に向けられているような場合ですら，地位の高い

人々の暗黙の判断を受け入れようとする傾向がある。少数者の児童，青年，および成人の心の中には，ややもすればみずからの集団に対して深い根をもつ反感を発展させるような多くの力が存在している。その結果，過度の自己卑下，罪悪感，感情的態度，その他効果的でない行動の数々の原因や形式がこれに伴う。自分自身とさえソリが合わないような個人や集団は人なみの生活を営んだり，他の集団と愉しく暮らしたりすることはできない。

　少数集団の成員個々人に充分の自尊心をもたせることによってこの問題に対処するということには望みがもてない。このことは社会科学者には明らかなはずである。これらの個人が経験する差別待遇は，個人としての彼らに向けられているのでなく，集団成員としての彼らに向けられているのであって，彼らが集団成員としての自尊心を人なみの水準に高めることによってはじめて救済の策も生まれてくるのである。

　南部に住む多くの白人たちは進歩のための1つの前提条件が南部に住む黒人の自尊心を高めることにあるということを覚っているように思われる。他方，多くの自由主義者には集団への忠誠を高める積極的プログラムというような考えはパラドクシカルなものと思われる。われわれは集団への忠誠や集団的自尊心の問題を好戦主義と結びつける習慣をもってきたように思われる。

　この問題の解決は集団自尊心と集団への忠誠を普通一般の水準までもってくるような発展を通じてのみ見出されると私は思う。社会のどのような集団にとっても，それを同じ水準までもってくるということは，それ自身まったく自然で必要な現象である。そのことは100％の自信家たちの過剰の自尊心を低めるためにあらゆる努力を払うべきだという意味でもある。彼らは楽劇オクラホマの祈りに学ぶべきである。「神よ，われ人にすぐれざることを知らしめ給え」。しかしこの祈りの後半を学ぶことも大切である。それはおおむね次のような調子で進む「されどまたわれ人なみによきものであることをも」。いままでの経験から判断すると，少数集団の自尊心を高めるということは集団相互関係の改善にとって最も戦略的な手段の1つであると思われる。

　私が最後に述べたいことは，地方，国，および国際的な舞台の間の関係についてである。集団相互関係の分野では，1つの仕事をするにも今日われわれが1つの世界に住んでいるという事実に盲目であることはできない。政治的に見て1つの世界になるにしろ2つの世界になるにしろ，事象の相互依存性という

ことに関する限り，われわれが1つの世界に住んでいることは疑いえない。カトリック教徒，ユダヤ人，ギリシア人，黒人，これらのいずれを考えるにしろ，アメリカに住むあらゆる集団は地球上の他の場所で起こっている事柄に深く影響されている。この国の集団相互関係は大部分国際的な舞台での出来事，とりわけ植民地の民衆の運命によって象られるであろう。この国の政策がレイモンド・ケネディ (Kennedy, R.) のいう植民地帝国の国際的ジム・クロウ政策[訳注1] (Jim Crow policy) に従うかどうかが大切な点であろう。われわれはフィリピンでとられたような政策を放棄して，アメリカの属領を取り扱う場合，植民地帝国主義を世界中で最も憎まれた制度たらしめた搾取政策に逆戻りするつもりなのか。あるいはジョン・コリヤー (Collier, J.) がアメリカ・インディアンについて発展させた哲学，人種問題研究所 (Institute of Ethnic Affairs) がアメリカ属領について提案した哲学に従うつもりなのか。これは漸次，独立，平等，そして協力に導いていくという方式なのである。国際的な舞台における永久的搾取政策の効果がどうであっても，それはアメリカ国内の状況に対して深い効果を及ぼさざるをえないのである。国際的舞台でのジム・クロウ主義はアメリカ国内の集団相互関係の進展を著しく阻害するであろう。かくしてそれは民主主義のあらゆる側面を危機に陥らせることになりかねないのである。

集団相互関係の発展の途上にはすいぶんたくさんの危険がある。この分野における社会科学の発展は多くの障害に直面する。しかし私が描きえた研究の進歩の画像，とりわけ社会研究機関がこの4，5年の間になした進歩の画像は，われわれが多くのことを学んできたことを感じさせる。集団相互関係に関する大規模な社会研究の努力は疑いもなくこの世紀の歴史に永続的な効果をとどめうるであろう。

しかしこの仕事が社会科学者たちに比類なく大きな勇気を要求することもやはり明らかなことである。それにはプラトンが定義したような意味での勇気，いいかえれば「危機に処する叡知」が必要である。また，われわれのうちの最上の人が与えうる最上のものと，すべての人の助力とが必要なのである。

注

[1] Watson, G.: *Action for Unity* (Harper, 1946).

訳注

［1］Jim Crow は黒人の異称。アメリカにおける黒人同様，植民地原住民を差別待遇する政策をいう。

参 考 文 献

Allport, G.: Catharsis and the reduction of prejudice, *Journal of Social Issues*, 1945, 1, No. 3.
—— : Psychology of participation, *Psychological Review*, 1945, 53, 117-132.
Bales, R. F.: Social therapy for a social disorder – Compulsive drinking, *Journal of Social Issues*, 1945, 1, No. 3.
Barker, R., Dembo, T., and Lewin, K.: Frustration and regression: An experiment with young children, *Studies in Topological and Vector Psychology II. University Iowa Studies: Studies in Child Welfare*, 1941, 18, No. 2.
Bavelas, A.: Morale and the training of leadership, In G. Watson (Ed.), *Civilian Morale*, Second Yearbook of the society for the Psychological Study of Social Issues (Boston: Houghton Mifflin, 1942).
Bavelas, A. and Lewin, K.: Training in democratic leadership, *Journal of Abnormal Social Psychology*, 1942, 37, 115-119.
Boring, E. G.: *The Physical Dimensions of Consciousness* (New York: Century, 1933).
Brandeis, L. D.: A call to the educated Jew, *Menorah Journal*, 1915, 1, 1.
Bridgman, P. W.: *The Logic of Modern Physics* (New York: Macmillan, 1927).
Brown, J. F.: *Psychology and the Social Order* (New York: McGraw-Hill, 1936).
—— : Towards a theory of social dynamics, *Journal of Social Psychology*, 1935, 6, 182-213.
Burgess, E. W. and Cottrell, L. S.: *Predicting Success and Failure in Marriage* (New York : Prentice-Hall, 1939).
Cartwright, D.: Public opinion polls and democratic leadership, *Journal of Social Issues*, 1946, 2, No. 2, 23-32.
Cartwright, D. and Festinger, L.: A quantitative theory of decision, *Psychological Review*, 1943, 50, 595-621.
Farago, L. (Ed.): *German Psychological Warfare: Survey and Bibliography* (New York: Committee for National Morale, 1941).
Farber, M. L.: Suffering and time perspective of the prisoner, *University Iowa Studies: Studies in Child Welfare*, 1944, 20, 155-227.
Festinger, L.: Wish, expectation, and group standards as factors influencing the level of aspiration, *Journal of Abnormal Social Psychology*, 1942, 37, 184-200.
Frank, L. K.: Time perspectives, *Journal of Social Philosophy*, 1939, 4, 293-312.
French, J. R. P., Jr.: Disruption and cohesion of groups, *Journal of Abnormal Social Psychology*, 1941, 36, 361-378.

Hall, O. M.: Attitudes and unemployment: A comparison of the opinions and attitudes of employed and unemployed men, New York: *Archives of Psychology*, 1934, No. 165.

Hamilton, G. V.: *A Research in Marriage* (New York: Boni, 1929).

Haydon, E. M.: Re-education and delinquency, *Journal of Social Issues*, 1945, 1, No. 3.

Hendry, C. E., Lippitt, R., and Hogrefe, R.: *Camp as a Laboratory for Scoutmaster Training* (New York: Boy Scouts of America, Research and Statistical Service).

Horowitz, E. L.: The development of attitudes toward the Negro, *Archives of Psychology*, 1936, No. 194.

Howard, P. and Lippitt, R.: Training community leadership toward more effective group living, *Adult Education Bulletin*, August, 1946.

Johnson, W.: The role of evaluation in stuttering behavior, *Journal of Speech Disorders*, 1938, 3, 85.

Keister, M. E.: The behavior of young children in failure: An experimental attempt to discover and to modify undesirable responses of preschool children to failure, *Studies in Preschool Education I. University Iowa Studies: Studies in Child Welfare*, 1937, 14, 29-84.

Koffka, K.: *Principles of Gestalt Psychology* (New York: Harcourt Brace, 1935).（鈴木正弥訳，1988『ゲシュタルト心理学の原理』福村出版）

Korsch-Escalona, S.: The effect of success and failure upon the level of aspiration and behavior in manic-depressive psychoses, *University Iowa Studies: Studies in Child Welfare*, 1940, 16, No. 3, 199-303.

Lasswell, H. D.: *Encyclopedia of the Social Sciences*, vol. 9, New York : Macmillan, 1933.

Lewin, K.: *The Conceptual Representation and the Measurement of Psychological Forces* (Durham, N. C.: Duke Univ. Press, 1938).（上代晃訳，1959『心理学的力の概念的表現と測定』理想社）

———: Constructs in psychology and psychological ecology, *Studies in Topological and Vector Psychology III. University Iowa Studies: Studies in Child Welfare*, 1944, 20, 1-30.

———: *A Dynamic Theory of Personality* (New York: McGraw-Hill, 1935).（相良守次・小川隆訳，1957『パーソナリティの力学説』岩波書店）

———: Environmental forces, In C. Murchison (Ed.). *A Handbook of Child Psychology* (2nd ed.) (Worcester, Massachusetts: Clark University Press, 1933, Chap. 14).

———: Field theory and experiment in social psychology: Concepts and methods, *American Journal of Sociology*, 1939, 44, 868-896.

———: *Principles of Topological Psychology* (New York: McGraw-Hill, 1936).（外林大作・松村康平訳，1942『トポロギー心理学の原理』生活社）

Lewin, K., Lippitt, R., and White, R. K.: Patterns of aggressive behavior in experimentally created "social climates", *Journal of Social Psychology*, 1939, 10, 271-299.

Lippitt, R.: Field theory and experiment in social psychology: Autocratic and democratic group atmospheres, *American Journal of Sociology*, 1939, 45, 26-49.

――: An experimental study of the effect of democratic and authoritarian group atmospheres, *University Iowa Studies: Studies in Child Welfare*, 1940, 16, No. 3, 43-195.

Lippitt, R. and Hendry, C. E.: The practicality of democracy, In *Human Nature and Enduring Peace*, Third Yearbook of the Society for the Psychological Study of Social Issues (New York: Reynal and Hitchcock, 1945).

Lippitt, R (osemary): *Camp Fire Girls Program Study*, Part I (New York: Camp Fire Girls, Inc.).

Marrow, A. J. and French, J. R. P., Jr.: Changing a stereotype in industry, *Journal of Social Issue*s, 1945, 1. No. 3.

Meyers, C. E.: The effect of conflicting authority on the child, *Studies in Topological and Vector Psychology III. University Iowa Studies: Studies in Child Welfare*, 1944, 20, 31-98.

Roethlisberger, F. J.: *Management and Morale* (Cambridge: Harvard University Press, 1941).（野田一夫・川村欣也訳，1954『経営と勤労意欲』ダイヤモンド社）

Roethlisberger, F. J. and Dickson, W. J.: *Management and the Worker* (Cambridge: Harvard University Press, 1939).

Rogers, C.: *Counseling and Psychotherapy* (Boston: Houghton Mifflin, 1942).（末武康弘・保坂亨・諸富祥彦訳，2005『カウンセリングと心理療法――実践のための新しい概念』岩崎学術出版社）

Samelson, B.: Does education diminish prejudice? *Journal of Social Issue*s. 1945, 1, No. 3.

Sears, P. S.: Level of aspiration in academically successful and unsuccessful children, *Journal of Abnormal Social Psychology*, 1940, 35, 498-536.

Terman, L. M.: *Psychological Factors in Marital Happiness* (New York: McGraw-Hill, 1939).

Watson, G.: *Action for Unity* (New York: Harper, 1947).

Wellman, B. L.: Our changing concept of intelligence, *J. of Consulting Psychology*, 1938, 2, 97-107.

【訳者補遺】

Cartwright, D. and Zander, A. (Eds.): *Group Dynamics*, Evanston (Illinois: Row, Peterson and Co., 1953).

Festinger, L., Schachter, S., and Back, K.: *Social Pressures in Informal Groups* (New York: Harper, 1950).

Lewin, K.: *Field Theory in Social Science* (New York: Harper, 1951).（猪股佐登留訳，1956『社会科学における場の理論』誠信書房〔1979，増補版〕／2017，ちとせプレス）

Lippitt, R.: *Training in Community Relations* (New York: Harper, 1949).

訳者あとがき

　この訳書のテキストは次の通りである。Lewin, K.: *Resolving Social Confllicts: Selected Papers on Group Dynamics* (New York: Harper, 1948).［編集部注1］

　これは著者レヴィンがアメリカ在住の15年間に折にふれて発表した数多くの論文を，彼の死後にまとめたものである。本書に収められなかった比較的理論的な論稿はのちにカートライトの編集で同じ書院から『社会科学における場の理論』という表題を付して公刊された。この2つの論文集は晩年のレヴィンの考え方や関心を知るのにはなはだ便利である。

　後者が心理学における科学論的問題の考察，あるいは，学習，発達，社会心理学，グループ・ダイナミックックスなど，多方面にわたる問題の理論的考察を中心として編集されているのに対して，この集には，例えば文化と再教育の問題，家族や工場での小規模な対面集団（face-to-face group）における葛藤の問題，あるいは少数集団（minority group），特にユダヤ人集団の社会心理的諸問題等，主として社会生活のより実践的な問題の「診断」や解決策の探索を中心的なテーマとする論文が集められている。レヴィンの叙述はここではきわめて平明に，また興味深く，問題や事例の自然な構造に即しつつ進められているので，心理学の特殊問題や著者の思想体系そのものに別段関心や予備知識をもたない一般読者にも，この書物は面白い読み物になっていると思う。なお，本書の内容や特徴については，G. W. オールポートの「まえがき」が短文ながら的確で要を得た解説の役割を果たしていると思われるので一読をおすすめする。

　著者クルト・レヴィンはゲシュタルト心理学者の中でも異色のある存在であった。彼の生活空間の場の理論やトポロジーならびにベクトル心理学の構想はすでに早くからわが国の学界にも紹介されている。また，第2次大戦勃発の前後からこの著者の指導のもとに急速に発展してきたグループ・ダイナミックスやアクション・リサーチの構想と研究の成果とが戦後紹介されるに及んで，この著者の名は再び大きくクローズ・アップされることとなった。

　クルト・レヴィンは1890年，ドイツのモギルノに生まれた。フライブルク，ミュンヘン，ベルリン等の大学に学び，1914年，ベルリン大学で学位を受け

ている．その後，第1次大戦に従軍．そのときの経験から「戦場の景観」（1917年）という小論をものしている．これは戦場という特殊な状況において経験される世界の現れ方について叙述したものである．戦後ベルリン大学に帰り，ナチ政権の台頭以前の10年間をこの大学で送っている．当時ベルリン大学にはゲシュタルト派の心理学者たちが集まっていたが，レヴィンもその有力なメンバーの1人であった．

　この間における彼の学問上の興味はおおむね2つの中心のまわりに集まっている．その1つは比較科学論に関する研究であり，他は情意および行動の心理学に関する分野の開拓であった．もちろんこの2つの領域は互いに独立に研究されていたわけではなく，前者の研究は後者に対する方法論的支柱となり，後者の問題は前者における研究の方向を規定していた．比較科学論の研究は彼においては常に新しい分野の研究を進め，理論体系の構成を誤まりなく進展させるための有力な方法論的基礎となった．「比較科学論の理念と課題」（1926年），「心理学における法則と実験」（1927年），「現代心理学におけるアリストテレス的思考様式とガリレオ的思考様式との葛藤」（1931年）等はいずれもこのような線に沿う労作であって，のちの力作『トポロギー心理学の原理』（1936年）や『心理学的力の概念的表現と測定』（1938年）の素地はすでにこの頃から準備されていたといえる．

　一方，「動作および情緒の心理学の研究」（Untersuchungen zur Handlungs- and Affektpsychologie）という共通の表題のもとに Psychologische Forschung 誌上に発表された一連の研究も，多くはこの時期に行われたものである．彼自身，あるいはその指導を受けた直接の弟子たちの手になるこの20の実験的研究は指導的な心理学者としてのレヴィンの声価をますます揺ぎなきものにした．「意図，意志，および要求」（1926年）や，のちの『パーソナリティの力学説』（1935年）によって読者はこの一連の研究の理論的背景と研究成果の概要を知ることができる．

　さて，ユダヤ人の血を受けたこの心理学者はその後ナチのユダヤ人迫害の手を逃れてアメリカへ亡命した．著者をめぐるこうした運命を思うならば，本書にしばしば散見されるナチ・ドイツに対する激しい語調での言及やユダヤ人に対する共感の口吻がいっそうよく理解されるであろう．しかしそうした問題を取り扱う場合にも，激しい感情が彼の知性の眼を曇らせることはなかった．

渡米後，コーネル大学などで教鞭をとったこともあるが，彼の死までの在米15年の間に最も安定的な研究の拠点を彼に提供したのはアイオワ大学付属の児童福祉研究所であった。ベルリン大学でもそうであったように，ここでも彼のもとには多くの弟子たちが集まって精力的な研究活動が続けられた。「トポロジーおよびベクトル心理学の研究」(Studies in Topological and Vector Psychology) として世に問われた3巻の研究報告の中には，リピットの民主的ならびに専制的集団雰囲気の効果に関する実験的研究，バーカー，デムボーおよび著者によるフラストレーションとリグレッションに関する実験，フレンチによる体制化された集団と体制化されぬ集団との反応の差異に関する実験等，興味深い研究が収められている。

　アメリカでの研究生活を通して彼の関心は社会心理学とグループ・ダイナミックスの方向へと急速に移っていった。本書に収められた諸論文はこの当時の彼の関心と傾向とを反映して，明らかに強い社会的強調を帯びている。食習慣の変更に関する研究，工場の生産に及ぼす集団決定の効果に関する研究，リーダーシップの研究とその訓練の問題等に着々成功を収めたレヴィンとその一派は，1945年にマサチューセッツ工科大学に招かれてグループ・ダイナミックス研究センターを創設し，レヴィンはその初代所長に就任した。この研究センターはグループ・ダイナミックスの研究とその社会生活への応用を目的として発足し，コネチカット州におけるコミュニティ・リーダーの訓練のためのワークショップや集団発達訓練ラボラトリ等を開設してコミュニティにおける人間関係の研究とリーダーシップの技能の訓練とに多大の貢献をしてきた。レヴィンの急逝（1947年2月）はこうした活動に大きな打撃を与えたが，直接間接に彼の影響を受けた人々はアメリカ各地において，また，社会生活のあらゆる分野において，この新しい研究と実践の仕事を推し進めている。（なお，グループ・ダィナミックスの生いたち，特徴，成果等については，拙稿「グループ・ダイナミックス」――金子書房，『児童心理』7巻7号および8号――に概説しておいたから参照されたい）。

　ドイツにおいてもアメリカにおいてもこのように活発な研究活動の中心となって常に指導的な役割を演じてきたことは，著者がユダヤ系のドイツ人として社会的に必ずしも歓迎されない運命を担っていたことを考えるとおそらく異例のことではないかと思われる。このことは彼の知性の高さとともにパーソナリ

ティの魅力をも物語るものであろう。トールマン（Tolman, E. C.）はこの著者のパーソナリティについて，著者自身の「アメリカ的パーソナリティとドイツ的パーソナリティとの差異に関する考察」（本書第 1 章）に言及しながら，「この分析に従えば，レヴィン自身はむしろアメリカ的な性格のもち主である。彼は他人との交渉において驚くほど解放的であり，身分や地位への考慮からまったく自由であった」と述べている。また……理論の鋭さやアイディアのオリジナリティにおいてはむしろドイツ的な性格をもっていたともいえようが，理論に対する非生産的な執着を免れるだけのユーモアのセンスと柔軟性とに恵まれていたので，最も基本的な意味において，彼はプラグマティックであった。したがって理論に対する彼の態度そのものはドイツ的性格とアメリカ的性格との happy compromise を示していた。すべての理論の究極の目標は fruitful であることだと彼は考えていたように思われる……とも語っている。彼自身および彼の直接の弟子たちによる実験研究だけでも 70 に上るという事実はトールマンのこの言葉を強く裏書きするものといえよう。初期の研究では情意や行動の分野を，晩年にはグループ・ダイナミックスやアクション・リサーチの分野を着々と開拓していった彼のオリジナリティとエネルギーとは，理論的見解において必ずしも彼に同調しない人々でさえも，これを承認せざるをえないであろう。「臨床家としてのフロイト，実験家としてのレヴィン――この 2 人は心理学をはじめて現実の個人と現実の社会に適用しうる科学たらしめたことのゆえに長く想い出されるであろう」というトールマンの追憶の辞は，亡き著者への単なる「餞けの言葉」にすぎないのであろうか。

　訳者がはじめてこの書物に接したのは戦後洋書の入手がまだ不自由な頃であった。現在東大教授をしていられる八木冕氏から原本を拝借し，暇をみて少しずつ訳しておいたのであるが，八木氏がいろいろ御奔走くださったおかげでここに陽の目を見ることになった。出版にあたって最初からもう一度すっかり訳し直しまた今回第 4 版を刊行するにあたって，誤植などについてはできうる限り訂正を施しておいたのであるが，なお思わぬ誤解や誤訳もあろうかと思う。御叱正いただければ幸甚である。
　なお，この訳書ができあがるまでには直接間接に多くの人々の御世話になっているが，とりわけ矢田部達郎先生は読みづらい草稿に丹念に目を通していろ

いろと適切な御注意をお与えくださった。この訳書が少しでもよいものになっているとすれば，それはひとえに先生の御教示の賜物である。いまは亡き先生に謹んで感謝の微意を捧げる。

　1966年5月

末 永 俊 郎

編集部注
[1] Lewin, K.: *Resolving Social Conflicts and Field Theory in Social Science* (Washington, DC: American Psychological Association, 1997) の第1巻として刊行するにあたり，1967年に東京創元新社より発行された翻訳書第6版をもとにした（初版発行は1954年）。その際，一部の表現を現代的表現に改めた。

索　引

あ行

愛　情　96
アクション・イデオロギー　64
アクション・リサーチ　208
アグレッション　199
アメリカ　6
安定性　95
一体性　159
一般的な文化的雰囲気　3
イニシアティヴ　112
移　民　194
運動系の動作　60
応　答　80

か行

快の原理　115
解　放　153
学　習　37
価　値　60, 65
学　校　7
葛　藤　91, 127, 157, 184, 195
我　慢　108
感　情　63
技　能　76
希　望　105
教　育　3
教育体系　55
境　界　149, 151
　　——の硬さ　30
　　——の鋭さ　30
　　鋭い——　10
境界人　166, 182, 201

教　師　6
恐怖感　204
緊　張　154
苦　痛　108
グループ・ダイナミックス　127
グループ・ワーク　40
訓　練　216
計　画　211
刑務所　108
ゲシュタルト　17, 74
結　婚　87
結婚集団　90
ゲットー　151
厳格な個人主義　29
研　究　216
工　場　127
構　造　159
行　動　142, 216
行動価　60, 156
行動的面接　132
黒　人　176, 194
個　人　159
　　——の業績　15
個人差　15
個　性　80
子どもの権利　7
コミュニケーション　20

さ行

再教育　57
里　子　177
G　型　20

シオニスト　106
時間的展望　106, 119
持久力　109
自己嫌悪　167, 184, 191
事実発見　134, 212
失業　105
実験　73
実験的文化人類学　34
嫉妬　101
地盤　147, 178
社会　4
社会科学　217
社会学的特性　3
社会構造　4
社会集団　74, 147
社会的移動　151
社会的距離　17, 19, 90
社会的禁止　5
社会的雰囲気　45
自由　6, 66
自由運動の空間　5, 89, 92, 96, 151, 180
自由主義　8
充足行動　94
集団　74, 87, 148, 159, 189
　　——のモラール　111
集団所属性　68, 113, 149, 180
　　——の不確定　184
集団相互関係　207
集団討議　135
集団標準　116
集団目標　116
自由度　9
周辺層　19, 198
少数集団　163, 166, 219
障壁　5, 92
侵入　21
信念　123
心理学的未来　105

スケープゴート　81, 163, 186
ステレオタイプ　63
成員間の類似度　26
生活空間　88
生産性　112
性的要求　95
青年　185
専制主義　37
専制的集団　118
戦争　161
全般計画　211
相互依存性　189
　　運命の——　189, 195
操作的定義　19

た行

体系の説明　16
退行　112
耐性　113
多様の統一　114
知覚　142
中心層　19, 90, 198
ドイツ　6, 43
等質性　9, 16
動的平衡状態　46
特権　184
トポロジー　19

な行

内集団　68
内密度　19
ナースリー・スクール　7
ナチ　43, 112
二重の忠誠　184, 202
認知構造　60
能力の欠如　5

は行

背　景　147
パシング　166
パーソナリティ　15
反ユダヤ主義　164, 174, 186
ヒトラー主義　43
ファシズム　53, 162
フォロワー　50
フラストレーション　113, 198
プロパガンダ　36
雰囲気　76
文　化　33, 46
　　——の再建　34
　　——の変化　59
文化的パターン　37
分　布　159
平均的類似度　25
平　和　161
放任的集団　119
放任的雰囲気　83

ま行

マイナスのショーヴィニズム　198, 202
マイナスのバランス　200
民主主義　35, 44
民主的集団　118
民主的フォロワーシップ　50
民主的リーダー　50
目　標　115, 157
　　誘導された——　78

モラール　106, 112, 119
門　番　199

や行

U　型　20
ユダヤ人　149, 161, 173, 191
ユダヤ人教育　204
ユダヤ人集団　165
要　求　91, 93
要求水準　115

ら行

リアリズム　121
力学的概念　19
力学的観点　5
力学的全体　189
離散の民　151
リーダー　77, 118, 201
　　周辺層からの——　201
リーダーシップ　38, 45, 55, 201
両価的態度　181
良心の反戦論者　119
歴史的説明　16
劣等感　204
ロール・プレイイング　217

わ行

ワークショップ　214
われわれ感情　68, 79, 103

クルト・レヴィン（Kurt Lewin）

　1890年ドイツに生まれる。ベルリン大学にて学位を取得し，ベルリン大学に勤める。その後アメリカに渡り，コーネル大学，アイオワ大学にて教鞭をとる。1945年にマサチューセッツ工科大学に招かれ，グループ・ダイナミックス研究センターを創設する。1947年逝去。
　ベルリン大学時代はゲシュタルト心理学派の有力メンバーとして活躍。渡米後は，パーソナリティ研究，そしてグループ・ダイナミックス研究へと関心を移し，多大な業績をあげる。

末永 俊郎（すえなが・としろう）

　1921年兵庫県に生まれる。東京帝国大学文学部心理学科卒業，社会心理学を専攻。大阪大学助教授，京都大学助教授を経て，東京大学助教授，教授。1982年に東京大学を退官し，日本大学教授，帝京大学教授。1997年退職。2007年逝去。主著に，『社会心理学研究入門』（東京大学出版会，1987年，編著），『現代社会心理学』（東京大学出版会，1998年，共編）など。

［社会的葛藤の解決と社会科学における場の理論 I］
社会的葛藤の解決

2017 年 12 月 25 日　第 1 刷発行
2022 年　4 月 30 日　第 2 刷発行

著　者	クルト・レヴィン
訳　者	末永　俊郎
発行者	櫻井　堂雄
発行所	株式会社ちとせプレス
	〒 157-0062
	東京都世田谷区南烏山 5-20-9-203
	電話　03-4285-0214
	http://chitosepress.com
装　幀	髙林　昭太
印刷・製本	大日本法令印刷株式会社

Printed in Japan
　ISBN 978-4-908736-06-3　C1011

　価格はカバーに表示してあります。
　乱丁，落丁の場合はお取り替えいたします。

社会的葛藤の解決と社会科学における場の理論 II

社会科学における場の理論

クルト・レヴィン

猪股佐登留 訳

社会科学において理論をどのように構築していくのか。
レヴィンの概念的, 方法論的考察の集成。